Auxiliando a humanidade a encontrar a Verdade

Série
Memórias do Espiritismo
Volume 7

Fotos e ilustrações da página anterior (de cima para baixo, a partir da esquerda):
Gabriel Delanne, Bezerra de Menezes, Allan Kardec, Leon Denis;
William Crookes, Alfred Russel Wallace, Alexander Aksakof, Oliver Lodge;
Yvonne do Amaral Pereira, Alfred Binet, Ernesto Bozzano, Arthur Conan Doyle;
Hercílio Maes, Caibar Schutel, Gustavo Geley, Eurípedes Barsanulfo;
Victor Hugo, Charles Robert Richet, Cesare Lombroso, Pierre Gaetan Leymarie;
Andrew Jackson Davies, Camille Flammarion, Francisco Cândido Xavier, Emanuel Swedenborg.

Reconhecemos a ausência de inúmeros expoentes do espiritismo nesta galeria de imagens. Em razão do limitado espaço, escolhemos apenas algumas personalidades ilustres para representar todos aqueles que gostaríamos de homenagear.

A CRISE DA MORTE

© 2010 – Conhecimento Editorial Ltda.

A CRISE DA MORTE
La crisi della morte (1930-52)
Ernesto Bozzano

Todos os direitos desta edição reservados à
CONHECIMENTO EDITORIAL LTDA
www.edconhecimento.com.br
conhecimento@edconhecimento.com.br

Nos termos da lei que resguarda os direitos autorais, é proibida a reprodução total ou parcial, de qualquer forma ou por qualquer meio — eletrônico ou mecânico, inclusive por processos xerográficos, de fotocópia e de gravação — sem permissão por escrito do editor.

Tradução:
Pier Luigi Cabra

ISBN 978-85-7618-193-4
1ª Edição – 2010

• Impresso no Brasil • *Presita en Brazilo*

Produzido no departamento editorial da
CONHECIMENTO EDITORIAL LTDA

Impresso na

a gráfica digital da **EDITORA DO CONHECIMENTO**
grafica@edconhecimento.com.br

Dados Internacionais de Catalogação na Publicação (CIP)
(Câmara Brasileira do Livro, SP, Brasil)

Bozzano, Ernesto, 1862-1943
A Crise da Morte / Ernesto Bozzano ; [tradução Pier Luigi Cabra]. — 1ª ed. — Limeira, SP : Editora do Conhecimento, 2010. — (Série Memórias do Espiritismo)

Título original: *La crise della morte*.
ISBN 978-85-7618-193-4

1. Espiritismo 2. Reencarnação I. Título II. Série

09-12289   CDD – 133.90135

Índices para catálogo sistemático:
1. Reencarnação : Espiritismo 133.90135

Ernesto Bozzano

A CRISE DA MORTE

O QUE SE SENTE NO MOMENTO DA PASSAGEM?
O PRIMEIRO CONTATO COM A NOVA DIMENSÃO.
ETERNA JUVENTUDE E FELICIDADE NO ALÉM.

1ª edição
2010

EDITORA DO
CONHECIMENTO

SÉRIE MÉMÓRIAS DO ESPIRITISMO

Volume 1 (2008)
Evolução Anímica
Gabriel Delanne

Volume 2 (2008)
A Alma Imortal
Gabriel Delanne

Volume 3 (2008)
O Espiritismo, a Magia e as Sete Linhas de Umbanda
Antonio Eliezer Leal de Souza

Volume 4 (2009)
O Espiritismo Perante a Ciência
Gabriel Delanne

Volume 5 (2010)
Pesquisas sobre a Mediunidade
Gabriel Delanne

Volume 6 (2010)
As Forças Naturais
Camille Flamarion

Volume 7 (2010)
A Crise da Morte
Ernesto Bozzano

Agradeço aos médiuns, que serviram de porta-voz do outro plano da vida, para o registro das histórias que os espíritos contaram: Flamarion R. da Mota, Janete Aparecida dos Santos Santos, Hermelinda da Conceição Lemela, Marinês Klug Pedroza Rabaça e Rosângela Aparecida da Silva Ribeiro. E também a todos os outros trabalhadores anônimos, incansáveis, que contribuíram para a realização desse projeto de reeducação de consciências, além dos próprios protagonistas dessas histórias, que, com suas dores e suas lágrimas, nos trouxeram lições inesquecíveis.

Sumário

Pirataria espiritual 11
Introdução 13
Casos e Comentários 19
Conclusão 240

Pirataria espiritual

Respeitar o sacrifício alheio para produzir uma obra espírita é o mínimo que se espera de todos que almejam alcançar a condição de "bons espíritas", conforme nos ensina *O Evangelho Segundo o Espiritismo*, no capítulo 17, intitulado "Sede perfeitos", item **Os bons espíritas**.

O capítulo 26 desta obra básica ("Dai de graça o que de graça recebestes") nos conduz a uma importante reflexão sobre o tema "mediunidade gratuita", explicando, de forma muito objetiva, o papel do médium como intérprete dos Espíritos:

> ... receberam de Deus um dom gratuito – o dom de ser intérpretes dos Espíritos –, a fim de instruir os homens, mostrar-lhes o caminho do bem e conduzi-los à fé, e não para vender-lhes palavras que não lhes pertencem, porque não são produto de suas concepções, nem de suas pesquisas, nem de seu trabalho pessoal. ...

Contudo, muitos seguidores da Codificação têm um entendimento equivocado a respeito da produção das obras espíritas e/ou espiritualistas, atribuindo a elas o ônus da gratuidade, ao confundir a produção editorial com a mediunidade gratuita, universo material do qual ela não faz parte.

É fundamental separar uma coisa da outra, para que os espíritas não sejam induzidos a erros, cujos efeitos morais e éticos conflitam com os princípios espirituais.

Para que um livro de qualquer gênero literário chegue às mãos dos leitores, é preciso mais que a participação do autor (ou do médium psicógrafo), uma vez que o processo editorial depende de inúmeros profissionais qualificados em áreas diversas. Sem eles, as ideias e conteúdos não se materializariam em forma de livros.

Portanto, tradutores, revisores, editores, digitadores, diagramadores, ilustradores, capistas, artefinalistas, impressores, distribuidores, vendedores e lojistas fazem parte desse rol de profissionais empenhados na veiculação das obras espíritas/espiritualistas.

Como se pode perceber, para que uma conteúdo, uma psicografia, chegue aos leitores, percorre-se um longo caminho que envolve uma equipe diversa, em que muitos dos profissionais não são os médiuns nem voluntários e, portanto, não se inserem na máxima: "Dai de graça o que de graça recebestes".

Por isso, ao se praticar a pirataria, apropriando-se indevidamente de uma obra, seja através da reprodução de seu conteúdo por arquivo pdf ou digital, visando ao compartilhamento "fraterno" dos ensinamentos da Doutrina Espírita, está-se, na realidade, infringindo a lei da Primeira Revelação: "Não roubarás!". Sim, porque apropriação indébita de bens que também fazem parte do plano material é um delito, qualquer que seja a suposta boa-intenção.

Este é o alerta que a maioria das editoras, inclusive as espíritas, gostaria de fazer chegar aos leitores e que a Editora do Conhecimento inclui no início desta belíssima obra, fruto de um trabalho editorial que não envolveu voluntários mas sim profissionais remunerados que exigem respeito por suas atividades.

Deixamos aqui registrado nosso repúdio a sites, blogs, fóruns e outras mídias que pirateiam e armazenam obras literárias. Ao fazer uso ilícito desses depósitos de livros roubados, "espíritas e espiritualistas" se distanciam cada vez mais de seus objetivos maiores.

Finalizando, lembramos que "o homem de bem respeita todos os direitos que as leis da natureza atribuem aos seus semelhantes, como gostaria que respeitassem os seus". (*O Evangelho segundo o Espiritismo*, capítulo 17 "Sede perfeitos", item **O homem de bem**).

Conhecimento Editorial
Seus editores.

Introdução

Conforme já tive oportunidade de declarar repetidas vezes, há alguns anos venho me dedicando à investigação das principais coletâneas de "revelações transcendentais", aplicando a estas os procedimentos científicos da análise comparada e da convergência das provas, e obtendo assim resultados não apenas inesperados, como também muito importantes. De fato, das investigações empreendidas surge a prova de que as abundantes informações conseguidas mediunicamente a respeito do ambiente e da existência espirituais concordam admiravelmente entre si, no que se refere às informações de ordem geral. Estas são também as únicas que se exigem a fim de se concluir a favor da gênese extrínseca das revelações em questão, pois as aparentes divergências de ordem secundária que se encontram nas próprias revelações derivam claramente de causas múltiplas, perfeitamente perceptíveis e plenamente justificáveis. Acrescento a esse respeito que algumas categorias dessas presumidas divergências contribuem de uma maneira bastante eficaz para fornecer uma clara visão sintética sobre as formas com que se manifesta a existência espiritual, uma vez que parecem determinadas pelas condições psíquicas específicas de cada personalidade de desencarnado que entra em comunicação.

Dito isso, julgo necessário insistir sobre o fato de que, se continuo a me interessar por um tema condenado ao ostracismo por parte da ciência, isso se deve porque, graças às minhas aprofundadas pesquisas, adquiri a certeza de que em um futuro não longínquo a seção metapsíquica das "revelações transcendentais" assumirá um grande valor científico e, consequentemente, constituirá o ramo mais importante das disciplinas metapsíquicas. De que vale então esta obra, se atualmente tal ramo é repudiado pelos estudiosos da metapsíquica de orientação rigorosamente científica, e é negligenciado por uma grande parte dos próprios espíritas, *entre os quais, há alguns anos, eu também me incluía?*

Reconheço que não poderia acontecer de outra forma, uma vez que isso está de acordo com a evolução natural das pesquisas metapsíquicas que se iniciaram investigando-se as manifestações supernormais de desenvolvimento predominantemente físico, para depois voltar-se às manifestações de desenvolvimento preponderantemente inteligente, nas quais estavam contidas informações passíveis de controle e de identificação pessoal dos desencarnados em comunicação. Disso resulta que apenas quando se tiver alcançado a certeza científica em relação à gênese extrínseca da parte mais interessante da fenomenologia metapsíquica é que então se compreenderá o grande valor científico, moral e social das revelações transcendentais sistematicamente pesquisadas, as quais passarão a ocupar, em pouco tempo, o lugar de honra na classificação das manifestações metapsíquicas. De qualquer maneira, esse dia ainda não despontou, o que não impede, porém, que um pesquisador isolado antecipe os tempos, de maneira a desenvolver, tendo como base os fatos, uma precisa opinião a respeito do tema. Nesse caso, e para o proveito de todos, ele é obrigado a ter coragem para expor a própria opinião, mesmo que o fato de o tempo certo ainda não ter chegado exponha-o a críticas mais ou menos severas. Muito bem, eu sinto esta coragem: mudei de opinião a respeito do valor técnico implícito nas obras sobre "revelações transcendentais" e não hesito um instante sequer em declarar isso.

Encoraja-me a tanto o exemplo de eminentes investigadores que não se esquivaram de publicar declarações análogas. O professor Oliver Lodge exprime-se da seguinte maneira a esse respeito:

> Estas são as assim chamadas "revelações não passíveis de verificação", uma vez que não é possível estabelecer-se investigações para a sua verificação, como acontece no caso de informações relativas a dados pessoais ou a acontecimentos mundanos. De qualquer maneira,

sinto-me propenso a acreditar, junto com um número cada vez maior de pesquisadores, que está se aproximando o tempo para a coleta sistemática e a discussão do material metapsíquico de natureza "não passível de verificação"; material que se presta para ser investigado e controlado com base em sua própria consistência, a qual confere a ele um grau considerável de probabilidade, da mesma forma que as narrações dos exploradores africanos se prestam a ser analisadas e verificadas com base em suas concordâncias... Quero lembrar que, do ponto de vista filosófico, observou-se que tudo concorre para fazer presumir que, em última análise, a verdadeira prova da existência da vida depois da morte dependerá mais do estudo e da comparação dessas "narrativas de exploradores espirituais" do que das provas que vêm dos dados pessoais fornecidos acerca de eventos do passado, com relação aos quais — até não se chegar a revirar a fundo a natureza da memória — é sempre possível conjecturar que todo o passado é potencialmente acessível às capacidades supernormais do inconsciente humano... por mais que eu não considere racional a hipótese da existência de uma memória impessoal... (*Raymond*, p. 347-348).[1]

O professor Hyslop, também a respeito da publicação de duas obras do gênero, diz o seguinte:

Nada há de impossível nos dados contidos nestas mensagens... O mais comum entre elas é expor ao ridículo a concepção de um ambiente espiritual como é aquele que se apresenta nas mensagens desse tipo; no entanto, estes senhores que ridicularizam tal concepção com tanta leviandade não imaginam que agindo assim presumem conhecer toda a verdade sobre o mundo espiritual... Eu não me pronuncio nem a favor nem contra; declaro, entretanto, não ter objeções a opor contra a existência de um ambiente espiritual como o descrito, mesmo que ele possa parecer mais absurdo do que o ambiente terreno. Não consigo compreender por que se exige que o mundo espiritual deva ser mais ideal do que o nosso. Ambos os mundos são obra do mesmo Autor, chame-se a ele Matéria ou Deus. Ninguém pode afirmar ou negar *a priori*. Negar, ou expor ao ridículo, as "revelações transcendentais" equivale a conhecer com a mais absoluta certeza a

---
[1] Oliver Lodge, *Raymond, or Life After Death* (com exemplos sobre a evidência da sobrevivência da memória e do afeto após a morte). Primeira edição, Londres, 1916, p. XI-403, in 8.º.

verdade sobre o mundo espiritual e esta é uma presunção indigna de um cético razoável... Enfim, livros como este são importantes, pois nos fornecem um primeiro vislumbre sobre o mundo espiritual, oferecendo-nos assim uma primeira oportunidade de comparar entre eles os detalhes contidos nas diversas revelações obtidas... Ora, no nosso caso nota-se que os dados fornecidos nestas mensagens pela personalidade do desencarnado que se comunica concordam com outros, obtidos através de médiuns que não eram religiosos e não tinham a cultura e a inteligência desta médium... (*American journal, of the S.P.R.*, 1914, p. 235-237). Acrescento que existe uma maneira de se verificar as afirmações sobre a existência espiritual, e isso independentemente da comprovação indireta obtida com a identificação pessoal do espírito comunicante. Este meio consiste em se pesquisar com um número adequado de médiuns, para comparar assim os resultados de cada um, depois de recolhidas as devidas informações acerca da cultura específica de cada médium. Caso se verificasse que um deles estava absolutamente desinformado a respeito das teorias espiritualistas (excluindo-se deste modo a hipótese de uma colaboração inconsciente), então seria o caso de se ampliar as pesquisas com outros médiuns, a fim de se obter dados mais precisos sobre o mesmo tema, e assim por diante, sem haver intercomunicação entre eles. É claro que, em tais circunstâncias, uma concordância de dados fundamentais repetindo-se com uma centena de pessoas diferentes repercutiria, e muito, a favor da demonstração da existência real de um mundo espiritual análogo ao revelado... (*Ibidem*, 1914, p. 462-463).

Essas as opiniões de dois eminentes homens de ciência sobre o valor teórico implícito nas obras sobre "revelações transcendentais". Observo que o método de investigação proposto pelo professor Hyslop identifica-se com aquele que adotei. De fato, ele propõe que se pesquisem diversos médiuns que não conheçam a doutrina espírita, para então comparar os resultados obtidos. Teoricamente, isso é possível, mas na prática torna-se difícil, pois é raro que um único pesquisador chegue a dispor de diversos médiuns para levar a bom termo uma admirável experiência desse tipo. Portanto, seria mais prático aproveitar o imenso material que se acumulou nesses últimos anos sobre revelações transcendentais, para empreender-lhe uma severa seleção, classificá-lo, analisá-lo, compará-lo, tendo-se o cuidado de obter informações a respeito dos conhecimentos específicos de cada médium com relação à doutrina espírita. Bem, essa era a tarefa a que eu me havia proposto realizar com as minhas laboriosas pesquisas, às quais já dediquei diversos anos de trabalho. Entretanto, observando que o volume do material reunido, e em parte comentado, assumia proporções tais que impediriam a sua publicação, julguei aconselhável limitar-me a um ensaio dos resultados obtidos, expondo um número adequado de "mensagens transcendentais" relativas às impressões sentidas no momento da entrada no mundo espiritual pelas personalidades dos desencarnados que se comunicaram, mas tendo ao mesmo tempo o cuidado de alertar que esta seção do livro, relatando aquelas mensagens, embora seja teoricamente interessante e sugestiva, não é a mais eficaz para demonstrar a tese aqui defendida — a das concordâncias existentes entre os dados fornecidos pelos desencarnados sobre a existência espiritual —, pois sendo esta uma simples parte inicial do tema, seção em que se expõem episódios sobre os quais são exercidos, com plena eficiência, os efeitos da "lei de afinidade", deriva dela que cada espírito desencarnado deve gravitar necessariamente rumo àquele estado espiritual com o qual se identifica com o grau de evolução psíquica alcançado como consequência do trânsito da existência encarnada; isso não pode determinar diferenças muito consideráveis nas narrações que chegam até nós, feitas pelos desencarnados acerca da sua primeira entrada no plano espiritual. De qualquer maneira, veremos que tais divergências ocorrem unicamente nos detalhes secundários, tanto pessoais como de ambiente, jamais, porém, nas correspondentes condições de ordem geral.

    Antes de me aprofundar no assunto, tenho ainda uma declaração a fazer, e isso para antecipar uma pergunta que provavelmente surgirá na mente dos leitores. Essa declaração é sobre o fato de que todos os episódios a serem apresentados sobre desencarnados que relatam as circunstâncias da sua entrada em ambiente espiritual são extraídos de coletâneas de "revelações transcendentais" publicadas na Inglaterra e nos Estados Unidos. "Por que" — os leitores poderão se perguntar — "este exclusivismo puramente anglo-saxão?" Respondo que a razão é uma só e decisiva: nem na França, na Alemanha, na Itália, na Espanha ou em Portugal existem publicações sobre "revelações transcendentais" em forma de tratados, ou narrações continuadas, organizadas, subdivididas em capítulos, bem como ditadas por uma única entidade espiritual, e confirmadas por excelentes provas de identificação dos desencarnados em comunicação. As poucas coletâneas editadas nos vários países citados são constituídas por breves mensagens obtidas pelo sistema de interrogatórios dirigidos a uma multidão de "espíritos", e *não se encontram episódios que falam sobre a crise da morte*, exceção feita para o conhecido livro de Allan Kardec *Ciel et Enfer*, no qual há três ou quatro breves episódios do gênero. Mas, por mais que se encontrem neles algumas concordâncias fundamentais com as narrações dos outros espíritos comunicantes, tais episódios são muito genéricos e vagos para serem levados em consideração em um trabalho de análise comparada.

Estando as coisas nesses termos, é claro que se os povos anglo-saxões são os únicos, até agora,[2] a demonstrar que sabem apreciar o grande valor teórico-prático das "revelações transcendentais" e os únicos também a dedicar-se a elas com métodos racionais, então nada melhor me restava do que buscar o material de que eu necessitava lá onde ele estava, sobretudo considerando-se o fato de que ao me propor a escrever uma série de monografias acerca das *concordâncias* e das *discordâncias* que os processos da análise comparada colocam em grande destaque nas obras sobre "revelações transcendentais", eu não poderia me eximir de começar do princípio, ou seja, daquilo que os falecidos têm a dizer a respeito da "crise da morte".

* * *

Passando para a exposição dos casos, citarei, antes de mais nada, alguns episódios extraídos de obras dos primeiros pesquisadores, a fim de deixar bem claro que desde os primórdios do movimento espiritualista já se conseguiam mensagens mediúnicas em que eram descritos o ambiente e a existência espirituais em termos idênticos aos que se conseguem hoje em dia, e isso apesar de a mentalidade dos médiuns da época ser dominada pelas concepções tradicionais a respeito do paraíso e do inferno e, consequentemente, de estar bem longe de alimentar expectativas de receber mensagens de desencarnados que afirmassem que o mundo espiritual era o mundo terreno espiritualizado.

---

[2] O autor fez pesquisas para esta obra até a década de 40. (N. do E.)

Casos e comentários

Caso I — Extraí o episódio a seguir do livro *Letters and Tracts on Spiritualism*,[1] no qual estão reunidos os artigos e as monografias publicados pelo venerando juiz Edmonds, nos vinte anos compreendidos entre 1854 e 1874. O juiz Edmonds era um conceituadíssimo médium psicógrafo, vidente e ouvinte. Poucos meses depois da morte de um querido colega, o juiz Peckam, morto em um naufrágio, aconteceu ao juiz Edmonds ditar por psicografia uma longa mensagem em que o amigo desencarnado narrava as circunstâncias da sua morte. A partir da citada mensagem destaco os seguintes trechos:

> Se eu pudesse escolher a forma pela qual me desencarnar, com certeza não teria escolhido aquela a mim imposta pelo destino. Ainda assim, agora já não tenho nada mais em contrário, em vista da natureza maravilhosa da nova existência que se descortinou tão repentinamente diante de mim.
> No instante da morte eu revi como em uma cena panorâmica os acontecimentos de toda a minha existência. Cenas e ações vividas passaram diante de meu olhar como se estivessem impressas em minha mente em fórmulas luminosas. Nem um único amigo meu, desde a primeira infância até a morte, deixou de se apresentar à minha chegada. No momento em que eu afundava no mar, apertando entre os braços a minha mulher, apareceram diante de mim a minha mãe e o meu pai, e foi a minha mãe quem me puxou das águas, dando prova de uma energia da qual

---

[1] Londres, 1874, p. 358 (*Memorial Edition*)

só agora posso compreender a natureza. Não me lembro de ter sofrido. Quando mergulhei em meio ao redemoinho das ondas não tive sensações de medo, nem tampouco de frio ou de sufocação. Não me lembro de ter ouvido o quebrar das ondas sobre as nossas cabeças. Separei-me do corpo quase sem me dar conta, e com a minha mulher sempre segura entre os meus braços, fiquei atrás da minha mãe, que viera nos acolher e nos guiar.

O primeiro sentimento doloroso surgiu quando dirigi o pensamento ao meu amado irmão; entretanto, minha mãe captou aquele pensamento e observou imediatamente: "Logo teu irmão também estará conosco". A partir daquele momento, todo sentimento de dor dissipou-se em minha mente. Dirigi o olhar para a cena dramática pela qual eu também tinha passado, e isso por um sentimento de solicitude em relação aos meus companheiros de desventura; mas logo me dei conta de que por sua vez eles eram salvos das águas da mesma forma pela qual eu tinha sido. Todas as coisas à minha volta pareciam tão reais que, se não tivesse sido a presença de tantas pessoas que eu sabia desencarnadas, julgaria ainda estar em meu corpo, e me apressaria a retirar materialmente os náufragos das águas.

Quis informá-lo a respeito de tudo isso para que você possa enviar uma palavra de conforto àqueles que imaginam que os seus familiares mortos nas mesmas circunstâncias que eu tenham sofrido agonias terríveis no momento de se afogar... Não há palavras para descrever a felicidade que senti ao me dar conta de que vinha ao meu encontro ora uma, ora outra das pessoas que eu mais amara na Terra: todas acorriam para me dar as boas-vindas nas Esferas dos imortais. Por não ter estado doente e por não ter sofrido, eu estava em condições de me adaptar imediatamente à nova existência... (*Ibidem*, p. 303).

Com esta última observação, o espírito que está em comunicação menciona uma circunstância que confere com as informações cumulativas obtidas sobre o mesmo tema por muitos outros espíritos desencarnados comunicantes, ou seja, que apenas nos casos excepcionais de mortes súbitas, sem nenhum tipo de sofrimento, e combinadas com estados de espírito serenos, seria possível enfrentar-se a crise da desencarnação sem a necessidade de um período mais ou menos longo de sono restaurador. Ao contrário, nos casos de morte após longa doença, ou em idade avançada, ou ainda com a mente absorta em preocupações terrenas ou oprimida pelo terror da morte, ou mesmo simplesmente, mas firmemente, convencida da aniquilação final, os espíritos desencarnados ficariam sujeitos a um período mais ou menos longo de um sono restaurador.

Dou-me conta de que as observações expostas já se referem a um daqueles "detalhes secundários" a que me referi anteriormente, e nos quais notam-se aparentes discrepâncias que na realidade são resolvidas pelas concordâncias regidas por uma lei geral que se manifesta necessariamente nas modalidades as mais diversas em relação às personalidades dos mortos, e isso de acordo com as condições espirituais muito diferentes em que eles se encontravam no instante da sua desencarnação.

Além disso, é importante ressaltar o interessante detalhe do desencarnado comunicante, que informa que no momento da morte teve a "visão panorâmica" de todas as suas experiências vividas. Tal fenômeno acontece na maioria das vezes exatamente nos casos dos que se salvaram de um grave perigo de morte por afogamento. Ora, no caso citado, como em numerosos outros do gênero, constatamos o fato importante de um desencarnado que afirma ter passado pela experiência da "visão panorâmica" de que falam os náufragos subtraídos à morte. Isso se torna teoricamente importante quando se reflete que o juiz Edmonds desconhecia a existência dos fenômenos dessa natureza. Desse modo, ele não poderia se autossugestionar nesse sentido, o que constitui uma boa prova a favor da natureza extrínseca da mensagem recebida.

Observo enfim como nesse episódio, ocorrido nos primórdios das manifestações mediúnicas, já se destacam em bom número os *detalhes fundamentais* relativos aos processos da desencarnação do espírito, os quais serão constantemente reafirmados a seguir, em todas as revelações do gênero. Esse, por exemplo, parece ser o caso do espírito que não percebe, ou quase, que se separou do corpo, e muito menos que se encontra em ambiente espiritual; ou do outro que reencontra a si mesmo em forma humana, vê-se rodeado por um ambiente terreno, ou quase terreno, e julga exprimir-se por palavras, como fazia antes, acreditando entender também o que dizem os outros. Observa-se, além disso, que o desencarnado, chegando às portas da nova existência, encontra para recepcioná-lo e guiá-lo ou outros espíritos, em sua grande maioria parentes, mas que também podem ser os seus mais íntimos amigos, ou os "espíritos-guias". *Detalhe fundamental* este também que, como os outros, será confirmado por todas as sucessivas revelações transcendentais até os nossos dias, exceção feita sempre para os casos mais ou menos especiais de desencarnados moralmente inferiores e degradados, para os quais a inexorável "lei de afinidade" — lei físico-psíquica irresistível em seu fatal poder de atração dos semelhantes — viria preparar condições bem diferentes de recepção espiritual.

Caso II — Este segundo episódio é extraído do livro de Mrs. De Morgan, *From Matter to Spirit*.[2] A personalidade mediúnica do doutor Horace Abraham Akley descreve nos seguintes termos a própria experiência da separação do espírito do corpo:

> Como acontece com muita gente, o meu espírito não chegou tão facilmente a libertar-se do corpo. Sentia que me soltava gradativamente dos vínculos orgânicos, mas estava em condições de consciência pouco lúcidas e tinha a sensação de estar sonhando. Era como se a minha personalidade tivesse se subdividido em mais partes, que permaneciam, porém, interligadas por um vínculo indissolúvel. Quando o organismo corpóreo deixou de funcionar, o espírito pôde libertar-se dele completamente, e então pareceu-me que as partes separadas da minha personalidade se recompusessem em uma só. Ao mesmo tempo senti como se estivesse sendo erguido acima do meu cadáver, a uma pequena distância dele, de onde percebia nitidamente as pessoas que formavam um círculo em torno do meu corpo. Não saberia dizer por que poder eu cheguei a me erguer e a me equilibrar no ar. Depois deste evento, suponho ter passado um período relativamente longo em condições de inconsciência, ou de sono (o que, de resto, ocorre comumente, embora isso não se realize em todos os casos), e cheguei a tal conclusão pelo fato de que quando revi o meu corpo sem vida ele jazia em condições de avançada putrefação. Logo que readquiri o conhecimento das coisas, todos os acontecimentos da minha vida desfilaram diante de mim como em um grande panorama: e eu revi todo o meu passado, incluindo-se o último episódio, o da minha desencarnação. A visão passou à minha fren-

---
[2] Londres, 1863, p. 388.

te com tamanha rapidez, que quase não tive tempo de refletir, porque me sentia envolvido por um redemoinho de emoções. Quando a visão foi subtraída ao meu olhar com a meditação sobre o passado e o futuro, senti um vivo interesse pelas condições presentes...
Eu tinha ouvido os espiritualistas dizerem que os espíritos desencarnados são acolhidos no mundo espiritual pelos próprios parentes ou pelos seus espíritos-guias. Não vendo ninguém à minha volta, cheguei à conclusão de que os espiritualistas estavam enganados. Assim que tal pensamento atravessou a minha mente, vi dois espíritos que eu não conhecia, para os quais me senti atraído por um sentimento de afinidade. Fiquei sabendo que eles haviam sido dois homens bastante cultos e inteligentes, mas que, como eu, não tinham se preocupado, durante a vida, em desenvolver neles mesmos os elevados princípios da espiritualidade. Eles me chamaram pelo nome, apesar de eu não tê-lo dito, e me acolheram com tão benévola familiaridade que me senti agradavelmente confortado. Com eles abandonei o lugar em que havia morrido, e onde ficara retido até aquele momento. A paisagem que atravessei pareceu-me nublada, escura, mas aquelas sombras me conduziram para um lugar onde encontrei reunidos numerosos espíritos, entre os quais muitos de pessoas que eu conhecera em vida e que estavam mortas há algum tempo...

Deve-se observar que do último parágrafo do episódio exposto consta mais um dos habituais *detalhes secundários*, mais ou menos divergentes das descrições de muitos outros espíritos comunicantes, fato que poderia ser explicado pelas condições espirituais não muito evoluídas do desencarnado que se comunica. Na maior parte das vezes, é comum ler nas mensagens de "observações transcendentais" que os espíritos dos mortos se encontraram em um ambiente mais ou menos radiante, onde foram acolhidos pelos espíritos dos seus parentes mais próximos; já neste caso, ao contrário, observa-se que o espírito comunicante se encontra em um lugar escuro, onde é recebido de uma maneira amigável por espíritos que ele não conhece, mas pelos quais sente alguma afinidade decorrente das suas condições espirituais. É fácil deduzir que uma tal aparente discrepância entre as primeiras impressões desse espírito desencarnado, confrontadas com outras muito mais frequentes, depende da circunstância de que, como ele próprio declara, tanto ele quanto os espíritos dos desencarnados que foram recebê-lo haviam em vida deixado de desenvolver em si mesmos o elemento espiritual e, por conseguinte, pela lei de afinidade, um ambiente de luz não se adequava às condições de turvamento, embora transitórias, dos seus espíritos.

De um outro ponto de vista, observo que mesmo nesse episódio o espírito que se comunica afirma ter passado pela prova da "visão panorâmica" do próprio passado, prova que, nesse caso, em vez de se desenvolver espontaneamente por uma superexcitação *sui generis* das capacidades mnemônicas, que se segue à crise da agonia, parece provocada pelos "guias" espirituais, com a finalidade de predispor o espírito recém-chegado a uma espécie de "exame de consciência". Tal interpretação do fenômeno emergirá de uma forma mais clara a partir de alguns episódios que serão relatados adiante.

Por fim, observo que nesse caso, que aconteceu em 1857, já está contida a narração de um fenômeno interessante de desdobramento no leito de morte, ocasião em que o espírito desencarnado permanece durante um certo tempo suspenso no ar, por cima do seu cadáver, fenômeno que mais para a frente reaparecerá com certa frequência nas comunicações dessa natureza, e com frequência ainda maior será descrito, em termos idênticos, por pessoas sensitivas que estiveram presentes junto ao leito de morte de alguém. As obras espiritualistas estão repletas de episódios desse teor, a começar pelas interessantes descrições do famoso vidente Andrew Jackson Davis e do juiz Edmonds, até chegar às do reverendo William Satinton Moses e da enfermeira Mrs. Joy Snell, que teve a oportunidade de assistir a vários fenômenos desse tipo, durante um período de vinte anos. Observa-se, assim, que as afirmações dos videntes, que concordam admiravelmente com o que contam sobre si mesmos os espíritos dos desencarnados, mostram-se altamente sugestivas, pois se confirmam reciprocamente. E, inclusive, nesse tipo de fenômeno são numerosos os casos em que o médium psicógrafo ou o sensitivo vidente ignoravam tudo acerca da existência de tais fenômenos e em consequência desconheciam o modo pelo qual se manifestavam no leito de morte. E uma vez que o caso relatado remonta ao ano de 1857, ou seja, nos primórdios do movimento espiritualista, tudo concorre para nos fazer presumir que mesmo nessa circunstância o médium e os presentes desconheciam por completo os fenômenos de desdobramento, em geral, e sobretudo as formas em que ocorrem no leito de morte.

Caso III — Relato este outro episódio de antiga data que retirei do livro do doutor N. Wolfe, *Startling Facts in Modern Spiritualism* (p. 388).[3]

"Jim Nolan", o espírito-guia da célebre médium Mrs. Hollis, o qual disse e provou ter sido soldado na Guerra de Secessão americana e ter morrido de tifo em um hospital militar, responde como se segue às indagações de um pesquisador:

P. — Que impressão você teve da sua primeira entrada no mundo espiritual?

R. — Parecia-me estar despertando do sono, com um pouco mais de surpresa. Não tinha mais a sensação de estar doente, e isso me surpreendia enormemente. Tinha uma vaga suspeita de que algo de estranho havia ocorrido, mas não conseguia me dar conta do que se tratava. O meu corpo estava na pequena cama de campo e eu o via. Dizia comigo mesmo: "Que fenômeno estranho!" Olhei à minha volta e percebi três dos meus colegas de armas, mortos nas trincheiras diante de Vicksburg, e que eu me encarregara de enterrar. Ainda assim, eles estavam ali, bem na minha frente! Olhei para eles com uma surpresa enorme, e eles me fitaram sorrindo. Então, um deles me cumprimentou dizendo:

— Bom dia, Jim. Você também é dos nossos!

— Como assim, sou dos vossos? O que quer dizer com isso?

— Bem... aqui conosco, no mundo dos espíritos. Você não percebeu? É um lugar onde a gente se sente bem.

Essas palavras foram fortes demais para mim. Uma violenta emoção tomou conta do meu ser, e exclamei: "Meu Deus! O que está dizendo? Eu não morri!"

— Não. Você está mais vivo do que antes, Jim. Só que você se encontra no mundo dos espíritos. E para se convencer do fato, só tem de olhar para o seu corpo.

E, de fato, o meu corpo jazia inerte à minha frente na cama de campo. Como então contradizê-lo? E pouco depois chegaram dois homens que depuseram o meu corpo sobre uma tábua, transportaram-no até um veículo, fizeram-no escorregar para dentro dele, subiram na cabine e deram

---

[3] *In* 8.°, p. XVII-543, Cincinnati, 1874. (Segunda edição, Chicago, 1875, *idem*.)

a partida. Então acompanhei o veículo, que parou à beira de um fosso, onde os dois desceram o meu corpo e o sepultaram. Eu tinha sido o único espectador interessado do meu funeral.

P. — Que sensações tomaram conta de você na crise da morte?

R. — Como quando somos colhidos pelo sono, durante o qual podemos nos lembrar de alguns pensamentos ocorridos antes de adormecer. Mas não nos lembramos do momento exato em que o sono toma conta de nós. Isso é o que acontece no momento da morte. Só que um instante antes da crise fatal, a minha mente esteve extremamente ativa, e lembrei-me de súbito de todos os acontecimentos da minha vida: vi e ouvi tudo o que eu tinha feito, dito, pensado, ou a quem eu estivera ligado. Lembrei-me até mesmo dos jogos e das brincadeiras no acampamento militar, e pude desfrutá-los como no momento em que tinham acontecido.

P. — Conte para nós as suas primeiras impressões no mundo espiritual.

R.— Eu estava para dizer que os meus bons amigos soldados não mais me deixaram desde o momento em que desencarnei até quando fiz a minha entrada no mundo espiritual, no qual eu tinha avós, irmãos e irmãs, que, porém, não vieram ao meu encontro para me acolher quando morri. Quando entrei em ambiente espiritual, parecia-me estar passeando em terreno sólido, e vi uma velha vir ao meu encontro. Ela me dirigiu a palavra: "Jim, então você veio até nós?" Olhei para ela atentamente, e exclamei: "Oh! Vovó, é você?" "Eu mesma, querido Jim. Venha comigo." E me conduziu para longe, à sua morada. Ali chegando, disse-me que eu tinha de descansar e dormir. Deitei, e adormeci por longo tempo...

P. — A morada de que fala tinha a aparência de uma casa?

R. — Mas claro... No mundo dos espíritos existe a força do pensamento, com a qual é possível criar todas as comodidades que se deseja.

Esta última informação, que no caso em análise remonta há oitenta anos, não é apenas um dos *detalhes fundamentais* em que todos os espíritos são unânimes em afirmar, como também a chave com que se explicam, se resolvem, se justificam todas as informações e as descrições, aparentemente absurdas, incríveis, ridículas, fornecidas pelos espíritos que se comunicam falando a respeito da sua estada espiritual. Em outros trabalhos que elaborei a esse respeito, já tive oportunidade de me deter longamente acerca desse tema de extrema importância; por isso, vou me limitar, desta vez, a falar sobre ele apenas o estritamente necessário. Lembrarei que essa grande verdade que nos foi revelada pelos espíritos comunicantes pode resolver um acúmulo enorme de perplexidades teóricas, determinadas pelas informações fornecidas por estes acerca do mundo espiritual, das formas que revestem os espíritos e das modalidades da sua existência (todas as formas de existência terrena). Essa grande verdade, capaz de resolver todos os enigmas teóricos em questão, e que se baseia na potência criadora do pensamento em ambiente espiritual, é confirmada de maneira impressionante, com base nos fatos, em ambiente terreno, e isso em consequência da circunstância de que o pensamento e a vontade, mesmo na existência encarnada, mostram-se capazes de criar e dar formas concretas às coisas pensadas e desejadas, assim como nos é informado que acontece em ambiente espiritual, ainda que na Terra o fenômeno realize-se exclusivamente no caso de sensitivos especiais. Refiro-me com isso aos fenômenos maravilhosos da "fotografia do pensamento" e da "ideoplastia", aos quais dediquei em 1926-1927 uma longa monografia,[4] onde são demonstradas, com fatos, a sua realidade incontestável e a sua portentosa eficiência. Assim, deve-se concluir que já no mundo dos vivos o pensamento e a vontade revelam o poder de se tornarem concretos, manifestando-se em formas mais ou menos substanciais e permanentes, ainda que isso ocorra *sem finalidade* na existência encarnada e aconteça apenas com sensitivos em condições fisiológicas um pouco anormais, que correspondem a estados mais ou menos avançados de desencarnação do espírito. Nesta última situação, tal poder não será mais incipiente e transitório, mas total e definitivo, quando as faculdades em questão serão exercidas com plena eficiência, e desta vez de forma *normal, prática e útil*. É isso mesmo o que afirmam as personalidades dos desencarnados comunicantes: assim será preciso reconhecer que as revelações transcendentais sobre as formas de existência espiritual confirmam, *a posteriori*, aquilo que *a priori* foi preciso logica-

[4] Ernesto Bozzano, "Pensiero Volontà Forze Plasticizzanti e Organizzanti", publicada em sete capítulos em *Luce e Ombra*, anos 1926 e 1927, p. 69 ao todo.

mente supor, com base na descoberta de que o pensamento e a vontade são forças maravilhosas, capazes de criar e organizar, mas que eram exercitadas de forma esporádica e sem finalidade na Terra. Observo ainda que a outra circunstância das entidades encarnadas que afirmam que tais condições de vida espiritual são transitórias e dizem respeito apenas à Esfera mais próxima do mundo terreno, isto é, àquela destinada a receber os espíritos recém-chegados, não vale apenas para justificar plenamente tais condições da existência, mas demonstra principalmente a sua providencial razão de ser. Em outras palavras: considere-se que desolação e desorientamento sentiriam os espíritos, em sua grande maioria, caso assim que ocorresse a crise do traspasse se vissem bruscamente despojados da forma humana e se encontrassem em um plano espiritual radicalmente diferente do lugar onde se plasmou a sua individualidade, e ao qual estavam ligados por uma delicadíssima trama de sentimentos — afetos, paixões, aspirações — a ponto de esta trama não poder ser rompida de repente sem levá-los ao desespero, e onde sobretudo se encontrava o ambiente familiar de cada um deles, constituído por uma soma fantástica de pequenas e grandes satisfações, temporais e espirituais, que concorriam cumulativamente para criar aquilo que se chama "alegria de viver". Caso se reflita sobre tudo isso, será preciso reconhecer que parece racional e providencial que, entre a existência encarnada e a de "puros espíritos", venha a se interpor um ciclo de existência preparatória, que serve para conciliar a natureza por demais terrena do espírito desencarnado com a natureza por demais transcendental da existência espiritual propriamente dita. Para isso, proveria maravilhosamente a potência criadora do pensamento, que permitiria ao espírito, julgando-se ainda em forma humana, reencontrar-se desta mesma forma; e acreditando estar vestido, ver-se coberto de roupas que, apesar de *etéreas*, pareceriam materiais para o desencarnado, como as vestimentas terrenas. No mundo espiritual ele reencontraria também um ambiente e uma casa correspondentes aos próprios hábitos da Terra — morada preparada para ele pelos familiares que o precederam na existência espiritual. Como se viu, no caso exposto acima, a avó do desencarnado teria assumido a tarefa de guiar o neto até a morada destinada a acolhê-lo. A esse respeito deve-se observar que, quando o espírito comunicante conta ter visto uma velha vir ao seu encontro, deve-se entender que *a velha avó* havia readquirido *temporariamente* a antiga forma terrena para ser reconhecida.

Apenas acrescento isso, a fim de ser breve: levando-se em conta as perplexidades de ordem secundária que ficaram sem solução nas considerações anteriores, estas serão sucessivamente apresentadas e explicadas, à medida que os casos relatados nos derem oportunidade para isso.

Com relação ao incidente da "visão panorâmica" narrado pelo espírito comunicante, observo que dessa vez o fenômeno ocorreu em forma de "um resumo de lembranças", em vez de uma "visão panorâmica" propriamente dita. Isso, naturalmente, não modifica os termos da questão a ser resolvida, e demonstraria somente que o desencarnado comunicante, em vez de pertencer àquilo que em termos psicológicos se denomina "tipo visual", pertenceria a um tipo prevalentemente "auditivo-mental".

Caso IV — Relato um último caso de antiga data, constituído de dois incidentes distintos por mim extraídos da conceituada obra publicada pelo professor Langworthy Taylor, da Universidade de Nebraska (Estados Unidos), sob o título *Fox-Taylor Record*.[5] Trata-se de uma série de relatórios sobre as experiências que os pais do professor efetuaram com a famosa médium Kate Fox, durante um período de 23 anos (1869-1892). Tais relatórios formam a incansável obra do professor. Quando as experiências tiveram início, o professor Langworthy era um garoto, mas assistiu com certa frequência aos acontecimentos, com os seus pais, até o fim.

Um primeiro fenômeno no qual estão contidos dados a respeito das transformações sofridas pelo "corpo etéreo", depois da "crise da morte", relaciona-se com uma das mais consideráveis manifestações conseguidas nesta longa série de experiências, que consistia na produção, em total escuridão, de maravilhosos retratos em pastel, obtidos com a precipitação direta das tintas, enquanto o casal Taylor segurava as mãos da médium Kate Fox. Nos pastéis eram reproduzidos os semblantes dos espíritos co-

---
[5] *Fox-Taylor Automatic Writing*, 1869-1892, Unabridged Record, Minneapolis, 1932, p. 400, in 8.°.

municantes, e um deles representava a avó de Mrs. Taylor trazendo nos braços a filha desta última, falecida recentemente. O semblante da menina resultou em uma perfeita reprodução do original, mas o da avó, que vivera até uma idade avançada, era ao contrário a reprodução perfeita daquilo que ela havia sido aos vinte anos. De qualquer forma, o casal Taylor identificou-a facilmente, pois eles tinham-na conhecido ainda quando jovem, e o rosto dela exprimia uma beatitude celeste.

Ao apresentar o retrato aos Taylor, o espírito-guia Franklin fornecera as seguintes explicações:

> No mundo espiritual a velhice não existe, todos renascem para a nova vida readquirindo o frescor juvenil; e assim aconteceu com a sua avó. Ela desabrochou do seu antigo invólucro, como uma borboleta do seu casulo, tornando-se de novo uma bela jovem que recomeçou a existir com o impulso vital, a exuberante atividade, as nobres aspirações que caracterizavam na Terra a sua idade juvenil. No retrato que dela apresentamos a você, nota-se pela expressão do rosto os sentimentos de entusiasmo e de felicidade que vibram no seu ser *(Ibidem,* p. 156).

E o espírito da avó, que por sua vez se manifestou, falou da seguinte maneira:

> Lembrem-se de que eu voltei a ser jovem. Assim que renasci no mundo espiritual readquiri o frescor juvenil, revi a mim mesma na flor da idade. Como estou feliz por reapresentar-me a vocês rejuvenescida, sem as deformações da velhice! (*Ibidem*, p. 142).

É oportuno observar que essas formas de existência espiritual, segundo as quais aqueles que morrem em idade avançada retornam à juventude, são reafirmadas incontáveis vezes pelos desencarnados que se comunicam e não parecem certamente inesperadas ou inverossímeis, muito menos improváveis ou absurdas. Ao contrário! Parece, isso sim, rigorosamente lógico que, se o espírito sobrevive e conserva uma aparência humana nas primeiras Esferas espirituais de vida, então deve acontecer algo semelhante em relação ao invólucro do espírito, uma vez que não seria possível imaginar-se um ambiente espiritual povoado por velhos e por crianças que permanecessem sempre nessa condição.

Volto aos comentários do caso anterior, no qual se observa que, se o pensamento e a vontade são forças organizadoras capazes de levar à materialização, mesmo no plano terreno, então se deveria deduzir logicamente que estas mesmas forças venham a se exercitar com maior eficiência no mundo espiritual; e sendo assim, disso resultaria que uma primeira demonstração dos poderes adquiridos pelos espíritos desencarnados deveria exercer-se justamente sobre a remodelagem dos seus "corpos etéreos"; de resto, isso poderia inclusive realizar-se sem que os mortos tivessem conhecimento do fato; vale dizer, para efeito de um automatismo inerente à misteriosíssima "força organizadora", que na existência terrena já havia plasmado os seus "organismos somáticos". Reflitamos por um momento: o que pode haver de mais extraordinário do que um ovo de galinha, do qual, após 21 dias sendo chocado, surge um gracioso pintinho vivo, saltitante, piando, protegido por uma espessa penugem, e capaz de alimentar-se por conta própria? Diante de um milagre desses, o fato da existência no mundo espiritual da mesma "força organizadora", em virtude da qual os "corpos etéreos" dos desencarnados que envelheceram na Terra voltariam a ser jovens, parece um fenômeno muito menos extraordinário; por isso, as afirmações unânimes dos desencarnados a esse respeito deveriam ser acolhidas como revelações de uma verdade que não é apenas concebível, mas logicamente indubitável para quem já tiver se convencido, com base nas investigações metapsíquicas, da existência e da sobrevivência do espírito humano.

Além disso, observa-se também que em ambiente espiritual a "força organizadora" não agiria no caso das crianças e dos jovens mortos antes de chegar à condição adulta, e isso porque a força misteriosa de que se fala seria unicamente capaz de reproduzir todas as fases pelas quais alguém passou, e nunca de reproduzir também a fase pela qual não teve tempo de passar. Isso se explicaria por uma lei psicológica que se relaciona à biológica: para uma pessoa chegar ao estado adulto não se requer apenas o desenvolvimento orgânico, mas também o acumular-se das experiências consecutivas aos eventos da vida, experiências indispensáveis para a maturidade da inteligência; condição esta que as crianças e os jovens que chegam imaturamente ao ambiente espiritual alcançariam com processos de educação suplementares a eles ministrados.

* * *

Neste segundo incidente retirado da mesma obra, e no qual

todos os protagonistas eram espíritas da primeira hora, as referências à "crise da morte" e às modalidades da existência espiritual são breves, apesar de interessantes. Entretanto, o que torna o episódio altamente sugestivo, bem como teoricamente raríssimo, consiste no fato de uma enferma, que se manifesta mediunicamente quando viva durante uma crise de inconsciência comatosa, comunicar-se depois de morta, dois dias mais tarde.

Mrs. Sara Taylor relata o seguinte:

> Na sessão de 19 de janeiro de 1886, depois de os habituais parentes e amigos terem se comunicado durante longo tempo sob a orientação da médium, em estado de vigília, o lápis em sua mão começou a se mover com a maior dificuldade, escrevendo em caracteres deformados e retorcidos. Kate observou: "Nota-se que o espírito que escreve o faz pela primeira vez". Foi ditado: "Venho para dizer a vocês que dentro de não muito tempo estarei em condições de me comunicar com vocês como espírito desencarnado. Não me façam perguntas".
> Perguntei a "Olin" (irmão falecido de Mrs. Taylor) quem era aquele que tinha escrito. Respondeu: "Querida Sara, ele foi trazido aqui por um espírito amigo. Voltará, mas ainda não é dos nossos. De qualquer maneira, dentro de um dia ou dois, vocês o ouvirão novamente, e simpatizarão com ele...
> No dia 21, Kate foi me procurar de manhã bem cedinho, dizendo que não tencionava vir porque tinha muitas coisas a fazer, mas que sua vinda lhe fora comunicada — até imposta — através de batidas, e o fato repetiu-se com tamanha insistência que ela afinal decidira obedecer.
> Estavam presentes o doutor e o meu filho. Dei a Kate papel e lápis, e imediatamente, com a mesma escrita insegura, retorcida, disforme, foi-lhe ditado: "Tomem nota da data e da hora em que vim no outro dia". E logo depois, com a caligrafia de Vanderbilt (amigo já morto dos Taylor) foi ditado: "Releiam em voz alta a curta mensagem ditada terça-feira por esta pobre e querida amiga de vocês". Relemos então a mensagem, e pouco depois o lápis recomeçou a escrever com uma caligrafia extremamente incerta, exprimindo-se da seguinte maneira: "Sim, era mesmo terça-feira. Agora me lembro. Ainda me encontrava no corpo — pelo menos é a impressão que tenho —, mas pensei na doutrina espírita, e, assim pensando, o meu espírito abandonou o corpo e veio para cá. Amigos meus, amigos

queridos, digam a 'Olin' que me assista: estou desorientada!" Depois de uma pausa, foi dito ainda: "A minha família, meu marido... Oh! Como estão desesperados! Digam a eles que eu ainda vivo!" — (assinado Maria). Eu perguntei: "Que Maria?" Veio a resposta: "Maria Hocker Burton". Ao ouvir aquele nome fomos tomados por imenso estupor. Havíamos conhecido Maria Hocker cerca de dezoito anos atrás; sabíamos que ela se casara com um certo Burton quinze anos antes, e que residia em Hartford, sua cidade natal. Nada mais sabíamos a respeito dela. O que significava tudo isso? Então ela estava morta? Ecoaram algumas batidas, e foi ditada a explicação: quando Maria se manifestou pela primeira vez, no dia 19, ela ainda estava viva, e não era suficientemente perceptível à visão espiritual; por isso, os espíritos-guias não haviam conseguido distinguir a que sexo pertencia: apenas detectaram que alguém estava para mudar de condição.

Depois disso, manifestou-se novamente Maria Burton, observando: "Eu não estou muito feliz. Em casa acham que eu morri subitamente, mas isso não é verdade. Desejo voltar, porque não pude dizer muitas coisas que pretendia, no momento em que estava a meio caminho entre o mundo terreno e o mundo espiritual. Quando o meu espírito abandonou o corpo, pensei: 'Como eu poderia fazer para avisá-los de que ainda estou com eles?' Sentia-me desorientada, perturbada. Então vieram-me à mente Kate Fox, Miss Edmonds e outras médiuns, e pensando nelas com ardoroso desejo, encontrei-me em Nova York, na presença de Kate" (ditado por Maria Burton, escrito por "Olin").

Então, "Olin" continuou por conta própria nos seguintes termos: "Querida Sara, os parentes da morta estão oprimidos pela dor. Será muito bom você escrever logo uma carta de condolências, procurando intercalar nela, com alguma prudência, a consoladora nova que Maria vive e pensa nos seus entes queridos. Com isso, você abrirá caminho para eles chegarem até aqui".

Pouco depois, o próprio "Olin" informou: "Estou retornando neste momento de Hartford. Mrs. Burton morreu ontem, mas não tenho muita certeza disso. Encontrei os seus familiares terrivelmente prostrados. Acho que eles tentarão comunicar-se com ela imediatamente. A agonia foi triste e penosa!"

Todas essas precisas e sucintas informações nos mergulharam em profunda surpresa. Era verdade? Não era verdade? Assim que o doutor se viu livre dos compromissos profissionais, dirigiu-se a Windsor para consultar os jornais de Hartford, residência de Maria Burton, mas não encontrou notícias a respeito da sua morte. "Ora, sem esta certeza eu não podia correr o risco de escrever à família." Na noite de 22 de janeiro, o doutor esteve novamente em Windsor, consultou os jornais de Hartford que estavam chegando naquele momento, publicados na noite anterior, e ali leu a notícia da morte de Maria Burton, ocorrida no dia 20, conforme nos dissera "Olin", ou seja, um dia antes que Maria se manifestasse a nós. Escrevi de imediato à sua mãe, Mrs. Hocker.

Na manhã de 23 de janeiro, quando Kate chegou, a morta logo se manifestou, escrevendo: "O que posso fazer para compensá-los por tanta gentileza? Não tenho palavras para agradecer-lhes. Dentro em breve minha mãe os procurará. E eu logo dormirei o sono restaurador. Estou cansada e desorientada. Desejo dormir para me libertar deste estado de penosa ansiedade. A enorme dor que atinge os meus entes queridos me mantém vinculada ao mundo. Estou imensamente grata pela missão de conforto por vocês enviada, a qual agilizará a minha elevação espiritual. Voltarei a me manifestar a vocês em outras ocasiões" (Maria Hocker Burton).

Como prenunciado pela falecida, a mãe dela chegou à nossa casa na noite de 25 de janeiro. Soubemos que no dia 19 (terça-feira), no momento em que Maria se manifestara mediunicamente a nós, escrevendo pela primeira vez, ela jazia mergulhada no mais profundo sono, e assim permanecera por mais de uma hora. Também ficamos sabendo que tudo o que "Olin" dissera sobre a triste agonia da morta e sobre a oprimente atmosfera de dor que permanecera naquela casa era verdade...

Por fim, manifestou-se mais uma vez "Olin", observando: "Esta que receberam é mais uma grande prova para demonstrar que vocês estão realmente em comunicação com o mundo espiritual. Devem fixá-la em suas lembranças para benefício da posteridade e da humanidade. Este é um caso a ser estudado profundamente pelos seus homens de ciência" (*Ibidem*, p. 317-320).

Com essa exortação do desencarnado "Olin" termina o relato do interessantíssimo caso exposto, que decidi relatar quase na íntegra, apesar de muito longo. Deve-se reconhecer que o desencarnado de que se fala teve razão em dirigir-se aos homens de ciência, exortando-os a meditar sobre o valor demonstrativo que o caso apresentava em favor da sobrevivência humana, uma vez que o fato da dupla manifestação mediúnica da mesma pessoa — primeiro ainda em vida e, depois, já morta — foi em ambos os casos confirmado por provas incontestáveis de identificação pessoal. O caso tornava-se claro a partir das condições em que ocorreu, uma vez que os Taylor nada sabiam, havia dezoito anos, sobre a sua amiga que se manifestou mediunicamente, mas sobretudo porque eles não poderiam adivinhar que ela estivesse gravemente enferma, e muito menos imaginar que se manifestasse em suas sessões, primeiro ainda em vida e em seguida depois de morta.

É notável também a circunstância que, enquanto todos os espíritos comunicantes escreviam livremente com a escrita "especular" (tendo em mente provar a independência da sua escrita sobre a vontade da médium), a recém-chegada escrevera, ao contrário, com letra disforme e com extrema dificuldade, o que costuma ocorrer quando se trata de uma entidade que se comunica pela primeira vez. Deve-se ressaltar também o fato de a morta ter anunciado a chegada imediata da mãe, o que na verdade aconteceu.

Os casos de manifestações mediúnicas de vivos são sempre interessantes, uma vez que em tais contingências pode-se receber informações sobre as condições em que se encontrava o agente, no momento da sua manifestação mediúnica, e ao mesmo tempo verificar os fatos no grupo que faz a experiência. Viu-se agora que no exato momento em que a enferma se comunicava mediunicamente ela estava em coma, o que justifica teoricamente a possibilidade da existência do fenômeno de comunicação telepático-mediúnica ou, mais provavelmente, de comunicação mediúnica prévia de desdobramento. De qualquer maneira, quer se tratasse de telepatia ou de desdobramento, não mudam as inferências teóricas sugeridas pelo caso em questão, segundo as quais, demonstram os fatos, a primeira comunicação mediúnica, quando a enferma deu o próprio nome, só poderia vir da personalidade psíquica integral dela, viva; e a segunda comunicação, que ocorreu logo depois da morte, com as mesmas características de identidade, inclusive de escrita, deveria ser atribuída à sua personalidade psíquica integral: não mais no corpo, mas sobrevivida ao corpo. Em outros termos: a primeira manifestação "em espírito" da enferma viva assume o valor de uma prova indiscutível a respeito da presença no local, "em espírito", da sua segunda manifestação, ocorrida depois da morte.

Mais uma observação. Tudo concorre para revelar que o episódio em questão não foi demonstrado espontaneamente, mas sim combinado intencionalmente pelos espíritos-guias, com a finalidade de fornecer aos vivos uma prova incontestável da sobrevivência do espírito humano.

Em primeiro lugar, é fácil chegar-se a esta conclusão: o espírito "Olin" disse a Mrs. Taylor que no momento em que a enferma havia se manifestado ainda viva ela fora conduzida até a sessão por um espírito amigo, indício este de que a manifestação fora "combinada" no Além. Em segundo lugar, a intencionalidade do fato pode ser percebida também a partir do incidente com o outro espírito, "Vanderbilt", que convida os pesquisadores a lerem em voz alta a mensagem ditada antes pela enferma comunicante, a qual ouve e observa: "Agora me lembro: eu ainda estava no corpo"; incidente a partir do qual apreende-se que os espíritos-guias estavam interessados em levar a bom termo a experiência realizada. Em terceiro lugar, isso emerge também do episódio da médium que, encontrando-se ocupada em casa, recebe ordens, através das batidas, para se dirigir sem demora até a casa dos Taylor. Ali chegando, obtém-se a segunda manifestação, na qual aquela que havia se comunicado quando ainda viva manifesta-se depois de morta; e por ser esta uma injunção do Além, prova mais do que nunca que a segunda manifestação, complementar da primeira, já havia sido por sua vez predisposta no mundo espiritual. Por fim, a intencionalidade de tudo pode ser observada a partir do fato de que o espírito "Olin" comentou ele mesmo o caso ocorrido, fazendo com que se observasse a enorme importância do evento, como prova da intervenção real dos mortos nas comunicações mediúnicas, e convidando os homens de ciência a estudá-lo profundamente.

É patente, portanto, que, se tais induções têm fundamento, então o caso exposto adquire eficácia resolutiva em sentido espiritualista, e com isso, naturalmente, também no que diz respeito às condições da existência espiritual subentendidas no próprio caso. Entre elas, é oportuno revelar um *detalhe fundamental* implícito nas palavras da recém-desencarnada: "Sentia-me desorientada, perturbada. Então, vieram-me à mente Kate Fox,

Miss Edmonds e outras médiuns, e, pensando intensamente nelas, encontrei-me em Nova York, na presença de Kate!" Trata-se de um detalhe que se repete com certa constância e de forma idêntica nas mensagens dos mortos e constitui uma característica da potência do pensamento e da vontade em ambiente transcendental, enquanto demonstra que, para alguém se transportar a qualquer distância no mundo espiritual, ou deste para o terreno, basta pensar intensamente na localidade aonde se deseja ir, nas pessoas ali residentes, para ser transportado para o local.

Do ponto de vista das primeiras impressões sentidas no mundo espiritual, observo que a morta — como muitos outros — sentia-se infeliz por causa da desmedida dor em que a própria partida mergulhara os seus familiares, e por isso apressara-se em transmitir a eles, através da médium conhecida por ela em vida, a grande nova da própria sobrevivência, propondo-se com isso diminuir a dor dos que amava, podendo, dessa maneira, adormecer no sono reparador, do qual sentia extrema necessidade, no estado de desorientamento em que se achava. Atente-se para o fato de que um período de sono restaurador mais ou menos longo é quase sempre indispensável para a passagem normal entre duas fases de existência qualitativamente tão diferentes. Entretanto, o estado de depressão em que haviam caído os familiares de Maria mantinha-a ainda vinculada ao mundo dos vivos, dificultando o desenvolvimento normal das fases iniciais da existência espiritual. Como se viu, uma vez satisfeito o desejo da morta, esta agradeceu aos Taylor pela carta de conforto enviada aos seus entes queridos que, alcançado o objetivo de Maria de amenizar a sua dor, colocava-a em condições de apressar a própria elevação espiritual.

Noto que observações do mesmo gênero repetem-se com certa frequência nas mensagens dos mortos, os quais concordam em declarar que as dolorosas vibrações emocionais, desprendidas do organismo humano tomado por uma crise de dor excessiva pela morte de um ente amado, repercutem telepaticamente na parte sensitiva do espírito desencarnado, determinando neste um estado de ânimo extremamente doloroso também, correspondente ao sofrimento dos que ama, com a grave consequência de que, enquanto os vivos persistirem em sua grande dor, o espírito desencarnado permanecerá vinculado ao ambiente em que viveu, retardando assim a própria elevação espiritual.

Deve-se destacar que o episódio exposto, conseguido com a colaboração de uma das três irmãs Fox — que deram origem ao movimento espiritualista —, comprova que as exortações para abrandar a dor estavam entre as primeiras solicitações transmitidas nas mensagens dos desencarnados assim que chegavam a se comunicar com os vivos, o que mostra a importância e a urgência desse fato para o bem-estar dos próprio desencarnados.

Caso V — Passando a relatar casos mais recentes, começo com um episódio extraído do livro de Mrs. Jessie Platts, *The Witness*.[6] Trata-se de uma coletânea de comunicações mediúnicas extremamente interessantes, obtidas através da mediunidade da própria Mrs. Jessie Platts, viúva do reverendo Charles Platts, a qual teve a desventura de perder ambos os filhos na Primeira Grande Guerra. As comunicações publicadas vêm do menor dos dois — Tiny, de 18 anos — morto em combate na frente francesa, em abril de 1917, que se comunicou psicograficamente através da mediunidade improvisada de sua mãe, no ano seguinte, quando a guerra ainda continuava, mais do que terrível. Ele forneceu provas pessoais de identificação diretas e indiretas. Estas últimas consistiam em anunciar à própria mãe a entrada no mundo espiritual de outros espíritos de militares mortos naquele momento em batalha; e depois de alguns dias chegavam efetivamente notícias oficiais sobre a morte daqueles soldados. Ele informara à mãe que servia como simples instrumento transmissor de adestramentos espirituais, incumbência confiada a ele por um espírito missionário, que em vida havia sido um religioso de nome Padre Hilarion. Mrs. Platts nada sabia acerca da existência, no passado, de um personagem como este, mas informando-se a respeito chegou a verificar que ele de fato vivera.

Após essa premissa, e com o intuito de comprovar o valor das mensagens em questão, passo a relatar o trecho que diz respeito à entrada do filho de Mrs. Platts no plano espiritual. Ele ditou:

> Os que vivem em ambiente terreno têm muito a aprender sobre o estado que os espera após a morte, quero dizer, no instante em que o espírito se separa do organismo corpóreo. É-me concedido falar-te a respeito do assunto brevemente nesta mensagem. Antes de mais nada, quero dizer que não pode haver dois espíritos desencarnados

---
[6] Hutchinson, Londres, 1920, p. 288.

que tenham de passar pela mesma experiência. Entretanto, tais multiformes experiências apresentam um dado comum: é que todos os espíritos ainda imaginam estar vivos, e os que passaram por uma agonia de sofrimentos ficam profundamente surpresos por se encontrarem repentinamente curados, e sua euforia é tamanha, que eu julgo ser esta a impressão mais forte que se possa sentir após a crise da morte. Quando eu morri ou, mais precisamente, quando o meu corpo morreu, lembro-me muito bem que imaginava estar mais vivo do que nunca e à espera de ordens para um posterior avanço (quando a bala que me matou me atingiu, estávamos isolados do nosso regimento e tentávamos com enormes precauções retomar contato).

Algumas raras vezes os espíritos desencarnados, ao se encontrarem sozinhos em ambiente desconhecido, são colhidos por um medo profundo; mas isso acontece apenas com aqueles que em vida foram profundamente egoístas e que jamais voltaram o pensamento a Deus. Entretanto, no devido tempo, esses espíritos também são socorridos e confortados por seus espíritos-guias, mas antes é preciso que eles desenvolvam suficiente espiritualidade para terem a capacidade de perceber os espíritos-guias.

Quase todos os desencarnados passam por um período de sono restaurador, que tanto pode durar um dia ou dois, como pode durar semanas e meses; isso está relacionado às circunstâncias do traspasse de cada um. No meu caso, eu havia morrido repentinamente, não tinha sofrido nem passado por doenças extenuantes; ainda assim, fiquei em sono profundo por cerca de uma semana, pois a minha morte, repentina demais, provocara uma brusca separação do "corpo fluídico" do meu "corpo somático", com um golpe considerável sobre o primeiro.

No caso de haver entre os espíritos recém-chegados alguns vinculados por grandes afetos com outros espíritos já há tempo desencarnados, estes acorrem ao seu encontro antes que passem pela fase do sono restaurador. Não pode haver felicidade maior do que esses encontros no mundo espiritual, após longas separações que pareciam definitivas. E por mais que os espíritos saibam que terão de se separar temporariamente mais uma vez, eles não se entristecem com isso, pois sabem que tais separações não são mais a mesma coisa. Quando então os espíritos recém-chegados despertam do sono restaurador, os guias de cada um deles intervêm a fim de ensiná-los sobre a natureza do treinamento espiritual reservado a cada um...

A narração exposta revela-se de extremo interesse, sobretudo porque resume em poucas linhas as modalidades essenciais em que normalmente a crise da morte ocorreria para a grande maioria dos seres vivos; modalidades que, porém, teriam uma variação enorme nos casos extremos de personalidades de seres vivos que desencarnam em condições muito evoluídas, ou muito degradadas, de espiritualidade.

Deve-se destacar também a habitual concordância a respeito do *detalhe fundamental* dos espíritos desencarnados que *não sabem que estão mortos*; concordância que se repete sem cessar (salvo exceções que confirmam a regra) desde os primórdios do movimento espiritualista, e que é teoricamente notável, em razão do insuspeito disparate do detalhe, disparate que vale para excluir a hipótese dos "romances subliminares" porque não seria admissível que uma personificação inconsciente, derivação absoluta daquela consciente, inventasse informações em franco contraste com o que esta última julgaria a respeito; enquanto resultaria mais do que nunca inadmissível que centenas de personalidades mistificadoras do gênero viessem fortuitamente a inventar as mesmas informações fantásticas, contrárias ao critério da razão humana. Assim sendo, seria lógico deduzir que, se tantas concordâncias a respeito de detalhes inverossímeis para a mentalidade dos vivos são obtidas mediunicamente através de sensitivos que não poderiam pensá-las conscientemente, e ignoravam que revelações análogas tivessem sido conseguidas por outros estudiosos do assunto, então será preciso reconhecer que só pode haver uma única explicação para o fato: os detalhes fornecidos pelas personalidades espirituais concordam entre si porque derivam de uma única causa, que é a observação direta. Em outros termos: se todas as entidades desencarnadas descrevem as mesmas condições de ambiente espiritual e as mesmas características fundamentais, isso demonstra que as condições de ambiente descritas são genuinamente espirituais, bem como objetivas, permanentes, reais, muito reais.

Outro *detalhe fundamental* absolutamente concordante em todas as revelações transcendentais é aquele em que se mencionam as fases de *sono restaurador*, às quais estariam sujeitos quase todos os espíritos recém-chegados; sobre isso deve-se observar que todas estão de acordo também em indicar as causas que tornariam necessário tal período de absoluto repouso do espírito.

Quero destacar ainda que todas concordam admiravelmente a respeito de um outro *detalhe fundamental*: na mensagem em questão está contido o momento em que se menciona o isolamento em que viriam a se encontrar os espíritos que foram profundamente egoístas em vida; isolamento este determinado pela imperfeição da sua faculdade de percepção espiritual que seria uma consequência inevitável do estado rudimentar em que se encontra a espiritualidade deles. Disso resultaria que tal isolamento só poderia ter fim quando os espíritos viessem a adquirir espiritualidade suficiente para estar em condições de perceber a presença dos seus espíritos-guia. Esta última informação, colocada na mensagem, é teoricamente importante, uma vez que concorda com todos os ensinamentos fornecidos a respeito por numerosas personalidades espirituais, as quais afirmam que os espíritos inferiores não podem vislumbrar aqueles pertencentes a hierarquias superiores. Repito que as consonâncias em relação aos detalhes secundários são, teórica e progressivamente, cada vez mais importantes, à medida que eles se mostram por si mesmos cada vez mais irrelevantes e estranhos; mas são esses detalhes que constituem a maior surpresa para o pesquisador que está se preparando para comparar as diversas publicações sobre revelações transcendentais.

Por fim, será oportuno não esquecer aquilo que o espírito comunicante afirma no início — e sempre em pleno acordo com os outros — ou seja, que não pode haver duas personalidades espirituais que venham a passar pelas mesmas experiências depois da crise da morte; afirmação que se revela absolutamente racional, levando-se em conta que, se no mundo dos vivos não podem existir individualidades pensantes absolutamente idênticas, e se pela "lei de afinidade" cada espírito gravita no plano espiritual que lhe compete, e ainda se o pensamento de cada espírito cria o próprio ambiente subjetivo e objetivo, então é certo que não podem existir personalidades desencarnadas que tenham de passar por idênticas vivências espirituais. Disso resulta que o esclarecimento em questão vale admiravelmente para explicar numerosas e presumidas contradições nas revelações transcendentais, as quais deverão ser atribuídas à variedade infinita de temperamentos individuais, combinados com os diversos graus evolutivos alcançados no plano terreno pela personalidade humana em sua individualidade.

Termino observando que Mrs. Jessie Platts foi levada a se interessar por pesquisas mediúnicas e a tentar escrever automaticamente por causa da morte de ambos os filhos na guerra; dessa maneira, nada, ou muito pouco, ela conhecia em relação à doutrina espírita, e tudo ignorava quanto ao conteúdo das demais obras sobre revelações transcendentais.

Caso VI — Extraí o episódio a seguir de uma preciosa coletânea de "revelações transcendentais", *The Morrow of Death*,[7] que foi ditada através da mediunidade de um homem chamado Ernest H. Peckam. A entidade comunicante, aqui designada sob o pseudônimo de "Amicus", por seu próprio desejo havia sido em vida o reverendo A. H. Stockwell, morto há mais de quarenta anos, e que, após ter fornecido ótimas provas de identificação pessoal, dedicou-se ao cumprimento da própria missão, que consistia em transmitir aos vivos os ensinamentos aqui apresentados, os quais constituem uma admirável exposição, resumida, das formas de vida espiritual. Ele narra nos seguintes termos as suas primeiras experiências a respeito:

> Enquanto eu me encontrava no mundo dos vivos, jamais cheguei a formar um claro conceito da existência do além-túmulo: tinha ideias confusas e incertas, que porém giravam em torno das costumeiras concepções de um paraíso reservado àqueles que conseguiam se salvar, e de um "inferno" pronto a engolir os "malvados". Na minha época ignorava-se, na maioria das vezes, a possibilidade de uma comunicação com os espíritos dos mortos, e por isso nada melhor me restava a não ser teorizar e ter fé em Deus. Eu tinha esta fé.
> Dito isso, é inútil eu acrescentar que quando vim parar no mundo espiritual, fiquei profundamente surpreso na presença da verdade. Vi-me acolhido, confortado e ajudado por pessoas que eu bem conhecia na Terra, as quais haviam me precedido na grande viagem. Mas o que para mim constituiu a suprema alegria do momento foi o encontro com a minha querida companheira de toda a vida, a qual recomeçou a me prodigalizar, em ambiente espiri-

---
[7] A. H. Stockwell editor, Londres, 1920, p. 64.

tual, as devotas atenções e as ternuras afetivas que tão amorosamente me dispensava em plano terreno. E os primeiros passos que eu dei na celeste morada aconteceram sob o olhar atento da minha amorosa companheira. Posso, portanto, afirmar que a minha primeira experiência no meio espiritual foi a prova de que o amor e a devoção da minha companheira em nada se haviam modificado por causa da sua morte, uma vez que se renovaram com toda a espontaneidade comovente que os caracterizara na Terra. Eu sentia ter efetivamente retornado à minha doce casa do período mais feliz da minha vida, só que desta vez eu apreciava de uma forma mais completa a minha felicidade pela exultância suprema da reunião celeste, depois da longa separação terrena. Noto a esta altura que a narração da minha experiência pessoal a esse respeito nada mais é que um episódio normal da experiência de todos em ambiente espiritual. A morte não pode suprimir o amor, nem tampouco impedir a reunião de duas almas que se amaram na Terra. Naturalmente, o nosso afeto recíproco tinha por fundamento muitas qualidades espirituais comuns; ainda assim, nesses últimos tempos, o caminho que leva à nossa elevação espiritual teve uma bifurcação, mas ambos estamos contentes que isso tenha ocorrido.

Uma das minhas primeiras revelações depois da morte foi descobrir a mim mesmo. A minha real individualidade surgiu-me à frente com toda a sua crueza, e tal revelação certamente não foi lisonjeira para mim...

... O processo da morte física e do renascimento espiritual é muito interessante, e bonito também. Normalmente, desde o momento em que se inicia a ruína do corpo, processo que por vezes demora muito tempo, cessam os sofrimentos físicos, as ansiedades do espírito, e gradativamente passa-se por condições de absoluta inconsciência. No entanto, logo que se supera a crise da morte, determina-se o pleno despertar da consciência e ao mesmo tempo entram em atividade as recém-nascidas faculdades espirituais; dessa maneira, o ser renasce para uma nova vida e começa de imediato a exercitar a própria atividade no novo ambiente. Quase sempre se verifica a circunstância providencial do espírito desencarnado que não se dá conta de que está morto, e, algumas vezes, quando ele tem essa percepção cedo demais fica terrivelmente perturbado com isso, sobretudo quando a morte cortou vínculos afetivos muito

fortes... Mas ele não chega ao mundo espiritual como um desamparado, e quase nunca é deixado à mercê de si mesmo: cada espírito, quase sem exceção, ao emergir da crise da morte, é acolhido pelos espíritos mais indicados para confortá-lo, aconselhá-lo, assisti-lo...
Mas então onde se encontra o espírito recém-nascido? Muito bem: ele emergiu naquele estado de existência que as suas condições mentais, morais, espirituais tornavam o único possível para ele. O plano que o acolhe é determinado pelo grau de espiritualidade em que se encontra. Através da morte ele alcança aquela morada espiritual que preparou para si mesmo e não pode ir para nenhum outro lugar. São as qualificações espirituais que fazem com que ele gravite com infalível precisão para aquelas condições de existência que são matematicamente correspondentes aos seus méritos e deméritos. A grande "lei de afinidade" governa o processo, que se mostra inexorável. Depois da morte, o homem vai para o ambiente que ele preparou para si mesmo e não pode acontecer outra coisa. Ele encontra os próprios semelhantes, gravita rumo àquelas regiões espirituais onde ficará plenamente à vontade, como na própria casa. A sua futura morada já se encontra no âmbito da própria alma, e os seus companheiros espirituais são os seres semelhantes a ele. Em outras palavras: o espírito desencarnado, graças à benéfica e justa "lei de afinidade", por força da qual "cada semelhante atrai o seu semelhante", gravita no único ambiente que pode adaptar-se às suas condições de evolução espiritual, de elevação moral, de cultura intelectual, da forma que ele mesmo determinou pela própria atividade terrena. Ele vai para onde deve ir...
Não é possível fornecer um quadro compreensivo e satisfatório a respeito da natureza extremamente variada das ocupações e das atividades espirituais... De qualquer maneira, tenha absoluta certeza de que tais atividades, tais ocupações, transcendem desmedidamente aquelas terrenas em seus objetivos, em seus gêneros, em suas potencialidades, em seus efeitos, em sua utilidade, estabilidade, beleza e grandiosidade. Além disso, você entenderá que não é possível explicar-lhe no que consiste uma grande parte dessas atividades, uma vez que elas são peculiares à existência espiritual, e, consequentemente, não são comparáveis àquelas que se processam na Terra, onde se exercem sentidos terrenos na relatividade do

tempo. As nossas são atividades puramente espirituais, voltadas para objetivos espirituais, bem como exercidas com a interferência de agentes espirituais, dos quais vocês naturalmente nada ou quase nada conhecem. Além disso, devo acrescentar que nos primeiros graus da existência espiritual raramente acontece de se empreender alguma tarefa sistemática bem-definida, e isso porque a vida surge nova, estranha, diferente de tudo o que se havia imaginado ou sonhado. Durante longo período de tempo fica-se inteiramente absorvido na exploração do lugar que nos acolhe, esforçando-nos por compreender a sua existência. Além disso, há uma profunda sensação de felicidade que nos impede de sentir a necessidade de ocupar-nos de uma maneira estável, e isso devido aos encontros com os nossos entes queridos, junto com os quais são feitas contínuas viagens de instrução sobre o mundo espiritual, viagens que nos ajudam a compreender quanto nos resta a aprender e quanto a desaprender. Disso resulta que todas as nossas energias são inteiramente absorvidas nessa tarefa diversificada e fascinante. Ao mesmo tempo, e à medida que se prolonga a nossa estada nas Esferas espirituais, são-nos oferecidas ocasiões para executar pequenas tarefas, serviços a serem prestados que nos mantêm ocupados de modo feliz. Mas quando, afinal, se compreendem as verdadeiras relações que nos vinculam à nova existência — isto é, que somos entidades espirituais, com poderes espirituais, destinadas a operar utilmente em atmosfera espiritual — então nos é dado descobrir em que consiste a nossa especial vocação, à qual nos dedicamos sistematicamente, encontrando a verdadeira felicidade ao entrar em serviço para o benefício comum...
A esta altura, é aconselhável eu mencionar a natureza da substância usada para as construções ou para as criações no plano espiritual, bem como os métodos empregados, e o modo pelo qual são utilizados. O nosso é o mundo do pensamento, e todas as coisas podem nele ser vistas. Elas são a ele tangíveis, utilizáveis: são criações do pensamento. O nosso corpo espiritual é uma criação substancial do pensamento, e a partir do nosso próprio corpo, sem detrimento nenhum para a nossa individualidade, nós exteriorizamos aquilo que se exige para exercitar a nossa atividade objetiva. À nossa volta assumem forma as criações do nosso pensamento, as quais se fundem e se harmonizam com as criações do pensamento dos outros.

Algumas dessas criações são exteriorizações inconscientes do pensamento espiritual, enquanto outras, ao contrário, nascem da força criadora do pensamento dirigida pela vontade, com objetivos determinados. Nós somos seres constituídos de pensamento, existentes em um mundo criado pelo pensamento, e tudo o que desejamos, bem como tudo o que operamos, o fazemos pelo dinamismo do pensamento. Naturalmente para quem está vivendo na Esfera terrena — tão radicalmente diferente da nossa — compreender isso ou mesmo simplesmente acreditar em nossas revelações é uma tarefa árdua. No entanto, garanto a você que os processos funcionais implícitos naquilo que lhe descrevi são muito simples, muito naturais e estupendamente eficazes... Esses ensinamentos espirituais, que somente agora começam a ser ministrados aos viventes, resultam em uma das "muitas coisas" a respeito das quais Jesus Cristo afirmou: que "a Sua geração e os Seus tempos não estavam maduros para recebê-las"...

Sobre a interessante mensagem relatada, e para confirmar a tese essencial e mais divulgada, é oportuno insistir no fato de que na própria mensagem se observam as habituais concordâncias a respeito de um bom número de *detalhes fundamentais* que tratam das formas da existência espiritual. São elas: a informação que relata que os espíritos dos mortos, salvo raras exceções, são acolhidos e confortados pelos familiares e amigos que os precederam na Esfera espiritual; a informação do espírito comunicante que conta ter passado pela prova da "visão panorâmica" com a projeção de todos os acontecimentos da sua vida; a informação sobre os espíritos recém-chegados que não se dão conta da sua morte; a informação acerca do pensamento em ambiente espiritual, que é força capaz de criar, organizar e plasticizar; e, por fim, a informação sobre a "lei de afinidade", reguladora inexorável dos destinos humanos, sem que haja necessidade de um Juiz Supremo que condene ou absolva cada espírito desencarnado individualmente.

Observo que a longa e interessante narração a respeito das ocupações e das atividades espirituais mostra-se prudentemente genérica, e é bom que seja assim, uma vez que se compreende que o espírito comunicante, consciente da impossibilidade de descrever em linguagem terrena as atividades qualitativamente diferentes da existência desencarnada, limita-se a referir-se a elas genericamente para não alterar a verdade, levando assim os seres vivos ao erro. Entretanto, não é desse modo que se comunicam muitos outros desencarnados, que se esforçam para descrever da melhor forma possível a existência desencarnada, em termos da linguagem terrena: com certa frequência, mesmo tendo o cuidado de alertar sobre mal-entendidos, as suas mensagens produzem muitas vezes incompreensão e ceticismo entre os não iniciados.

Entre os *detalhes secundários* ainda não comentados é oportuno sublinhar o do espírito comunicante que informa que, apesar do grande amor que o vinculava ao espírito da própria companheira, chegara para eles o momento em que "o caminho que conduzia à sua elevação espiritual levava a uma separação", mas que ambos, no entanto, estavam contentes por isso.

Esse detalhe, que confere com outro análogo, contido no *Caso V*, é teoricamente importante por ser, de certa forma, inesperado para que não se pense que o fato de muitos médiuns relatá-lo deva limitar-se a uma série de "fortuitas coincidências". Observo que alguns dos espíritos comunicantes que o relataram tiveram o cuidado de completá-lo observando que, se os espíritos vinculados entre si pelo amor se separam sem nenhuma saudade, isso acontece por dois motivos: o primeiro, que eles sabem que a separação acontece para o benefício da sua recíproca elevação espiritual, a qual pode ser orientada de modo diverso para cada entidade espiritual, de acordo com a natureza de cada individualidade humana; o segundo, que os espíritos vinculados pelo amor sabem que toda vez que desejarem rever um ao outro só têm que manifestar tal desejo para reencontrarem-se instantaneamente unidos.

CASO VII — O importante episódio que vem a seguir é tirado de um livro chamado *The Consoling Angel (The Case of Hattie Jordan)*.[8] O autor do livro é o músico Florizel von Reuter, célebre no mundo da arte por sua rara excelência como concertista, um "virtuose" do violino. Há muitos anos ele vem se ocupando com investigações psíquicas juntamente com a mãe, e ambos são médiuns psicógrafos comparáveis aos melhores ainda vivos. Eles obtiveram provas de identificação espírita consideráveis, com numerosos casos de "xenoglossia" em língua russa, polonesa, turca, persa: todas as provas são por si sós importantes, apesar

[8] Londres, 1930, p. 181.

de não apresentarem características que as diferenciem de tantas outras análogas; o que entretanto não se pode afirmar para este último caso, que assume um lugar de destaque entre os de ordem excepcional, tanto pelo número extraordinário das informações verídicas fornecidas pela entidade comunicante, quanto pela excelência das provas de identificação que delas derivam, as quais, se as considerarmos cumulativamente, assumem um valor resolutivo em sentido espiritualista.

Do nosso ponto de vista, deve-se destacar o fato do desencarnado que, entre uma informação e outra, transmite noções a respeito da própria existência espiritual, relata detalhes que concordam plenamente com os transmitidos por um grande número de outras personalidades de desencarnados. É evidente que a circunstância de tais "revelações transcendentais", intercaladas inextricavelmente entre as informações pessoais verídicas relativas à existência terrena da entidade comunicante, faz com que as duas séries complementares de informações não possam se separar; e, por conseguinte, se é levado logicamente a concluir que, se as comparações pessoais fornecidas devem ser acolhidas como boas provas em favor da interpretação espírita dos fatos, então se deverá reconhecer a origem também espírita das informações fornecidas pela mesma entidade a respeito do ambiente espiritual que o acolhe. Em outras palavras: ou se deverá reconhecer a origem supernormal das duas séries de que se fala ou ambas deverão ser consideradas mistificações do inconsciente; querer considerar uma como supernormal e a outra como inconsciente pareceria ilógico até o absurdo. Mas falaremos disso mais adiante.

Hattie Jordan — a desencarnada comunicante — morrera em Pasadena, Califórnia, onde convivia com a irmã, Florence. Um grande e recíproco afeto vinculava as duas irmãs. Nem uma nem outra jamais haviam se interessado por "espiritualismo", e tudo ignoravam a esse respeito.

A médium, a senhora Reuter, conhecera-as na juventude, mas durante mais de trinta anos tivera pouquíssimos contatos com elas e praticamente nada sabia sobre os seus familiares, amigos, conhecidos. Quando ocorreu a morte de Hattie, os Reuter encontravam-se na Europa, e não demoraram a receber mensagens por parte da desencarnada, que se transformaram em cartas que a irmã desencarnada enviava à irmã viva. Tais cartas estavam tão cheias de detalhes íntimos para levar à identificação pessoal de Hattie, que se acumularam a ponto de superar a cifra de 300 provas pessoais, enquanto a grande maioria desses detalhes era desconhecida dos dois Reuter que, ao receberem as primeiras mensagens da desencarnada, *ignoravam até mesmo sua morte*. Foi a própria desencarnada que deu a notícia a eles, acrescentando ter-se manifestado porque estava extremamente ansiosa para entrar em contato com a irmã viva, a fim de transmitir-lhe a grande nova da própria sobrevivência à morte do corpo. Tendo isso em mente, ela começou a enviar-lhe mensagens cheias de detalhes íntimos, com o objetivo de convencê-la da verdade. E a tarefa de convencê-la foi longa e laboriosa devido à natural desconfiança de Florence, que receava estar se iludindo. Entretanto, o imponente acúmulo de sempre novas e admiráveis provas acabou por triunfar sobre toda a perplexidade, e o dia em que a irmã recebeu da desencarnada mais uma carta em que estava relacionada uma lista de informações pessoais, em sua grande maioria desconhecidas até pela própria irmã viva, mas que eram verídicas, esta afinal escreveu aos Reuter: "Digam-lhe, oh! digam-lhe que a partir deste momento eu não preciso mais de provas: estou convencida. Depois de ler esta última mensagem, eu não me sinto e jamais me sentirei só, jamais ficarei desconsolada. Renasci para uma nova vida e alegro-me com uma felicidade sem limites. Hattie se revela sempre a mesma, mas finalmente livre de tantos sofrimentos...".

Alcançado o tão desejado objetivo, a irmã desencarnada pôde afinal começar uma correspondência muito variada e instrutiva com a irmã viva, e na primeira dessas cartas ela descreve as vicissitudes pelas quais passou depois da crise da morte. É esta a carta:

> Querida Florence,
>
> Não me é possível descrever para você nesta primeira carta tudo o que vi e aprendi desde o dia em que despertei no mundo espiritual. Precisaria escrever muito a respeito para lhe transmitir uma bem pálida ideia.
>
> Eu caí no sono depois de o meu velho corpo ter sido enterrado. Naquela manhã memorável em que ouvi dizer que eu estava morta, encontrava-me, ao contrário, mais viva

do que nunca ao lado do meu velho corpo inanimado. Tinha experimentado a sensação de sair de mim mesma e de continuar a ser eu mesma, mas liberta de todo afã da respiração. Num primeiro momento fiquei desorientada ao me encontrar instantaneamente livre de todo sofrimento. Muito estranho! Via-me ali, ao lado de mim mesma! De repente, me dei conta de que eu podia ler em seu pensamento, e captei o enorme vazio que o evento deixara em seu coração. Foi então que decidi, custasse o que custasse, fazer com que você soubesse, sentisse, acreditasse que eu havia sobrevivido à crise da morte. Naquele momento eu não sabia que poderia realizar o meu propósito, mas tinha a intuição segura de que o conseguiria.

Minha querida Florence, eu havia lido em sua alma como em um livro aberto, e medira a imensidão do seu desespero. Só havia um remédio: manifestar-me a você no mais curto espaço de tempo possível. Tenho uma lembrança muito vaga daquilo que aconteceu comigo no dia seguinte, com a minha passagem para o mundo espiritual. Lembro-me de ter demorado longamente ao seu lado, mas com toda probabilidade eu estava em condições de espírito muito confusas. Não se pode dizer que eu dormia, mas o tempo passou sem que eu me desse conta. Quando o meu velho corpo foi enterrado, as ideias se organizaram na minha cabeça, e me lembrei de algumas conversas que os nossos amigos — Grace e Florizel — tinham tido conosco, e assim surgiu a ideia de chegar até você através deles. Entretanto, não demorei a me dar conta de que eu estava em condições de cansaço profundo; e eis que vem ao meu encontro a mamãe, com outros espíritos, entre os quais um que me disse ser o meu espírito-guia. Mamãe me conduziu a um lugar onde eu tinha de parar, descansar, dormir a fim de me revigorar pela absorção de energia espiritual. Porém, antes de me dispor a dormir, perguntei a ela: "Diga-me se é possível me comunicar com Grace e Florizel". Respondeu-me: "Sei por que você pergunta. Vou tentar e verei o que posso fazer. Por enquanto você deve se preocupar em ir dormir". Não sei durante quantos dias se prolongou o meu sono, mas quando despertei mamãe me disse que havia estado com os nossos amigos no momento em que utilizavam uma curiosa mesinha, sobre a qual outros espíritos presentes transmitiam aos vivos o seu pensamento, fazendo-os escrever. Acrescentou que ela também tentara escrever, chegando a transmitir estas poucas palavras: "Florence precisa de ajuda".

Assim que me senti revigorada com as correntes de energia etérea pensei em você, querida Florence, e vendo-a sempre tomada pelo mais sombrio desespero, cada vez mais infeliz, angustiada e sem forças, quis logo tentar entrar em contato com Grace e Florizel. E com a ajuda de Flora e de outros espíritos amigos consegui. Este foi o início da nossa renovada reunião, a qual parece a você um feito imperscrutável, mas, ao contrário, é a coisa mais natural do mundo. Nada de maravilhoso para nós em tudo isso. Observo porém que todos os meus amigos espirituais, aqui reunidos para as comunicações com o mundo dos vivos, afirmam que eu tenho uma capacidade especial para transmitir corretamente provas de identificação pessoal. De fato, muitos entre eles não chegam a transmitir nada mais do que poucas, fragmentárias, palavras. Todos estes, querida Florence, foram tão bons comigo a ponto de me ensinar e ajudar a me comunicar... Eu estou plenamente feliz por ter alcançado o que me propunha...

Vou parar agora, porque percebo que os bons amigos, através dos quais escrevo, têm necessidade de descansar. Mas você não acha que por ser esta a primeira carta que envio a você do mundo espiritual, até que eu me saí relativamente bem?

Boa noite, minha irmã. Virei vigiar o seu sono, disciplinando os seus sonhos.

Esta é a primeira carta-mensagem da desencarnada Hattie Jordan à irmã Florence; carta que, entretanto, havia sido precedida por numerosas outras mensagens aos Reuter a serem transmitidas à irmã.

Os leitores devem ter notado que a narração da entidade comunicante acerca do que lhe aconteceu depois da crise da morte concorda admiravelmente com as narrações análogas antes mencionadas.

Na carta em questão deve-se notar a passagem em que a comunicante informa que tendo perguntado à mãe se era possível transmitir uma mensagem à irmã viva, através dos amigos Reuter, a mãe acrescentara que ela se encarregaria de tentar a prova; e de fato conseguira transmitir as palavras: "Florence precisa de ajuda". Muito bem: é verdade que os Reuter tinham recebido aquela breve mensagem (p. 16-17), mas eles ignoravam a morte de Hattie Jordan, e assim nem pensaram que a mensagem se referisse à irmã desta. Pediram explicações a respeito, mas o instrumento mediúnico não mais se mexeu; vale dizer que a entidade comunicante, absolutamente nova para experiências semelhantes, não foi capaz de transmitir outras palavras.

Conforme fiz observar, essas cartas-mensagens à irmã são com frequência intercaladas por incidentes e descrições que dizem respeito à própria existência espiritual, os quais correspondem àquilo que muitos desencarnados comunicantes narram, ou seja: que nas primeiras Esferas da existência espiritual encontramo-nos em um ambiente terreno espiritualizado, com algo de extraordinário. Por força da potência criadora do pensamento, os desencarnados acabam se encontrando com muita frequência em um ambiente doméstico parecido com o que os acolhia na Terra, preparado pelas entidades mais próximas a eles. A paisagem é etérea, as roupas e a mobília também; mas, como o corpo que reveste o espírito desencarnado também é de natureza etérea, o resultado é uma perfeita relação entre "sujeito" e "objeto": assim, o ambiente parece absolutamente palpável, como no nosso mundo.

Além disso, no plano espiritual recebe-se a reconfortante notícia de que as obras e as atividades realizadas na Terra contam, de qualquer maneira, para o início das obras e atividades a serem desenvolvidas na nova Esfera. Ali também se aprende que uma existência terrena ociosa, preguiçosa, inútil, é a causa das maiores dificuldades para o progresso espiritual.

A esta altura sou induzido a retomar o tema que mencionei no princípio, dirigindo-me em especial àqueles estudiosos da metapsíquica que, mesmo admitindo — como faz o meu amigo Cesare Vesme — que as provas cumulativas desse gênero são logicamente conclusivas, em termos da interpretação espírita dos fatos, obstinam-se em não reconhecer como verídicas — nem mesmo simbolicamente — as narrações dos desencarnados a respeito do ambiente que os acolhe.

No entanto, eis-nos desta vez diante do caso de uma desencarnada que ao mesmo tempo em que chega a identificar a si mesma, fornecendo mais de 300 detalhes pessoais posteriormente comprovados, *entre uma informação e outra*, transmite noções precisas a respeito da vida espiritual e das condições do lugar em que se encontra; informações que concordam totalmente com outras análogas fornecidas por numerosos desencarnados comunicantes. Muito bem: de acordo com os estudiosos da metapsíquica de que falamos acima (como eu já disse, eles aceitam a existência de autênticos casos de identificação espírita, mas não dão crédito às mensagens em que são descritas as condições do ambiente espiritual), tais revelações deveriam ser consideradas como elucubrações antropomórficas do inconsciente dos médiuns. Se nos baseássemos nessa hipótese, teríamos de concluir que no caso em questão a entidade comunicante era um espírito de desencarnado autêntico, toda vez que transmitia detalhes verídicos sobre a própria existência terrena, mas transformava-se no mesmo instante em uma efêmera personalidade sonâmbulica assim que, entre um detalhe e outro, fornecia informações sobre a própria existência espiritual. Isso é questionável e perguntamo-nos se uma maneira de argumentar como esta deve ser julgada de acordo com a lógica. Ao contrário, caso os estudiosos da metapsíquica de que estamos falando exigissem uma seleção rigorosíssima das numerosas obras sobre revelações transcendentais, muitas das quais são desvarios onírico-inconscientes facilmente reconhecíveis como tais, declarar-me-ia plenamente de acordo com eles, acrescentando que o primeiríssimo critério de seleção a ser adotado deveria ser o de se reconhecer apenas as mensagens transmitidas por entidades de desencarnados que tenham a sua identidade pessoal comprovada, critério que me comprometi a seguir no presente trabalho e que cumpri, em grau superlativo, no caso apresentado acima. Em outras palavras: se, com base nos 300 detalhes fornecidos, pode-se considerar comprovada a identificação pessoal da desencarnada Hattie Jordan, então deverão ser aceitos como absolutamente normais os detalhes simultaneamente transmitidos por ela sobre as formas de vida espiritual, uma vez que está claro que o primeiro fator da proposição subentende o segundo. Desse modo, quem não quer admitir o segundo, por uma questão de lógica, deve também negar o primeiro. E aqueles que rejeitam ambos, embora estando sem razão, pelo menos podem justificar o seu ponto de vista apelando para a lógica. Já não seria possível afirmar o mesmo sobre aqueles que aceitam o primeiro e negam o segundo. E com isso encerro o assunto.

Caso VIII — Selecionei a seguinte mensagem de uma bela coletânea de revelações transcendentais existente graças à mediunidade de Mrs. E. B. Duffey, intitulada *Heaven Revised*.[9] O

[9] *The Religion-Philosophycal Publishing House*, Chicago, USA, 1889, p. 101.

valor intrínseco do conteúdo pode ser avaliado pelo fato de que em poucos anos a obra chegou à décima edição, tendo sido também publicada como "livro de bolso", o que vale dizer, em uma edição de enorme tiragem e a um preço bastante acessível.

Mrs. Duffey, mulher de grande cultura, revelou-se médium com o dom de psicografar e ditou as mensagens aqui comentadas na época em que começou a se ocupar com investigações mediúnicas, portanto, muito pouco havia lido e quase nada sabia acerca da doutrina espírita. É oportuno insistir nesse ponto, sobretudo tendo-se em mente que na presente monografia, em que se contempla apenas o grupo inicial das experiências de além-túmulo, não me será possível fazer emergir de uma forma eficaz, com base nos fatos, o elevado valor implícito na circunstância de numerosos médiuns os quais, como Mrs. Duffey, ditaram as suas mensagens mediúnicas quando ainda às voltas com as suas primeiras experiências nas novas pesquisas, e algumas vezes quando tudo ignoravam a respeito delas. É preciso esclarecer que entre os autores de mensagens transcendentais que concordam com as dos outros, às vezes surgem alguns que se revelam médiuns tentando escrever automaticamente por sugestão de terceiros. Tudo isso leva a concluir, é claro, que, se mesmo os médiuns improvisados, sem nenhum conhecimento do assunto, ditam mensagens que estão admiravelmente de acordo com as dos outros — pelas descrições dos detalhes fundamentais, dos detalhes secundários, dos destaques essenciais do ambiente e da existência espirituais — então um fato assim não pode ser explicado a não ser reconhecendo-se que tudo isso ocorre porque as personalidades comunicantes são efetivamente os espíritos dos desencarnados, e, por essa razão, obtêm descrições e especificações a partir de um ambiente real, permanente, objetivo, comum a todos.

Mrs. Duffey descreve nos seguintes termos a maneira pela qual foram conseguidas as mensagens publicadas:

> Se eu tivesse escrito como se fosse um ditado, não poderia saber menos do que sabia a respeito daquilo que a minha mão ditava. Por outro lado, ficam excluídos os conceitos contidos nas mensagens ditadas, segundo os quais eu poderia tê-los captado, de forma inconsciente, através de

---

Segunda edição: *The Two Worlds Publishing Co.*, Manchester, 1895, p. 69.

diversas fontes de natureza análoga; e isso pela boa razão de que no período em que escrevi eu tinha ouvido muito pouco e lido menos ainda acerca de argumentos espíritas. Eu já estava convertida às novas ideias há um ano, e com frequência, ao ler o que me haviam ditado, sentia-me embaraçada e perplexa, pois duvidava que aquilo que eu havia escrito estivesse de acordo com a doutrina espírita. Tal impressão de embaraço tornou-se especialmente forte em relação ao capítulo intitulado "No abismo". Durante todo o período em que me foram ditadas as mensagens (cerca de quatro meses), vivi em permanente condição de sonho. Nada daquilo que me rodeava, ou o que acontecia comigo, parecia-me real, e as próprias preocupações de ordem material que me surgiram pela frente, naquele período, não tiveram o poder de me afligir. Sentia-me como se estivesse sob a influência de um poderoso anestésico mental. O ditado das mensagens encerrou-se em um sábado à tarde. Na noite do domingo fiz um breve discurso para a nossa sociedade espiritualista. Na segunda-feira de manhã despertei pela primeira vez sentindo-me em plena posse da minha personalidade normal. Afinal, eu tinha recuperado a capacidade de agir com a minha eficiência normal na vida prática diária.

Essas informações de Mrs. Duffey parecem teoricamente interessantes, uma vez que demonstram que, durante todo o período em que recebeu o ditado das mensagens transcendentais, a médium ficara em condições de "sonambulismo atento", assim como acontecia, em iguais circunstâncias, com o célebre vidente norte-americano Andrew Jackson Davis. Em outros termos: isso demonstraria que o cérebro da médium fora submetido por todo o período a uma disciplina de parcial possessão pela entidade que se comunicava, a qual pretendia claramente com isso eliminar o perigo da emergência esporádica de interferências inconscientes infiltrando-se nas próprias mensagens — interferências que dificilmente poderiam ter sido evitadas caso a médium, entre uma mensagem e outra, tivesse voltado a mergulhar nas distrações e preocupações do cotidiano. Ora, se levarmos em consideração essa sugestiva circunstância do fato, associada à outra — a médium tudo ignorava sobre a doutrina espírita —, devemos convir que no caso em questão somos logicamente obrigados a admitir a origem extrínseca, ou espírita, das revelações transcendentais obtidas. E, se assim for, então tais conclusões deveriam estender-se a todo o conjunto das revelações transcendentais, uma vez que as mensagens de Mrs. Duffey concordam admiravelmente com o conteúdo de todas as outras revelações do gênero. Nenhuma dúvida sob o rigor da lógica, nem um único caso como este ou como o anterior poderiam bastar para autorizar a concluir no sentido indicado, e isso porque em ambos os casos, além das provas admiráveis de identificação espírita obtidas, nota-se também que não se trata de simples concordâncias de poucos detalhes banais, a ponto de legitimamente poderem ser atribuídos a "coincidências fortuitas", mas sim de um complexo orgânico extremamente intrincado de concordâncias as mais variadas, máximas e mínimas, em boa parte estranhas e impensadas, em evidente contraste com as tradições religiosas assimiladas na infância e na adolescência por toda a humanidade cristã.

Depois desse longo, mas necessário preâmbulo, passo a transcrever alguns trechos da narração ditada à Mrs. Duffey pela personalidade comunicante acerca do processo da própria desencarnação. Tal personalidade, que a médium conhecera intimamente, havia sido uma distinta e cultíssima mulher, livre-pensadora a respeito de religião, mas uma espírita convicta nos últimos anos da sua vida. Eis o que ela escreve sobre si mesma:

> Eu sabia que tinha de morrer, mas não tremia e não me arrepiava diante desse pensamento. Há longo tempo os terrores da ortodoxia haviam perdido toda a eficácia sobre o meu ânimo, e eu me sentia preparada para enfrentar a inevitável crise com serenidade filosófica. Direi, aliás, que havia algo mais no meu estado de espírito, pois dispunha-me a vigiar e a analisar com interesse de estudiosa o lento aproximar-se da grande hora. Não queria perder essa suprema oportunidade de adquirir conhecimentos psicológicos que haviam passado despercebidos às investigações da ciência. Conservei-me, portanto, como impassível observadora dos lentos progressos da minha própria agonia, nutrindo esperanças de poder comunicar aos presentes as minhas observações e prestar assim um último serviço à humanidade: o de dissipar o terror que a hora fatal incute em todos.
>
> Parecia-me que o ambiente terreno se retirava ao meu redor e eu me sentia como que boiando fora do corpo, em um estado de existência desconhecido. Nada daquilo que eu julgava dever sentir durante a crise da morte aconteceu. Assim, por exemplo, eu havia lido descrições a res-

peito de uma espécie de "epílogo da morte", que seria gerado na mente dos moribundos, fazendo com que passassem, diante da sua visão subjetiva, todos os acontecimentos de suas vidas. Nada disso ocorreu comigo: eu não me sentia atraída nem pelo passado, nem pelo futuro. Um único pensamento, um único sentimento dominava a minha consciência: o dos meus entes queridos que eu estava abandonando. Entretanto eu jamais tinha considerado a mim mesma como uma mulher excessivamente terna, e treinara a minha razão para disciplinar todos os impulsos e todas as emoções; a esse respeito considero que tal disciplina influiu muito favoravelmente sobre o eficaz rendimento das minhas atividades na vida. Apesar disso, naquela hora suprema, o amor surgiu para mim como a soma e a substância de tudo o que de valioso existe na vida...

Aquele meu estado de atenção vigilante sobre a aproximação da morte acabou por me esgotar, e pouco a pouco invadiu-me uma doce sonolência: tão doce, tão tranquilizante que, naquele período de semi-inconsciência que precede o estado de total inconsciência, eu refletia sobre o fato de ter provado duas vezes apenas uma sensação parecida de deliciosa sonolência...

Despertei quase com uma sensação de remorso, assim como acontece quando se tem consciência de ter dormido demais, além das conveniências sociais. Aquele despertar pareceu-me até mais doce do que o período que antecedeu o sono. Não me preocupava em abrir os olhos e continuava desfrutando deliciosamente daquela sensação de paz e serenidade que tantas vezes em minha sofrida existência eu desejara em vão alcançar. Como era doce! Como era perfeita aquela sensação de paz! Oh, se pudesse durar por toda a eternidade! De qualquer maneira, eu me sentia bem, sinal de que, afinal, não estava muito próxima da morte. Teria talvez de me submeter ainda à antiga servidão e conhecer de novo o tédio e a inquietude da vida. De repente, ouvi o som de algumas vozes que conversavam no quarto ao lado com uma tonalidade baixa e calma. Apesar de ouvi-las claramente através da porta aberta, não chegava a apreender o sentido do que diziam. Mas, no momento em que despertei por completo, consegui absorver uma frase que fixou a minha atenção, ainda que eu não lhe atribuísse importância. A frase era a seguinte:

"Não duvido de que ela o fazia visando o bem; mas, de resto, era tão excêntrica!"

A outra respondeu: "Sim, muito excêntrica, e também obstinada em suas pequenas preocupações".

E a primeira assim retomou: "Ela teve uma existência muito marcada pela desventura, mas também há de se convir que a causa dos seus males foi quase sempre ela mesma. E quase sempre é assim".

"Sim, é bem verdade. Por exemplo, eu bem sei..." E seguiu-se aqui a descrição grotescamente distorcida de alguns fatos da minha vida.

Estava surpresa: falavam a meu respeito e empregavam o verbo no *passado*: "Ela era"... O que significava aquilo? Julgavam-me morta? Achei que elas poderiam estar supondo que eu fingia estar morta com o propósito de ouvir as conversas confidenciais das duas a meu respeito, por isso apressei-me em chamar uma das amigas a fim de garantir-lhe que eu estava viva e me sentia bem melhor... Só que elas não deram a menor importância para o meu chamado e continuaram a conversar sem se interromper. Chamei de novo com voz bem audível, nem dessa vez me deram a mínima atenção. Eu me sentia tão bem de corpo e de mente, que tomei a decisão de interromper aqueles imprudentes discursos apresentando-me a elas no outro cômodo... Mas... o que estava acontecendo? Por um instante fiquei paralisada pelo terror, ou por algo semelhante. O que era aquele fantoche que alguém depositara em minha cama, onde afinal deveria estar eu gravemente enferma, e que ali jazia rígido em meu lugar, com o rosto lívido, e em tudo parecido com um cadáver no leito de morte? Via-o de perfil: tinha os braços cruzados no peito, as pernas rigidamente estendidas, com as pontas dos pés voltadas para cima. Sobre ele estava estendido um lençol branco; mas, que coisa estranha! Eu o via, mesmo ele estando por baixo do lençol branco, e percebia naquele fantoche o meu rosto! Meu Deus! Então estava morta? Fui colhida por uma forte emoção, que pareceu me sacudir desde os recessos mais profundos da alma. Somente então, e não antes disso, todo o meu passado emergiu de súbito, e como uma grande onda invadiu a minha consciência, enquanto tudo aquilo que me havia sido ensinado, tudo o que eu havia temido, tudo o que eu esperava do grande trânsito da morte e da existência espiritual apresentou-se à minha mente com uma clareza indescritível. Aquele foi um momento solene e assustador; mas a sensação de terror passou fugazmente, e restou apenas a solenidade grandiosa do momento...

De qualquer maneira, exatamente como acontece no mundo dos vivos, em que o sublime algumas vezes pode chegar a parecer ridículo, e isto de uma forma tão imediata a ponto de ser suficiente só mais um passo à frente para se passar do solene ao engraçado, da dor à alegria, do desespero à esperança, assim ocorreu com a minha primeira experiência na Esfera espiritual. De fato, não podendo deter as línguas daquelas mulheres fofoqueiras e maledicentes, tive de me resignar a ouvi-las falando mal de mim. E assim, pela primeira vez, contemplei a mim mesma sob a luz em que me viam os outros. Muito bem, a lição foi instrutiva, pois eu superara uma fronteira que tirava toda a importância às vicissitudes mundanas. Tais discursos maledicentes foram para mim comparáveis a um espelho convexo, colocado diante da minha visão espiritual, em que os defeitos do meu caráter eram exagerados e distorcidos de forma grotesca pela convexidade do espelho que os refletia; e assim aconteceu que a minha primeira lição espiritual foi-me dada pelas amigas vivas.

Depois de terem esgotado as fofocas, as duas mulheres se levantaram para olhar pela última vez o semblante da amiga morta, cujo caráter elas haviam anatomizado com tão desapiedada crueza. Estávamos três a contemplar aquele cadáver, ainda que uma das três fosse invisível às demais. E como as outras não tinham consciência da minha presença, eu me desinteressei delas, absorvendo-me na contemplação daquele corpo inanimado que uma vez havia sido meu. Olhava para o pálido rosto arrasado pelo sofrimento, e com a minha mão invisível procurava afastar da testa os cabelos brancos que a invadiam, enquanto uma piedade inefável oprimia-me a alma, ao pensar no destino daquele velho corpo, do qual me sentia para sempre separada.

Então eu estava morta? Estranha sensação, na verdade, essa de saber que se está morta e ao mesmo tempo sentir-se cheia de vida! Como o significado desta palavra é mal compreendido pelos vivos! Estar morto significa animar-se de uma vitalidade diferente e extraordinária, da qual a humanidade não pode fazer ideia. Com toda probabilidade a minha morte tinha ocorrido há 24 horas: eu havia caído no sono no mundo dos vivos e despertara em ambiente espiritual. Estranho dizer isso. Só naquele momento, pela primeira vez, lembrei-me que estava em meio espiritual. Até então os meus pensamentos e as minhas emoções haviam se mantido vinculados ao mundo dos vivos. Mas onde estavam os espíritos de tantos entes queridos que antes de mim tinham ultrapassado a fronteira da morte? Esperava vê-los acorrer para me dar as boas-vindas no portal da morada celeste, para me servir de conselheiros e guias. O isolamento em que me encontrava não me causava preocupação, e muito menos me assustava, mas eu sentia um quê de desilusão e de desorientamento penoso. De qualquer forma, tal estado de ânimo durou um instante, pois, assim que formulei na mente esses pensamentos, vi dissolver-se e desaparecer o cômodo em que me encontrava e tudo o que nele estava contido, e me vi, não sei como, no meio de uma espécie de enorme campo ondulado... A beleza da paisagem era indescritível. A da Terra é bela, e eu sempre senti intensamente a sua beleza, mas a celeste é muito mais... É maravilhosa... Eu caminhava, mas de forma tão estranha! Os meus pés não tocavam o solo. Deslizavam sobre ele, assim como acontece nos sonhos... Mas onde estavam as pessoas de quem eu gostava? Onde estavam tantos amigos desencarnados que eu havia amado na Terra? Não tinha consciência de haver exteriorizado em viva voz tais pensamentos, mas foi como se alguém tivesse ouvido e se apressado em satisfazer a minha vontade: vi à minha frente dois jovens, cuja radiante beleza era superior a tudo o que a mente humana pode imaginar... Muitos anos antes eu havia colocado na sepultura, com lágrimas desesperadas de dor, duas crianças minhas, adoradas, uma após a outra. E muitas vezes chorando sobre as suas sepulturas eu estendera os braços como se esperasse retomá-las da morte que as raptara de mim. Oh! Os meus filhos! Os meus filhos! Quão ansiosamente eu os desejara!... Quando vi à minha frente aqueles jovens radiantes, um instinto súbito e infalível advertiu-me de que aqueles eram os meus filhos, agora adultos. Não hesitei um instante em reconhecê-los. Estendi os meus braços para a frente, como tinha feito tantas vezes na Terra, e dessa vez realmente os apertei em meu regaço!...

Com sincera tristeza interrompo a esta altura a narração da entidade comunicante, narração que se torna cada vez mais interessante, quando a ela se manifestam os pais, os parentes e os conhecidos, bem como o próprio espírito-guia. Mas, não sendo possível citar tudo, limito-me a apresentar mais um trecho de diálogo em que é explicado por que motivo a personalidade da desencarnada comunicante permaneceu durante algum tempo em solidão no mundo espiritual. Ela pergunta ao espírito-guia:

— Por que fui condenada a passar de um mundo para o outro completamente só?

(Espírito-guia) — "Condenada" não é a palavra, minha querida. Você não estava só. Parecia a você que estava, mas na realidade eu, com muitos outros espíritos de conhecidos e amigos, estávamos ansiosamente vigiando-a, à espera do momento em que nos fosse possível manifestar-nos a você. Para muitas almas de desencarnados, o traspasse do mundo dos mortais para o dos imortais é um período de crise moral bastante penosa, e eles têm necessidade da assistência imediata dos seus entes queridos, para que os confortem e encorajem, até que estejam familiarizados com o novo ambiente; mas você não era uma alma como muitas outras. Nas mais críticas situações da vida você sempre escolheu agir por si só; você encerrou constantemente no fundo da alma os seus pensamentos, as suas reflexões, o fruto da sua experiência e até mesmo as suas emoções. Você soube, com firmeza de heroína, olhar a morte no rosto. Muito bem, de um temperamento como o seu exigia-se que permanecesse em ambiente espiritual de aparente isolamento, a fim de que você pudesse apreciar melhor o valor da comunicação espiritual. Mas assim que você sentiu necessidade de companhia, e a desejou com o pensamento, imediatamente ficamos em condições de responder ao seu chamado.

Essas explicações do espírito-guia são teoricamente interessantes, porque constituem uma variante complementar de outro detalhe discutido anteriormente, segundo o qual os "espíritos inferiores" não podem perceber os superiores, tendo em vista a diferença existente na classificação das vibrações dos seus respectivos "corpos etéreos", e, analogamente, das vibrações do seu pensamento.

No caso aqui comentado seria oportuno dizer antes de qualquer coisa que razões de temperamento aconselharam o "espírito-guia" da desencarnada a submetê-la a uma primeira experiência espiritual, que consistia em permitir que ela ficasse em condições de temporária solidão no momento da desencarnação.

Uma condição desse tipo havia sido possível em razão dos sentimentos afetivos da desencarnada, intensamente vinculados ao ambiente familiar em que viveu; dessa maneira, a sua mente, vibrando ainda em uníssono com as vibrações específicas do ambiente terreno, não chegava a captar as vibrações muito mais sutis do ambiente espiritual, e por conseguinte não percebia os espíritos que estavam a seu lado. Entretanto, assim que o seu pensamento voltou-se para as coisas espirituais, ela viu desaparecer diante de si o ambiente familiar em que vivera, vendo-se, como que por encanto, no plano espiritual. E, assim que dirigiu o pensamento aos seus entes queridos desencarnados, deixou-os em condições de se manifestarem a ela; ou melhor, ela foi capaz de percebê-los, uma vez que o próprio pensamento e o próprio "corpo etéreo" haviam começado a vibrar em uníssono com o mundo espiritual.

Não será inútil repetir que também nesse caso podem ser observadas algumas das habituais concordâncias. Assim, por exemplo, o detalhe que não podia faltar da desencarnada que não sabe que está morta, e somente ao ver o próprio cadáver enrijecido no leito de morte tem a intuição da verdade. Diga-se o mesmo para o outro detalhe da "visão panorâmica" de todos os acontecimentos da sua vida, a qual surgiu dessa vez com certo atraso em relação à visão subjetiva da desencarnada, mas que, no entanto, não deixou de se apresentar a ela também. Destacam-se numerosos casos do gênero em que a demora da prova é até maior, mas, de qualquer maneira, pode-se dizer que o fenômeno nunca deixa de se realizar em todos os casos. O mesmo deve ser dito, por fim, da outra circunstância de a desencarnada ver-se em forma humana no mundo espiritual, onde passeia, ou melhor, transporta-se sobrevoando, à curta distância do solo.

Caso IX — Foi publicado pela revista *Light,* em uma série de capítulos (ano 1922, p. 594, 610, 706, 768). Trata-se de uma coletânea de "revelações transcendentais" teoricamente importante, porque a médium através da qual foi obtida é uma mulher de cultura limitada e que nada sabia acerca da doutrina espírita. O interesse pelas pesquisas mediúnicas surgiu nela de repente, devido à morte, na guerra, de um irmão adorado (mais tarde, o seu espírito-guia informou-a que fora o próprio irmão que a sugestionara nesse sentido). Uma amiga dela tinha uma *planchette*[10]

---
[10] Instrumento semelhante à Tábua de Oui-ja, utilizado para comunicações

que nunca havia usado. Mrs. Hope Hunter — este é o nome da médium — foi visitá-la e tentou usar o pequeno instrumento, conseguindo com facilidade que ele se movesse automaticamente. Então ela viu concretizarem-se as primeiras frases truncadas que indicam a presença de entidades interessadas em se comunicar. Uma dessas entidades aconselhou-a a abandonar a *planchette* e experimentar o lápis. Seguiu o conselho, e não demorou a psicografar correntemente. Depois de algum tempo o seu irmão desencarnado manifestou-se, fornecendo-lhe boas provas de identificação pessoal e narrando à irmã as circunstâncias da própria entrada no mundo espiritual. Mas, como em tal narração estavam contidos detalhes que pareciam absurdos à médium, ela pediu explicação a respeito a outra entidade que ali se manifestara na qualidade de espírito-guia, o qual esclareceu as suas dúvidas e depois aconselhou-a a procurar alguma pessoa gabaritada no ramo das pesquisas metapsíquicas.

Em uma primeira carta ao diretor da *Light*, a senhora Hope Hunter escreve o seguinte sobre si mesma:

> Eu não tive oportunidade de me instruir. Com 14 anos precisei renunciar à escola, por causa da morte do meu pai. Não acho que seria capaz de criar algum tipo de redação... Eu nada sabia e nada sei a respeito de experiências mediúnicas. Os espíritos comunicantes exortam-me a submeter as suas mensagens a alguma pessoa competente no assunto...

E como consequência dessa orientação dos espíritos comunicantes, ela procurou pessoalmente o diretor da *Light* — Mr. David Gow —, que compreendeu o valor teórico daquele caso de mediunidade improvisada, investigou-o de maneira adequada e por fim publicou toda uma história sobre o assunto na própria revista.

Devido à impossibilidade de reproduzir as longuíssimas mensagens em questão, vou me limitar a citar os trechos em que o irmão desencarnado descreve detalhes do ambiente espiritual ou episódios de outra natureza, que a seguir serão comentados pelo espírito-guia da médium — comentários que reproduzirei com maior amplitude.

Quando o comunicante se manifestou pela primeira vez,

---

com os espíritos. (N. E.)

ocorreu o que quase sempre ocorre em circunstâncias semelhantes (como sabem todos aqueles que as experimentaram), ou seja, que o espírito do morto, ao reabsorver fluidos humanos e ao retornar parcialmente às condições terrenas como eram no final da sua vida, não pode eximir-se de captar e, portanto, de transmitir para a médium os sintomas que caracterizaram a própria agonia. E dessa vez a mão da médium foi fortemente impulsionada por tremores e movimentos convulsivos, que faziam o seu braço saltar em todas as direções. Quando afinal se acalmou, o irmão desencarnado ditou o seguinte:

> Assim aconteceu comigo quando fui atingido de morte pelos estilhaços de uma bomba. Disseram-me que a minha morte ocorreu em menos de um minuto, e, por conseguinte, as convulsões da agonia também foram breves, ainda que a mim parecessem durar várias horas. Não se assuste, pois você não sofrerá nenhum dano com isso. Quanto a mim, estou muito bem; mas, voltando ao ambiente terreno e repensando a minha morte, não posso impedir que se reproduzam os sintomas que a acompanharam. Quando fui atingido, encontrava-me na borda da trincheira, e, quando as convulsões cessaram, eu estava morto. Então voltei ao que era antes, em ótimo estado de saúde, e via-me em uniforme militar. Meu primeiro pensamento foi para "Ben" (o seu filho); e eis que assim pensando eu me vi transportado na mesma hora até a minha casa, onde pude contemplá-lo enquanto dormia em sua caminha ao lado de Carrie (a mãe). Eu os via com os olhos do corpo; depois revi você e John (o marido da médium). Então, pensei na mamãe, e logo me encontrei com ela. Vi-a na cama, e dirigi-lhe a palavra, mas ela não deu mostras de ter-me ouvido. Voltei a seguir para a França, na trincheira; mas é bem possível que eu tenha me transportado de alguma maneira para H. e para S., e ao mesmo tempo não me tenha afastado da trincheira...
> Sabia que estava morto... e aconteceu-me um fato estranho: vi passar à minha frente todos os acontecimentos da minha vida em que eu me comportara mal... Logo depois vi um espírito vir ao meu encontro... Era o papai; mas eu não o reconheci. Quando, apesar disso, chamou-me pelo nome "Will", então o reconheci e me atirei chorando em seus braços. Eu estava extraordinariamente comovido, e não sabia o que dizer a ele. Nada posso te afirmar a respeito do tempo em que permanecemos naquele lu-

gar. Lembro-me apenas que durante aquele tempo eu não via mais os meus companheiros, nem ouvia mais o fragor da batalha. Via, entretanto, os seus pensamentos, e soube assim que eles haviam ficado muito impressionados com a minha morte. Quando o companheiro Frank aproximou-se do meu cadáver para verificar se eu estava mesmo morto, eu o vi mais uma vez como se fosse com os olhos do corpo. E ele somente ainda dava valor à vida por amor à sua Dora...
Nem mesmo saberia lhe dizer se, enquanto estive ali, fui para algum outro lugar. Encontrava-me em estado de confusão mental, e tudo o que me rodeava parecia-me ao mesmo tempo muito claro e muito incerto. Papai estava constantemente a meu lado, confortando-me e dizendo-me que eu não demoraria em readquirir todo o meu equilíbrio mental. Depois levou-me até a sua casa, onde agora vivemos juntos, à espera da chegada de mamãe...
Dias atrás papai me disse: "Você quer ir ver a sua avó?" Ainda não a tinha encontrado no mundo espiritual, e ela, ao que parece, estava em um lugar bastante longe do nosso. Papai me falou: "Formule intensamente, junto comigo, o desejo de se encontrar com ela!" Fizemos isso simultaneamente e partimos como raios através do espaço. Em menos de um segundo estávamos ao lado da vovó. Ela vive com o meu avô e o tio Walter, os quais eu não tinha chegado a conhecer; mas me dei conta de que, ao contrário, conhecia-os muito bem, porque em vida eu ia visitá-los com frequência durante o sono, levado por meu pai...

Essa foi a primeira mensagem do falecido irmão de Mrs. Hope Hunter. Em uma segunda mensagem ele acrescentou numerosos detalhes a respeito do momento da sua morte. Limito-me a transcrever este trecho, complementar do primeiro:

Muitos dos meus companheiros de batalha estavam mortos sem se julgar nessa condição, e quando não conseguiam tomar consciência de certas coisas então supunham estar sonhando. Eu, em vez disso, me dei conta quase instantaneamente de que estava morto; mas não sabia me conscientizar do fato de que continuava a ser absolutamente o mesmo. Antes de ir para a guerra, eu nunca tinha pensado nas condições presumíveis da existência espiritual; durante a vida de trincheira pensava sobre o assunto algumas vezes, mas estava bem longe

de imaginar a verdade. Claro: tinha em mente os "coros celestiais" e as "harpas angelicais" de que falam as sagradas escrituras. O que de modo especial parecia-me incompreensível era a circunstância de que eu via e sentia a mim mesmo exatamente como o indivíduo de antes, quando na realidade estava transformado em uma sombra. E, em contrapartida, não sabia dar-me conta da outra circunstância de que quando eu vinha visitar vocês via-os como se todos fossem sombras, e não eu. Quando vim até em casa, logo que morri, vi-os como eram em vida, mas, a seguir, vocês foram ficando para mim cada vez mais evanescentes até se transformarem em puras sombras. Enfim, eu não posso ver outra parte do seu ser que não seja aquela destinada a sobreviver à morte do corpo...
Afinal de contas, há muito de verdade naquilo que o nosso pároco apregoava do púlpito... Existe realmente uma vida eterna. Pelo menos é nisso que nós todos acreditamos; enquanto aqueles que levaram na Terra uma existência moderadamente honesta e boa vão para um lugar que pode ser considerado um paraíso, aqueles que tiveram uma vida depravada e má acabam indo para outro lugar que pode ser definido justamente como um "inferno"...
Aqui eu estou intensamente ocupado. É o que acontece com todos, mas nós suspendemos o trabalho quando nos sentimos cansados. Olhe que quando falo de cansaço, não pretendo me referir ao cansaço que vocês sentem. Muito ao contrário! É algo inteiramente diferente. Quando estamos cansados, nós pensamos em nos distrair, dependendo das nossas inclinações. Nenhum de vocês poderia imaginar no que consistem os nossos passatempos...
Se eu pudesse voltar à vida (mas não é o que desejo), e soubesse tudo o que sei agora, levaria uma existência bem diferente da que eu tive. Em outra ocasião falarei para você sobre as minhas ocupações. Por enquanto, boa noite...

Esses os trechos essenciais das mensagens em questão, em que se fala da primeira entrada em atmosfera espiritual do desencarnado comunicante. A seguir introduzo alguns dos esclarecimentos dados pelo espírito-guia da médium, em decorrência de um pedido desta última. Ele começa por observar:

O seu irmão, logo que foi atingido pelos estilhaços de uma bomba, soube que para ele havia chegado o instante da morte. O desconhecido que ele tinha pela frente pairou

assustador nos espasmos da sua agonia... Quando se comunicou mediunicamente, ele reviveu aqueles terríveis momentos. Foi essa a causa dos tremores convulsivos da sua mão e dos impulsos do seu braço, que tanto a impressionaram.
A crise da morte é intrinsecamente a mesma para todos; mas no caso de um soldado morto quase instantaneamente as coisas são diferentes, embora não em demasia. Quando chega o instante fatal, o "corpo etéreo" começa aos poucos a se libertar do "corpo carnal", à medida que a vitalidade se retira deste último... Quem nunca viu uma borboleta emergir da sua crisálida? Muito bem: o processo é semelhante... Assim que o "corpo etéreo" se liberta do "corpo carnal", intervêm outros espíritos para ajudar o novo ser que se desencarnou. Trata-se de um nascimento, em tudo análogo ao nascimento de uma criança no plano terreno; dessa maneira, o espírito recém-nascido também tem necessidade de ajuda: sente-se perdido, desorientado, amedrontado; e as coisas não poderiam acontecer de outro modo... Quase sempre o espírito julga estar sonhando. Ora, a nossa primeira tarefa é convencê-lo de que ele está morto e, para tanto, em geral os entes queridos do recém-chegado vêm ajudá-lo; isso muitas vezes só serve para confirmar ainda mais para o morto a ideia de que ele está sonhando...
O seu irmão disse que se transportou imediatamente até Somerset; falou com a sua mãe, viu mulher e filho, viu você com o seu marido. Vou tentar explicar como isso acontece. No instante da morte, o espírito permanece impregnado de fluidos humanos. Pelo que me é dado saber (e não é muito), um fato desses significa que ele ainda se encontra em relação direta com o mundo terreno. Entretanto, ao mesmo tempo, ele deixou o próprio "corpo carnal" e está revestido unicamente do "corpo etéreo". Basta, portanto, que ele dirija o pensamento a um determinado lugar, para que instantaneamente seja transportado para onde deseja ir. O primeiro pensamento do seu irmão foi voltado, com intensidade de afeto, à própria mulher e à criança e, por conseguinte, no mesmo instante ele se encontrou com eles; e, estando ainda impregnado de fluidos humanos, pôde vê-los claramente como com os olhos do corpo...
Além disso, seu irmão conta: "Vi passar diante do meu olhar todos os acontecimentos da minha vida em que eu

me comportara mal". Esse é um fenômeno extremamente importante da existência espiritual, e comum a todos. Em geral, ocorre como prelúdio para a sanção à qual todos devemos nos submeter por nossas culpas; e corre diante de nós, em um instante, mas nos oprime com o volume do seu conteúdo, e nos perturba, e nos impressiona pela intensidade dos sentimentos redespertados. Quase sempre vemos a nós mesmos como fomos desde o berço até a sepultura. Não saberia lhe dizer exatamente como isso ocorre; mas o motivo para isso acontecer reside em uma circunstância natural da existência terrena, durante a qual cada ação feita por nós, cada pensamento por nós formulado, quer para o bem quer para o mal, é gravado indelevelmente no éter vitalizado imanente em nosso organismo. Nós imprimimos e fixamos vibrações no etéreo, e tal procedimento tem início por ocasião do nosso nascimento...

O seu irmão prossegue contando o encontro com o pai dele. Tudo isso aconteceu em um instante do tempo de vocês, mas para seu irmão, que computava o tempo em razão da intensidade e do acúmulo dos eventos, os segundos pareceram horas. Em um primeiro momento ele não reconheceu o próprio pai, o que ocorre com uma certa frequência: antes de qualquer coisa porque os desencarnados não esperam encontrar os seus entes queridos; depois, porque a aparência desses últimos em geral sofreu mudanças. Entre nós também existe um desenvolvimento do "corpo etéreo"... Uma criança cresce até alcançar a maturidade, enquanto um velho retorna por sua vez à maturidade, pois volta a ser jovem. O seu pai veio a falecer em plena maturidade; ainda assim o filho não o reconheceu porque muitos anos haviam se passado, e o pai tinha alcançado no mundo espiritual um estado de radiante beleza. No entanto, reconheceu-o assim que ele lhe dirigiu a palavra. Não é possível enganar-se no mundo espiritual.

A outra afirmação do seu irmão é clara por si só. Ele observa: "Eu podia ver aquilo que os meus companheiros pensavam!" O fato ocorre porque na vida espiritual a transmissão do pensamento é a forma normal de conversação entre os espíritos; além disso, porque muitos pensamentos se exteriorizam diante da cabeça de quem os pensa, assumindo formas concretas correspondentes à ideia pensada; formas que todos os espíritos percebem...

Por fim, ele informa que convive com o pai na casa deste

último. Perfeitamente verdadeiro: no mundo espiritual o pensamento e a vontade são forças com as quais é possível criar tudo o que se deseja...

Detenho-me aqui no que diz respeito a citações. Já é possível compreender que nas mensagens em questão estão contidas numerosas outras informações que concordam com as afirmações análogas que aparecem nas demais obras de "revelações transcendentais"; mas, como se trata, em grande parte, de informações relativas à existência espiritual propriamente dita, portanto que ultrapassam os limites a mim impostos no presente trabalho, devo abster-me de citá-las. De qualquer maneira, as informações aqui transcritas deveriam ser suficientes por si sós para reforçar uma vez mais a grande verdade emergente dos casos dos médiuns improvisados, que ignoram totalmente a doutrina espírita e que obtêm narrações desse tipo; verdade que se impõe à razão e que consiste em se reconhecer que, se assim é, então as entidades comunicantes não podem ser "personificações sonambúlicas" (neste caso, é claro que deveriam contradizer-se reciprocamente), mas devem ser consideradas espíritos de desencarnados que retiram de uma experiência comum as informações fornecidas, o que explica sua unanimidade. Bem entendido que quando se fala nessas concordâncias, deve entender-se que elas precisam ser consideradas em relação aos estados e condições espirituais em que se encontram os espíritos comunicantes, ou seja, uma entidade desencarnada moralmente normal estará em sintonia com todas as outras entidades que participam da sua natureza, ao descrever o ambiente radiante em que habita; e, em contrapartida, uma entidade moralmente depravada estará de acordo com todas as outras que partilham da sua natureza, ao descrever o lugar tenebroso em que se encontra.

Lembro por fim que os casos iguais ao citado, em que a médium desconhecia por completo a doutrina espírita, são encontrados com relativa frequência nas narrações do gênero. Muitos já foram citados antes, e outros serão narrados a seguir; todavia, quero alertar que o assunto, por demais circunscrito, aqui comentado, não permite fazer emergir em toda a sua eloquência cumulativa o valor conclusivo, em sentido espírita, dos casos dessa natureza. É bom não nos esquecermos disso.

Assim, é oportuno comentar em breves linhas uma afirmação do espírito-guia: refiro-me aos processos psicofísicos com os quais se imprimiriam e fixariam no "corpo etéreo" as vibrações correspondentes aos nossos atos e aos nossos pensamentos; o que constituiria o "substrato" da "memória integral" existente no inconsciente humano. Observo a este respeito que as afirmações do "espírito-guia" concordam com as induções dos psicólogos e dos fisiólogos, os quais, para compreender a maneira pela qual se cria e opera a memória fisiológica normal, bem como a "memória integral" inconsciente, falam igualmente de *vibrações* do pensamento que se imprimem de forma indelével na substância cerebral. E é apenas neste último detalhe que se detectaria uma discordância entre as induções dos psicólogos e as instruções do espírito-guia, segundo o qual as vibrações do pensamento se imprimiriam e se fixariam indelevelmente no etéreo vitalizado que constitui o "corpo espiritual". Observo que esta última explicação deveria, sem sombra de dúvida, ser verdadeira, caso a "memória integral" sobrevivesse à morte do corpo. Noto também que, se consideramos que a substância cerebral existe em condições de permanente e rápido processo de transformação, eliminação, renovação, por conseguinte, ela mal se prestaria para receitar e preservar indelevelmente as vibrações do pensamento que constituem a "memória normal" e a "memória integral" inconsciente; se considerarmos tudo isso, deve-se convir que a afirmação do espírito-guia tem por si só todas as probabilidades de ser verdadeira. Isso pode ser posteriormente confirmado, caso se considere que a indução no inconsciente humano de uma memória integral maravilhosa permanece inoperante e sem objetivo durante a existência terrena; enquanto acolhendo a explicação da entidade comunicante, esta questão não existiria, uma vez que deveria deduzir-se dela que a memória integral inconsciente permanece inoperante e sem objetivo durante a existência terrena enquanto representa a "memória normal" da existência espiritual, à espera de emergir e de se exercitar em ambiente apropriado depois da crise da morte. Assim como as faculdades supernormais inconscientes permanecem inoperantes e sem objetivo durante a existência espiritual, à espera de emergir e de se exercitar em ambiente espiritual junto com a "memória integral", depois da crise da morte.

Caso X — Selecionei este caso também da revista *Light* (1924, p. 274). Aparecem publicadas apenas as iniciais do relator-

-pesquisador (K.H.R.D.), que é um personagem bastante popular, além de figurar entre as pessoas do círculo de amigos do diretor da revista.

O relator coloca como premissa o que segue:

> Nos trechos de mensagens aqui reproduzidos o espírito comunicante era um jovem soldado que se apresentara entre as primeiras levas de voluntários; foi morto no primeiro ano da primeira grande guerra. A identidade pessoal dele havia sido anteriormente investigada e comprovada com base em processos de pesquisa rigorosamente científicos (especialmente o método das "correspondências cruzadas"). As sessões aqui consideradas ocorreram nos meses de maio-junho de 1918. A presente, e parcial, publicação das mensagens obtidas efetua-se por desejo de um eminente estudioso de metapsíquica, que observou que uma série tão importante de informações em torno da existência espiritual — série que concorre de uma forma eficaz, com todas as outras, para aumentar o valor cumulativo das "revelações transcendentais" — não deveria ser mantida longe do público. Ele acrescentara: "E isso especialmente porque ainda são muitos aqueles que julgam que ainda não se alcançou nada de importante e unânime em relação às formas de existência espiritual".

Uma vez que o espírito comunicante havia informado que naquele período, em que a guerra persistia mais furiosa do que nunca, ele tinha como tarefa assistir aos soldados mortos nos campos de batalha, foram solicitadas informações a esse respeito, e ele respondeu da seguinte maneira:

"Eles chegam ao mundo espiritual com os sentimentos que tomavam conta deles no momento da morte. Alguns ainda julgam estar combatendo, e então temos de acalmá-los. Outros acreditam ter enlouquecido, por causa do ambiente que se transformou repentinamente em torno deles. Tudo isso não deve surpreendê-los, pois vocês podem bem imaginar em que tremendo estado de tensão, muito próximo da loucura, ocorrem as batalhas. Há outros que julgam ter sido gravemente feridos sem ter tomado consciência do fato; e isso, na verdade, foi o que aconteceu com eles, com a diferença de que eles imaginam ter sido transportados para um hospital de campanha e pedem explicações sobre o estado em que se encontram. É nosso dever antes de tudo tentar distraí-los, acalmá-los, e apenas gradativamente fazer com que compreendam o verdadeiro significado da sua presença no hospital em que julgam se encontrar. Há alguns que recebem a notícia da própria morte com verdadeiro júbilo: são aqueles que na terrível vida de trincheira haviam ultrapassado os limites extremos da resistência humana. O mesmo não ocorre com outros que deixam no mundo pessoas amadas com grande ternura; neste caso, é nosso dever levá-los gradativamente à compreensão do seu estado, com o máximo de tato e delicadeza. Há ainda outros tão cansados e esgotados que não lhes resta energia suficiente para entristecer-se com nada, e estes não demoram a entrar no período do sono reparador. Há por fim aqueles que previram a sua morte iminente, por terem visto o projétil descer do céu, e aguardavam o fim com a explosão inevitável. Entre estes há muitos que são tomados pelo sono logo ao desencarnar, e isso acontece quando o conceito que tinham da morte era o aniquilamento; dessa maneira, o período de sono restaurador harmoniza-se com as convicções que cada um tem a respeito do assunto. Estes não precisam de explicações ou de ajuda até o final do período de descanso, que às vezes revela-se bastante demorado, quando as suas convicções acerca da inexistência da alma estavam profundamente enraizadas"...

A essa altura o espírito comunicante, dirigindo-se ao pesquisador, formula uma observação relativa aos meios como transmitir a própria mensagem, observação que apresenta um valor altamente sugestivo no sentido da genuinidade transcendental da própria mensagem. Interrompendo-se, ele observa:

Percebo que consigo transmitir muito mais facilmente o meu pensamento ao médium quando o deixo livre para comunicar com as palavras dele o conceito que estou lhe transmitindo. Você percebeu que o estilo mudou de repente? Agora, limito-me a transmitir a ele o meu pensamento: a mente dele capta, assimila, e reveste-o com o seu bem conhecido estilo literário.
(Pergunta) — Você caiu logo no sono?
(Resposta) — Não. Eu tinha, antes de tudo, necessidade de cuidados, porque havia compreendido o destino que me esperava.
— Entendido... o quê?
— Eu sabia que tinha sido gravemente ferido e esperava morrer de uma hora para outra. Todavia, quando a morte ocorreu, eu não estava bem certo do que estava aconte-

cendo comigo e julgava estar sonhando. Mas aquele sonho parecia-me bastante agradável, uma vez que me via envolvido por cuidados e atenções comoventes. Então comecei a suspeitar da verdade; no entanto, os espíritos assistentes haviam-me depositado em um certo ambiente que a mim parecia um corredor de hospital equipado com todo o conforto moderno; tinham cuidado de mim tão bem que eu não sofria mais; e por fim haviam abaixado as persianas, dizendo a todos que era hora de dormir. Logo que despertei, tive a intuição clara de estar no mundo espiritual...

— Ficou contente em saber disso?

— Em certo sentido sim, pois eu já me familiarizara com a ideia; além do mais, sentia-me confortado por me ver objeto de tantos cuidados e atenções. Agora sou eu que envolvo com os mesmos cuidados e atenções os meus companheiros que chegam sem cessar ao mundo espiritual...

A essa altura, o espírito comunicante dirige-se ao médium, observando:

Você transcreveu fielmente até a última sílaba o que eu lhe transmiti. Retomarei o quanto antes a minha mensagem; só que agora vou me retirar por um instante, e deixo-o livre para conversar por conta própria... O médium: "Esquisito! Vejo agora o espírito atrás de mim. Bem aqui! E uma curiosa sensação: sinto-me aqui, onde se encontra o meu corpo; no entanto, tenho a sensação de ser em parte eu e em parte ele. Agora a forma dele ocupa em parte o mesmo espaço onde se encontram a minha cabeça e os meus ombros; mas ela se prolonga bastante para trás do limite do meu corpo. Agora ele me diz que se prepara para retomar a narração interrompida".

O espírito comunicante continua da seguinte forma:

Quando ocorre o despertar do sono, as coisas mudam, e é um estado de espírito estranho, difícil de explicar; mas farei o melhor que puder...

Antes do sono, conserva-se sempre em parte a ilusão de que ainda se é a mesma pessoa de antes. Tal estado de perplexidade gera cansaço, o espírito sente necessidade de descansar, de dormir, e por fim cai no sono. Durante o sono ocorrem transformações consideráveis; só que eu não estou em condições de colocá-lo a par disso. Compreenda que não se trata do sono que vocês conhecem; mas, de qualquer forma, esta é a melhor analogia para lhes dar uma ideia; além do mais, vocês sabem como mesmo no

sono fisiológico ocorrem fenômenos que não se chega a explicar. O fato é que, quando o espírito desperta, ele se sente um ser diferente. Ele sabe que está em meio espiritual e que é um espírito; assim como no mundo dos vivos despertamos algumas vezes com uma pergunta resolvida, a qual nos parecia insolúvel antes de adormecermos.
Aqueles que desencarnam com a plena consciência da existência de uma vida de além-túmulo não têm necessidade de dormir, a não ser que cheguem ao mundo espiritual exaustos por uma longa doença, ou deprimidos por uma existência de atribulações. Na prática, porém, quase todos têm necessidade de um período de sono mais ou menos longo, e quanto maior a dificuldade do espírito em adaptar-se às novas condições, tanto mais longo é o período de sono.
Agora vou contar a vocês as minhas impressões quando despertei do sono. Tinha plena consciência de estar vivo, vale dizer que em mim não mais existia aquele estado de incerteza pelo qual se tem a ilusão de julgar-se ainda no mundo e de sonhar. Compreendem o que quero dizer?
— Sim, perfeitamente.
— Depois de despertar, ao contrário, sabe-se, conhece-se. Não se tem mais a impressão de sonhar. Os espíritos muito baixos, que permanecem vinculados à Terra (*earthbound*), não têm o benefício do sono restaurador e em consequência continuam na ilusão de julgar-se ainda vivos e à mercê de um sonho curioso. Portanto, lembrem-se de que os espíritos vinculados à Terra, ou espíritos "infestadores", são os que vivem permanentemente nessa ilusão...
O primeiro sentimento que se percebe, logo ao despertar com plena consciência sobre aquilo que somos e de onde nos encontramos — ou seja, que somos espíritos sobreviventes à morte do corpo e que nos encontramos em um outro plano de existência —, é o sentimento de uma enorme curiosidade, combinada com um grande desejo de explorar o novo ambiente, e conhecer mais. Antes de qualquer coisa, nos damos conta de que à nossa volta existem "coisas", e esta é a primeira observação que nos deixa cheios de estupor; sobretudo porque estas "coisas" surgem com a mesma natureza daquelas que nós conhecemos na Terra, apesar de parecerem também diferentes, mas de uma maneira que não conseguimos compreender muito bem.

Elas são reais, muito reais: vemos muito bem isso, todavia temos a intuição de que elas são apenas temporárias, e que pertencem unicamente ao estado espiritual sucessivo ao despertar. Depois disso, não demoramos a descobrir — e isso se mostra muito curioso e interessante — que podemos transformar certas coisas que percebemos à nossa volta simplesmente desejando que se transformem. Todavia, podemos fazer isso unicamente em relação a objetos que não tenham importância. Assim, por exemplo, se eu percebo aos meus pés uma agulha de pinheiro e começo a desejar que ela se transforme em uma agulha de aço, ei-la transmutada em uma agulha real de costura, que posso pegar e observar. De qualquer maneira, nós não podemos transformar os objetos volumosos, e muito menos o ambiente em que vivemos. E não podemos fazê-lo porque a paisagem à nossa volta não é apenas o nosso "cenário", mas é o "cenário" de todos os espíritos. Nós podemos apenas transformar qualquer pequena coisa, a partir do momento em que fazer isso não provoque aborrecimento ou prejuízo aos outros. Depois de repetidas experiências dessa natureza, começa-se a compreender a verdade, ou seja, que o ambiente em que vivemos é na verdade constituído apenas de "formas do pensamento" ou de "projeções da memória" e que tudo isso está predisposto com o objetivo de tornar mais fácil para os espíritos recém-chegados o período de transição da vida terrena para a existência espiritual propriamente dita.

E aprendemos muito a respeito, procurando à nossa volta tudo o que podemos transformar com um ato de vontade, e tudo o que permanece inalterado apesar dos esforços do nosso querer.

Até aqui eu só lhe falei das nossas percepções e realizações; mas há muitas outras coisas que não podemos aprender com a simples observação do meio espiritual. Assim, por exemplo, deve-se aprender de que maneira ocorrem efetivamente as conversas e as trocas de ideias entre os espíritos que se encontram na mesma fase de desenvolvimento. De início, parecia-me estar conversando com os espíritos, como acontecia na Terra entre os vivos; tem-se apenas desde o início a curiosa sensação — que se realiza com frequência também no mundo dos vivos — de compreender mais do que aquilo que é dito com palavras. No plano espiritual, entretanto, tal sentimento surge constantemente, e é muito mais forte do que aquele que acontece no mundo dos vivos. Em consequência, não se demora a compreender que a nossa conversação por palavras é apenas uma espécie de superestrutura artificial, substancialmente inútil para as trocas de ideias, que ocorrem diretamente por transmissão do pensamento...

A essa altura detenho-me, contendo a vontade de extrair outros detalhes importantes do texto, e isso para não ultrapassar os limites daquilo que se mostra suficiente para os objetivos do presente trabalho.

Como é fácil observar, no relato apresentado, há as habituais concordâncias a respeito do que é afirmado, nas mensagens transcendentais anteriores, sobre as formas de vida espiritual. Todavia, no caso em questão, as descrições desenvolvem-se com uma maior amplitude de detalhes instrutivos. Observo, por exemplo, a eficácia psicologicamente sugestiva com a qual o comunicante descreve as múltiplas impressões que sentiriam os espíritos dos soldados mortos em guerra, no instante da sua entrada no mundo espiritual; impressões que corresponderiam às diferentes condições psicológicas e morais em que estavam no momento da morte. Observo também que do ponto de vista psicológico é da mesma forma sugestivo o modo com que a mesma entidade descreve as diversas modalidades com que se determinaria o sono restaurador; isso se definiria, por sua vez, conforme as diversas condições psicológicas, afetivas, morais, emocionais em que se encontravam os recém-chegados no instante do traspasse. Observo ainda a verossimilhança psicológica, racional e natural com que a entidade comunicante descreve as impressões pelas quais os espíritos recém-chegados seriam levados gradativamente a se dar conta de que as conversas por palavras tornavam-se supérfluas no mundo espiritual, a partir do momento em que se conseguia a comunicação de uma forma muito mais satisfatória: trocando ideias pela transmissão de pensamento.

Devemos, por fim, assinalar a mesma amplitude de detalhes teoricamente instrutivos na circunstância do interessantíssimo fenômeno do pensamento e da vontade, forças criadoras, organizadoras e com o poder de plasticizar. Já tive antes oportunidade de me estender com profundidade sobre este tema, que é excepcionalmente importante, pois através dele chega-se a uma clara compreensão das formas com que se manifesta a existência espiritual nas Esferas preparatórias próximas do mundo dos vivos; e, por conseguinte, chega-se a eliminar as formidáveis objeções que levavam a maior parte das pessoas a atribuir uma origem puramente inconsciente a todas as revelações transcendentais; objeções que apesar de aparentemente insuperáveis dissipam-se como neblina ao sol, diante da grande verdade aqui considerada, a qual, como já apontei, é também reconhecida experimentalmente por ter sido demonstrada no mundo dos vivos. Estando as coisas nesses termos, será indispensável aprofundar-me posteriormente no tema.

No caso em questão mostra-se por demais eficaz e instrutiva a descrição do espírito comunicante a respeito das maneiras pelas quais os espíritos recém-chegados conseguem gradativamente descobrir que o ambiente em que se encontram é constituído por "formas de pensamento" e por "projeções do pensamento", e que tudo isso está predisposto tendo como objetivo tornar mais fácil para os espíritos recém-chegados o período de transição da existência terrena para a espiritual.

A título de ilustração dessa grande verdade, julgo útil reproduzir um longo trecho de um artigo que escrevi, publicado anteriormente sobre o mesmo tema. Referindo-me às revelações transcendentais, argumentava o seguinte:

> As informações acima citadas estão de acordo com o que se lê no livro do professor Oliver Lodge, intitulado *Raymond*. Todos se lembram da sutil ironia e das ironias vulgares dos jornalistas, a propósito de uma afirmação semelhante às anteriores, mas mais especificada, feita pelo espírito "Raymond", que casualmente mencionara o seguinte:
>
>> No outro dia, chegou um soldado que desejava fumar um charuto, e logo foi-lhe servido algo que tinha a aparência de um charuto. O soldado agarrou-o avidamente, mas quando começou a fumá-lo não obteve a satisfação habitual; por isso, depois de consumir quatro charutos, nunca mais voltou a fazer este pedido. É o que acontece com todos: eles não conseguem ter mais a mesma satis-

fação que tinham antes com estes hábitos voluptuosos contraídos no mundo dos vivos, e aos poucos os abandonam. Entretanto, ao chegarem aqui eles ainda estão sob a influência das tendências que os dominavam na Terra; por isso, alguns pedem para comer e outros gostariam de tomar um copinho de uísque. Não deve lhe causar surpresa se eu disser a você que é possível satisfazê-los, oferecendo-lhes algo aparentemente semelhante ao que pedem. No entanto, depois de saborearem uma ou duas vezes o que pediram, não sentem mais necessidade daquilo e o esquecem...

Isso é o que relata a entidade espiritual de "Raymond" que, como foi dito, não faz mais do que contar detalhes curiosos, semelhantes aos que já haviam sido afirmados anteriormente por outras entidades espirituais. Entretanto, ao mesmo tempo, é oportuno observar que os espíritos em questão jamais deixaram de alertar que não se tratava de alimentos, de bebidas, de tabaco, mas sim de criações efêmeras do pensamento, as quais tinham como finalidade conduzir gradativamente, e sem perturbações emocionais, à compreensão das condições em que se encontravam aqueles desencarnados, que se mostravam por demais dominados pelos hábitos contraídos na existência terrena, para não ficarem perturbados caso compreendessem bruscamente que estavam na condição de espíritos desencarnados, ou, mais precisamente, de "puros espíritos" destituídos de corpo carnal.

Enfim, o espírito do finado "Raymond" nunca teve a intenção de afirmar que no ambiente espiritual se fumassem charutos autênticos e se bebesse uísque fabricado com o álcool, mas os jornalistas não se preocuparam em distinguir bem as coisas e valeram-se do episódio para despertar a hilaridade no público, anunciando que no paraíso dos espíritas fumavam-se havanas e bebia-se uísque escocês.

Se, no entanto, a intenção for considerar os fatos de um ponto de vista sereno e objetivo, não se poderá deixar de relevar desde já que os fenômenos anímicos da "fotografia do pensamento" e da "ideoplastia", da forma como se realizam experimentalmente no mundo dos vivos, valem já para confirmar, com base em fatos incontestáveis, a afirmação fundamental contida nas revelações em análise. Levando-se em consideração que se o pensamento é uma força criadora durante a existência terrena, essa constatação acaba eliminando, de uma vez, toda aparência absurda e insustentável em relação ao fato de que nas Esferas espirituais, ou, mais precisamente, na Esfera preparatória para a existência espiritual propriamente dita, a força criadora do pensamento se exerça de forma espontânea sobre essências etéreas, por assim dizer, a fim de produzir duplicatas efêmeras de qualquer objeto ou situação terrena, e que tal capacidade do espírito seja utilizada com o objetivo de preparar, através de providenciais ilusões, os espíritos pouco evoluídos, ainda dominados pelas tendências voluptuosas terrenas, para a realização gradativa da mudança radical de estado em que se encontraram de súbito, e que uma providencial condição psíquica análoga ao "sonambulismo vigilante" não lhes permite reconhecer. E tem-se a impressão de que quem mais tem necessidade de tais ilusões benéficas são os espíritos daqueles que entraram na existência espiritual em decorrência de mortes violentas, ou mortes repentinas, como justamente os soldados em guerra, ou os que morreram de repente por apoplexia, colapsos ou acidentes.

Diante disso, pergunta-se o que há de absurdo, de ridículo, de inconciliável com a existência espiritual em tudo o que descrevem os espíritos comunicantes. Ao contrário, poderíamos dizer que não há nada mais racional, do ponto de vista psicológico e terapêutico, do que os processos de desintoxicação que se realizariam nas Esferas espirituais, a fim de libertar gradualmente os espíritos desencarnados dos vícios adquiridos durante a existência terrena; processos em tudo semelhantes aos adotados na Terra para "desintoxicação" dos "alcoólatras" e dos "toxicômanos", aos quais não se interrompem bruscamente os seus hábitos — uma vez que isso provocaria desordens funcionais extremamente graves —, mas sim seguindo-se uma pequena aplicação, cada vez menor, das doses de álcool ou de drogas. Vale, portanto, a pena perguntar-se mais uma vez: por que se deveria considerar absurda e ridícula a notícia de que no mundo espiritual se segue o mesmo sistema racional de "desintoxicação" dos vícios contraídos na Terra pelos espíritos desencarnados? Não são então idênticas as leis psicológicas que governam o espírito humano encarnado e desencarnado? E, se assim é, por que os processos de "desintoxicação" eficazes e indispensáveis em um estado de existência não deverão resultar tão eficazes e indispensáveis no outro? Não teria eu então razão em observar que as zombarias dos jornalistas baseavam-se apenas em sua profunda ignorância a respeito de um tema que os fenômenos da "fotografia do pensamento" e da "ideoplastia", de um lado, e os processos da análise comparada, de outro, demonstram ser merecedores da mais séria consideração? E se os processos da análise comparada chegassem um dia a comprovar de uma forma definitiva que no próprio tema está contido um fundo de verdade incontestável, então, longe de considerá-lo como um assunto digno de ironias, deveríamos todos dar provas de verdadeira sabedoria investigando-o sistematicamente, com grande benefício para a humanidade.

Assim eu me expressei nesse artigo e não me parece necessário acrescentar mais nada, exceto uma observação genérica a respeito da natureza das projeções do pensamento em ambiente espiritual, as quais, se do ponto de vista da evolução posterior do espírito deveriam ser consideradas efêmeras, sob o aspecto da existência espiritual nas Esferas em que são determinadas, as próprias projeções deveriam ser tidas como positivamente substanciais. Vale dizer que em uma atmosfera espiritual cuja densidade específica fosse aquela etérea cósmica, e na qual o corpo de que estariam revestidos os espíritos fosse constituído por "éter vitalizado", até a paisagem geral seria uma projeção da vontade de entidades superiores no governo das Esferas espirituais em disco, assim como as criações particulares resultariam da vontade dos espíritos. Assim, tais projeções deveriam ser consideradas reais, realíssimas, uma vez que teriam a mesma consistência e seriam constituídas pelo mesmo elemento imaterial de que se compõe o organismo espiritual dos seres que nele habitam, bem como parecem consistentes aos seres vivos todas as coisas que os rodeiam, pois o ambiente em que vivem é formado pelos mesmos elementos físicos que constituem o organismo corpóreo de que são revestidos.

Passando para outras informações importantes contidas na mensagem em questão, observo o valor sugestivo do parágrafo no qual se mencionam os espíritos muito baixos, cujas paixões e aspirações terrenas permaneceriam tão dominantes a ponto de vinculá-los por um tempo mais ou menos longo ao ambiente em que viveram. Excluídos do benefício do sono reparador, eles *ficariam permanentemente na ilusão de se julgarem ainda vivos, mas à mercê de um sonho curioso*. Esta última informação, que na narração da entidade comunicante constitui um simples detalhe, reveste-se, ao contrário, de uma importância teórica imensa, pois vale por si só para dissipar outra das questões que impediam o reconhecimento da gênese espírita de toda uma categoria de manifestações supernormais: a dos fenômenos de *infestação*, na qual se encontra a informação de um "fantasma" que repete sem cessar uma mesma ação. Esta poderia ser a de passear ao longo de um corredor ou de ficar agachado junto a uma lareira apagada, ou ainda de contar avidamente dinheiro perto de uma caixa-forte realmente existente no cômodo infestado. Ora, teoricamente falando, e do ponto de vista da origem espírita dos fenômenos que estão sendo discutidos, não se sabia como explicar tal repetição invariável do mesmo episódio toda vez que aparecia aquele mesmo "fantasma", de modo que se era induzido a chegar a outras hipóteses, menos inverossímeis do que aquela espírita. E eis, ao contrário, que o esclarecimento contido na frase exposta resolve de uma maneira simples e racional toda a questão. De fato, a partir do momento em que se admite a existência de espíritos desencarnados dominados por suas paixões terrenas, a ponto de ficarem vinculados ao ambiente em que viveram, e permanecendo eles muito tempo em condições psíquicas especiais (análogas ao "sonambulismo vigilante" dos hipnotizados), em que se julgam ainda vivos, mas tomados por um sonho curioso ou por um pesadelo assustador, então explica-se a repetição monótona da mesma ação nos casos dos "fantasmas" infestadores. Eles se encontrariam tomados por uma obsessão que os obrigaria a repetir automaticamente uma determinada ação ou cena rotineira em sua vida. Isso também ocorre nos casos de obsessão provocados experimentalmente nos indivíduos hipnotizados, que executam e repetem ininterruptamente um mesmo gesto, até que os mandem parar.

Termino chamando a atenção dos leitores para a espontaneidade e a sinceridade de impressões verdadeiramente sentidas, que fazem o espírito comunicante interromper por duas vezes a própria narração: uma vez para dirigir-se ao pesquisador a fim de lhe transmitir uma observação interessante feita por ele naquele momento, ou seja, que conseguiria um resultado muito melhor no momento de transmitir o próprio pensamento ao médium se deixasse este último livre para transmiti-lo com suas próprias palavras. E a este respeito ele pergunta ao pesquisador: "Você percebeu que o estilo mudou de repente?" A segunda vez ele interrompe a narração para tentar uma experiência – a de tornar-se visível para o médium – e, de fato, este anuncia com grande surpresa que percebe atrás de si o vulto do espírito comunicante, e acrescenta estar sentindo-se em parte ele mesmo e em parte o outro, o que está de acordo com a visão por ele vislumbrada, pois viu o corpo do espírito comunicante como se este houvesse penetrado nele apenas em parte.

É evidente que tais interrupções, repentinas, no decorrer

da narração, contribuem para nos convencer da presença real do espírito comunicante, uma vez que na hipótese das "personificações inconscientes" não se saberia mesmo como justificá-las racionalmente, sobretudo considerando-se que no caso em questão elas correspondem a dois fatos realizados simultaneamente: o do médium que tinha mudado de repente o estilo com que se expressara até aquele momento, e o do próprio médium que de repente notara perto de si o espírito em questão.

Caso XI — O episódio seguinte foi extraído de um longo estudo de Federico Myers sobre as experiências do reverendo William Stainton Moses (*Proceedings of the S.P.R.*, vol. XI, p. 87). Moses, ministro da Igreja Anglicana e de sentimentos religiosos estritamente ortodoxos, resistia à ideia de acreditar nas mensagens solenes que o espírito de "Imperator" lhe ditava, as quais tendiam a desviá-lo de uma ortodoxia cristã por demais rígida. Portanto, ele exigia, para acreditar, que a personalidade comunicante em questão lhe provasse a sua condição de entidade espiritual, uma vez que suspeitava estar na presença de uma personificação sonambúlica surgida dos recessos do próprio inconsciente. Tal exigência subentendia que o espírito comunicante fornecesse informações verificáveis sobre a própria existência terrena, e esta era uma coisa impossível para a entidade em questão, a qual tinha explicado ter vivido na era bíblica. Resultou assim que o "Imperator" propôs a Moses um método indireto com o qual poderia satisfazer as suas justas exigências, ou seja, ele iria conduzir às sessões personalidades de desencarnados que Moses não conhecia; estas dariam informações sobre suas existências terrenas, colocando-o em condições de verificar as suas afirmações. A esse respeito, "Imperator" acrescentara: "Se você comprovar que todos os desencarnados trazidos por mim às sessões afirmaram sempre a verdade, então terá de concluir que eu, que os conduzi, sou uma entidade espiritual". Moses aceitou a proposta, e com isso teve início uma longa sucessão de casos de identificação espírita que se revelaram sempre verídicos. Entre os desencarnados conduzidos às sessões estava um famoso juiz anglicano: o arcebispo Wilberforce, que, depois de fornecer, em uma primeira manifestação, ótimas provas de identidade pessoal, manifestou-se uma segunda vez a Moses para contar-lhe as vicissitudes da própria entrada em ambiente espiritual.

Em tal circunstância, o espírito-guia "Rector" ditara a Moses

a seguinte previsão: "Um amigo seu conversará com você através de mim". Logo depois uma outra personalidade escrevera com caligrafia muito diferente a seguinte frase: "Esteja contigo a paz do justo. Ouça e se lembre". (Da investigação feita resultou que essa frase ditada pelo arcebispo Wilberforce estava transcrita com identidade caligráfica.)
Depois disso, o espírito-guia recomeçou a ditar o que segue:

> O nosso amigo Wilberforce não chega ainda a escrever com a devida facilidade. Ele não mais voltou ao ambiente terreno desde o dia em que se manifestou a você por nosso desejo. Agora está aqui de novo para contar-lhe as próprias impressões no momento da sua entrada no mundo espiritual. Apesar de a maneira pela qual ele chegou ao plano espiritual ter sido rude e súbita, com tudo isso seu espírito tornou-se consciente muito antes do que costuma ocorrer. Isso porque o nosso amigo, mesmo na existência terrena, vivera em comunhão constante com o mundo espiritual e meditara longamente sobre a crise da morte, percebendo as suas modalidades; dessa forma, quando para ele chegou a "grande hora", não ficou surpreso ou impressionado com isso, por mais que ela tenha acontecido bruscamente. Ele foi um sábio. Agora vai descrever para você através de mim as vicissitudes do próprio traspasse ao mundo espiritual.
> ("Wilberforce", através de "Rector") — Quando meu espírito teve consciência de estar em ambiente de vida eterna, eu me vi envolvido por radiosas criaturas angelicais, as quais vinham me anunciar o quão misericordiosa estava sendo a clemência de Deus para comigo. Fui arrancado à vida de uma forma rude e súbita, com a consequência que eu não tinha me dado conta de estar no mundo espiritual até o momento em que vi o meu pai vir ao meu encontro; ele me explicou que embora eu estivesse mais vivo do que nunca, encontrava-me naquela seção do mundo espiritual em que são hospedados os espíritos radiosos. Então juntou-se a ele minha mãe; depois veio ao meu encontro o puríssimo espírito de Keble, rodeado por um grupo glorioso de outras almas filantrópicas, que por lei de afinidade se amontoavam em volta dele, um ser que na Terra tinha sido o príncipe do amor universal. Foram eles que me conduziram até a morada dos meus "guias", pelos quais fiquei sabendo que a primeira tarefa que eu tinha de me preparar para cumprir era a de deixar de lado

muitas das doutrinas que na Terra julgara de importância vital! Oh! Com que facilidade os espíritos iluminados deixam de lado as opiniões terrenas, ainda que tenaz e apaixonadamente professadas durante toda a vida! Foram os meus "guias" que me exortaram a me manifestar a você. Eles receberam tal ordem do espírito elevadíssimo que preside às suas sessões ("Imperator"). Eu concordei com alegria, e agora estou mais feliz do que nunca por entrar mais uma vez em contato com o plano terreno, onde tantos queridos amigos meus ainda vivem, embora eu, infelizmente, jamais tenha tido oportunidade de entrar em contato com eles, que nada sabem sobre essa grande verdade ou a hostilizam. Muito tempo há de passar antes que aprendam algo a respeito.

A partir do momento em que abandonei o mundo dos vivos, dediquei-me intensamente a aprender aquilo que devia constituir a minha tarefa espiritual nesta existência de constante progresso, de elevação sublimada à qual estou destinado. A essa altura, com a ajuda dos meus "guias", eu já passei pela primeira Esfera espiritual em que moram aqueles que continuam vinculados pelo amor aos vivos, assim como todos aqueles que ainda não estão preparados para se elevar espiritualmente além da primeira Esfera celeste. Ali encontrei muitas almas que eu conheci em vida, e através delas tomei conhecimento de muitas noções que eu precisava urgentemente conhecer. Por algum tempo, a minha tarefa será análoga, ou seja, terei de me esforçar por instruir os recém-chegados até eu amadurecer e poder alcançar, então, a Esfera espiritual que a mim está destinada. Assim, manifestei-me a você com o objetivo de instruí-lo com esta mensagem de conforto e de consolo. Mantenha o espírito bem-disposto, meu amigo: o futuro que nos espera é radioso!

(Moses) — Quantas perguntas eu precisaria dirigir a você! As Esferas espirituais são então semelhantes ao nosso mundo?

— São, sob todos os aspectos. Entretanto, a diferença é bastante grande, uma vez que se determina uma mudança radical nas condições de existência. A paisagem é absolutamente idêntica, mas sublimada. Nós também temos flores, campos e árvores, animais e pássaros; só que as condições ambientais não são mais físicas, com a consequência que nós não temos necessidade de nos alimentar, e muito menos de matar para viver. A matéria, da forma

> como vocês a pensam, não mais existe para nós; quanto aos meios de subsistência nós os assimilamos com o ar que respiramos. Os nossos movimentos livres não são mais dificultados pela matéria, como acontece no mundo de vocês. Nós nos transportamos para toda parte com um ato de vontade. Como acontece com as crianças no plano terreno, comigo também ocorre aprender todos os dias novos conhecimentos preciosos, e com isso vou me adaptando cada vez melhor à existência espiritual.
> — O ambiente que os rodeia é então real para vocês?
> — Real, realíssimo, e mesmo soberbamente lindo.

A essa altura interveio "Imperator", que se dirigiu a Moses com a seguinte observação:

> Melhor não entreter por mais tempo o nosso amigo. Com as perguntas a ele dirigidas, você já passou dos limites concedidos. Saudamos você em nome de Deus onipotente. "Imperator".

Nesta última advertência de "Imperator", observa-se uma verdade de ordem prática que eu já percebera, quando a ela me referi no preâmbulo para o presente trabalho. Para o próprio Moses, que estava começando a iniciar-se nas investigações psíquicas, era prematuro aprofundar-se em um tema delicado, uma vez que contrastava por demais rudemente com preconceitos enraizados da humanidade civilizada. Duas únicas categorias de estudiosos estão em condições de assimilar sem maiores choques certas verdades transcendentais: a categoria das "almas simples" e a outra oposta dos "pensadores cultos e reflexivos", abertos a todas as verdades com a única condição de comprová--las na base dos fatos.

As "almas simples" acreditam por um "ato de fé", mas por serem altamente "intuitivas" alcançam por vezes num pulo a Verdade. Todavia, as suas intuições estão destinadas a permanecerem aquisições estritamente pessoais, que jamais chegarão a assumir importância social e humanitária. O mesmo não ocorre para as mesmas verdades proclamadas pelos "pensadores cultos e reflexivos". Estes chegarão a triunfar sobre todos os obstáculos e, apesar de asperamente combatidos pelos que têm aversão às novas ideias, alcançarão no devido tempo a gloriosa meta tão sonhada. Isso porque se tendo predeterminado a pesquisar a "nova revelação" com base nos fatos, com os métodos científicos da "análise comparada" e da "convergência das provas", foram levados em um primeiro momento à certeza científica em torno das verdades incontroláveis emergentes dos próprios fatos; e, sendo assim, era natural que em um segundo momento tais conhecimentos por eles assimilados despertassem neles o impulso missionário para a divulgação da nova *Ciência da Alma*: ciência providencial urgentemente necessária à vacilante civilização humana. Portanto, resulta evidente que os nobres esforços dos precursores em questão não poderão deixar de se impor gradativamente a toda a humanidade civilizada, a qual, não mais podendo satisfazer-se apenas com a fé cega, aguarda ansiosa que a ciência lhe dê a última palavra sobre o mistério perturbador do além-túmulo.

Todavia, os beneméritos precursores da nova revelação cientificamente comprovada darão testemunho de sabedoria se compreenderem que a seção aqui considerada da própria revelação tem uma natureza contrastante com os preconceitos científicos em moda e com as noções assimiladas pela primeiríssima infância a esse respeito, que, se não nos propusermos a investigá-la a fundo, comparando e comentando, é preferível não enfrentá-la para não interpretá-la erroneamente, comprometendo-a diante do critério imaturo dos não iniciados.

E é por essa razão que a advertência da entidade espiritual elevadíssima de que se trata é merecedora de revelação e de meditação por parte de alguns por demais fervorosos propagandistas.

É bom lembrarmos ainda que antes de "Imperator" a mesma advertência fora formulada por Jesus Cristo: "Na morada do Pai há muitas coisas que a minha geração e a minha época não estão maduras para receber".

Caso XII — Retirado do precioso livro de Mrs. Emilie Hinchliffe, *The Return of Captain Hinchliffe*,[11] em que as provas de identificação do seu próprio marido, capitão Hinchliffe, foram de tal forma numerosas, complexas e multiformes, a ponto de se ter de classificar o caso entre os de ordem conclusiva no sentido espiritualista.

O capitão Hinchliffe encontrou a morte afundando em pleno oceano, no mês de março de 1928, durante uma audaciosa tentativa de sobrevoar pela primeira vez o Atlântico de leste a oeste: da Inglaterra até Nova York.

---

[11] *The Psychic Press*, Londres, 1930, p. 90.

A senhora Hinchliffe adverte que até o dia do trágico evento ela nada sabia a respeito de espiritualismo, e com base nas notícias distraidamente lidas nos jornais, considerava tal crença uma miscelânea de fraudes, superstições e práticas ridículas.

Mas o marido morto, desejando ardentemente comunicar-se com a esposa adorada, encontrou a forma de se manifestar através de uma senhora que possuía a capacidade da escrita automática, rogando-lhe que transmitisse à sua esposa que ele estava ansioso por lhe falar. No entanto, a médium não conhecia a viúva do desencarnado comunicante e hesitava em fazê-lo, enquanto o recém-desencarnado não deixava de se manifestar, insistindo e suplicando. Em uma última mensagem, ele havia ditado:

> — Eu sou Hinchliffe. Procure encontrar-se com a minha mulher. Imploro a você.
> Mrs. S.: — Sabe muito bem que vou correr um grande risco. Ela não vai acreditar em mim.
> (Espírito): — Corra o risco; a minha vida toda foi uma sequência de riscos, eu preciso falar com a minha mulher... Se a sua carta ficar sem resposta, então endereces-a para "Drummonds — High Street Croydon".

Verificou-se que o nome e o endereço ditados eram os do procurador jurídico do morto!

A essa altura a médium, ainda perplexa, decidiu buscar conselho junto a Sir Conan Doyle, levando consigo as mensagens. Sir Conan Doyle, detectando nessas últimas as marcas da autenticidade, colocou-a em contato com a viúva.

Dito isso, passo sem dúvida para o tema aqui considerado, limitando-me a relatar o que o falecido teve oportunidade de contar a respeito da crise da morte e da própria entrada em meio espiritual.

O relato é o seguinte:

> Era natural que o meu marido, depois de alcançar o supremo intento de me convencer a respeito da própria presença espiritual, fornecendo-me provas e mais provas de natureza irresistível, desejasse completar a merecedora ação descrevendo-me as vicissitudes do seu transporte ao ambiente espiritual, assim como os detalhes sobre a sua nova existência, nos limites em que podia conhecê-la depois de uma permanência ainda curta na primeira Esfera espiritu-

al. Comportando-se dessa maneira, propunha-se também fornecer-me provas complementares de todo tipo a respeito da vida no Além, com o objetivo de me induzir a transmitir a outros o benefício das minhas novas convicções.

De qualquer maneira, já se compreende que aqueles que lerem o que ele tem a dizer a respeito da existência espiritual se convencerão ou não se convencerão, aceitarão ou não aceitarão, dependendo da tenacidade com que as suas ideias pré-concebidas acerca deste argumento estiverem arraigadas em seus caminhos cerebrais.

Tampouco deve-se esquecer que as comunicações da natureza em questão têm apenas valor como orientação instrutiva, uma vez que provavelmente não pode haver nem mesmo duas individualidades que passem por experiências idênticas. E ainda que isso fosse possível, é mais do que provável que as impressões que ficariam para elas seriam consideravelmente diferentes. Satisfaçamo-nos, portanto, em ler e ponderar a mensagem que estou prestes a relatar, que é, pelo menos, uma sincera e verdadeira descrição das impressões de um desencarnado a respeito da nova vida que nos espera... Mensagem que ele transmitiu com a intenção humanitária de ajudar os vivos a formar um conceito correto sobre a existência no Além.

Estas as impressões do meu marido, transmitidas através da médium Mrs. Garrett:

> O que me proponho contar a você refere-se a assuntos que muito poucos seres vivos chegam a imaginar em sua verdadeira natureza. Refiro-me, antes de qualquer coisa, ao que se sente no instante em que o espírito se separa do corpo; em seguida, às vicissitudes pelas quais passei depois da crise da morte, e, por fim, às minhas impressões a respeito da existência espiritual.
> A separação do "corpo etéreo" do "corpo físico" é obra de breves instantes. Nenhum sofrimento resulta disso, e depois da separação nos sentimos os mesmos de antes; o tempo passa, em alguns casos até mesmo dias, antes que nos demos conta do grande evento que ocorreu. No meu caso, dei-me conta quase de imediato, pois antes de o meu drama se completar, eu já sabia que estava indo de encontro à morte.
> Como você bem pode imaginar, logo que compreendi que estava vivo, e até seco, em outro lugar, comecei a refletir. O que havia acontecido? Somente dois eventos poderiam ter ocorrido comigo: ou tinha sido salvo das águas em

condições de inconsciência e transportado para um lugar que eu não conhecia, ou então eu havia morrido. Logo compreendi que o meu caso era este último. Disso você pode depreender que a minha passagem produzira tão pouca mudança em minha mente, a ponto de eu não me dar conta de nada, sinal de que o processo do traspasse de uma fase da existência à outra é realmente fácil.

E mesmo no presente momento eu penso assim sob todos os aspectos. Nada de angelical, nada de etéreo, nada de tudo aquilo que faria com que se presumisse estar no paraíso, ou no Além. Durante todo o tempo que passei em ambiente espiritual a minha própria experiência valeu para me convencer de que eu permaneci aquele mesmo indivíduo que você conheceu, e, por conseguinte, que a nossa posterior evolução e ascensão rumo à maravilhosa morada celeste de que tanto se fala em ambientes místicos deve consistir em um processo muito mais lento do que alguns imaginam. Querida Emília, haverá indivíduos que não vão acreditar nas minhas palavras, mas eu declaro a você que tenho plena certeza de tudo o que afirmo. O nosso espírito tem uma natureza bastante delicada a esse respeito, a ponto de uma mudança brusca de condições poder determinar repercussões e desorganizações na malha etérea do corpo que o reveste...

Se você me perguntar onde estou, o que vejo à minha volta, vou lhe dizer que de início encontrei-me em uma terra cinzenta, úmida, desagradável, que se mostrou deserta e estéril como certas regiões da Bélgica por sobre as quais eu tanto voava. Imagine uma região desse tipo, com alguns grupos de árvores espalhadas, de crescimento precário e retorcidas, visíveis por entre uma atmosfera cinzenta e enevoada, e terá assim uma ideia aproximada do lugar em que eu despertei para a nova vida. Dito isso, você pode bem entender que a minha primeira aspiração foi a de me afastar desta pouco atraente estada, assim que me fosse possível; estada em que muitos desencarnados permanecem durante anos... E por que ali permanecem? Antes de mais nada porque têm uma vaga suspeita de precisar mudar para pior; depois, porque naquela terra inóspita encontram-se com muitos outros espíritos afins à sua própria natureza; por último, e sobretudo, porque desta região — que é a seção inferior do *plano astral*, e envolve o mundo de vocês, estando quase em contato com este — torna-se bastante fácil vislumbrar e saborear com a imaginação algumas satisfações físicas do ambiente em que vocês vivem, e em que tantos desses espíritos desencarnados haviam mergulhado quando vivos, ou nele tinham pensado em demasia por opção...

Eu não compreendo como alguém pode imaginar que depois de morto entra-se em uma existência espiritual de beatitude para todos, bem como de ócio celestial em ambiente radioso. Vocês não imaginam que o seu destino futuro só pode ser a resultante matemática de uma existência mais ou menos correta e altruísta transcorrida no mundo dos vivos. Disso resulta que quem viveu de forma despreocupada, à custa do próximo, não se sentirá bem no Além... No mundo espiritual não existem sofrimentos físicos, mas os sofrimentos morais e mentais são incomparavelmente mais agudos do que na Terra... O mundo espiritual é uma oficina de refinamento, e enquanto um espírito não tiver passado por todas as etapas de aperfeiçoamento existentes em cada fase de vida espiritual, não lhe é possível, nem permitido, alcançar estados de beatitude radiante. Esses dados existem, mas por enquanto, a nós, é concedido apenas ter percepções fugazes sobre eles, a título de encorajamento... Eu entrei na vida espiritual sem jamais dedicar um pensamento à grande questão do além-túmulo, assim como acontece com a maior parte dos jovens da minha idade; mas como na Terra sempre tentei sair de uma situação negativa logo que me fosse possível fazê-lo, assim aconteceu que quando me vi em um meio espiritual estéril e desagradável, me dediquei com ardor a sair dele o mais rápido possível, e consegui...

Quanto às relações entre espíritos no "plano astral", vou te explicar que se começa a conversar por palavras, e na própria língua; mas não se demora a descobrir que é possível conversar muito melhor por transmissão de pensamento, e que agindo assim todas as línguas acabam sendo abolidas. O resultado é que pouco a pouco perde-se o hábito de conversar por palavras, com a consequência de que se entre nós houvesse algum hipócrita, ele teria grandes dificuldades em ocultar a sua natureza...

Outra pergunta que surge naturalmente entre vocês é a seguinte: Come-se e bebe-se no mundo espiritual? Não, com certeza, da maneira pela qual vocês todos satisfazem tais necessidades corporais (que infelicidade para mim, que gostava tanto!). De qualquer maneira, o "corpo etéreo" em tudo corresponde ao "corpo carnal": ainda

conserva órgãos digestivos parecidos, mas não idênticos, aos terrenos; isso significa que no "plano astral" o corpo ainda está longe de ser perfeito. Tampouco pode sê-lo enquanto se permanece em um "plano de existência" tão próximo do mundo dos vivos. Disso resulta que ele conserva ainda alguma afinidade com o plano físico: embora ele não exija mais alimentos sólidos, tem ainda necessidade de assimilar essências e líquidos especiais para este "plano espiritual", os quais nós ingerimos em formas condensadas de natureza etérea.
O que fazemos? Quais são as nossas ocupações? Ei-las: nós nos exercitamos em benefício de todos da forma que mais se harmoniza com as nossas tendências ou vocações. Nesta primeira Esfera espiritual em que me encontro já existem maravilhosos sistemas de educação, instituições e laboratórios científicos, espiritualmente entendidos, que compreendem em si todas as condições pelas quais o homem adquire a prática do trabalho no mundo dos vivos. Posso imaginar que a esta altura algum amigo meu comerciante vai dizer: a minha experiência de trabalho é ser banqueiro, e no mundo espiritual com certeza não existe dinheiro. Não, certamente, porque o dinheiro é uma convenção inerente exclusivamente à existência terrena, enquanto aqui as nossas aspirações materiais são satisfeitas com a potência do pensamento: basta pensar para criá-las... Eu trabalho mentalmente, e em certo sentido fisicamente também, uma vez que produzo etereamente as coisas que desejo. Todos sentimos a necessidade suprema de agir, de nos ocupar, de trabalhar; e eu me abandono a orgias de trabalho, pois em ambiente espiritual nos sentimos verdadeiramente livres, sempre prontos para a ação e decididos a criar. As minhas energias não são mais dificultadas ou reprimidas pelas penas corporais, pelas crises de cansaço ou por esgotamentos nervosos, o que não pode ser evitado no mundo dos vivos...
Quando se sai do mundo de vocês abandona-se o ambiente de vida mais rudimentar pelo qual o espírito deve passar, quando pela primeira vez se torna consciente de si como individualidade pensante. Note, entretanto, que nós todos vivemos outras vezes como espíritos encarnados. Tenho certeza do que estou afirmando.
Você poderia me perguntar: O que lhes faz desejar o trabalho? Respondo: O que induz os vivos a trabalhar? Evidentemente são as suas aspirações e as suas vocações.

Aspira-se a possuir, aspira-se a ganhar um certo destaque entre os homens e a emergir de alguma maneira; tem-se a vocação pela arte, pelo estudo, pelo aperfeiçoamento moral e espiritual... Muito bem: quando a luta pela vida chegou ao fim, e não há mais necessidade de se esforçar atrás de aquisições mais ou menos terrenas, as aspirações de "prodigalizar-se" e de "receber", de criar, instruir-se, conhecer não morrem com o corpo carnal. Ao contrário, elas tornam-se mais do que nunca poderosas e urgentes; com uma diferença: aspira-se à posse dos dons da alma, dos conhecimentos espirituais, da suprema aquisição de enxergar claramente em termos morais, bem como de conceber da melhor maneira possível a grandeza imensurável do universo espiritual, no qual nos encontramos mergulhados. Porque este universo é muito mais maravilhoso do que se poderia imaginar na Terra. A esse respeito, a primeira lição que se aprende é a seguinte: cada um vê aquele tanto do universo espiritual que ele deseja ver, e os espíritos que não sentem a necessidade de ver não vêem em absoluto. Há muitos desses espíritos no "plano astral"... De qualquer maneira, a luz acaba sempre por triunfar sobre as trevas. A nossa natureza faz com que a lei da vida, que se identifica com a evolução do espírito, tome ao final a dianteira; desta forma, não se permanece por muito tempo na cinzenta solidão do "plano astral". A curiosidade vence a imobilidade do espírito, que termina por se emancipar do primeiro ambiente de provação que parecia querer engoli-lo para sempre... (*Ibidem*, p. 69-82).

Essa mensagem do falecido "capitão Hinchliffe" contém uma descrição relativamente resumida da existência e da paisagem espirituais da forma como são encontradas na seção inferior do "plano astral", que seria a seção para a qual confluem automaticamente — pela lei de afinidade — os espíritos dos que morreram depois de passar uma vida relativamente normal, ou seja, não despojada de faltas ou de excessos. Tudo isso naturalmente subentende que venha a existir uma sucessão indefinida de outros estados, ou "Esferas" espirituais, em progressiva elevação, em que o ambiente se sublimaria gradativamente à medida que ocorresse a sublimação do "corpo etéreo", invólucro do espírito, até que este alcance o estado de existência suprema, e para nós inconcebível, de "puro espírito não mais condicionado pela forma". Esse tema, entretanto, será tratado oportunamente.

Da maneira como estão as coisas, não será inútil mencionar mais uma vez, ainda que sumariamente, o fato de que uma tal concepção da existência espiritual, da forma como nos é apresentada — de uma maneira única em todas as mensagens transcendentais — é a mais racional e aceitável que se possa imaginar, se se pretende entender a questão da sobrevivência do espírito humano depois da morte do corpo. Discuto longamente esse tema em um trabalho que escrevi sob o título *"Revelações Transcendentais e Objeção Antropomórfica"*, publicado no volume V do meu *Investigações sobre as Manifestações Paranormais* (Città della Pieve, 1938). Recomendo, portanto, esse trabalho a quem quiser formar um claro conceito sobre a questão, mas não posso me eximir de citar uma página resumida dele, e isso para auxiliar os leitores que porventura não o conheçam. Eis em que termos eu me expressei:

> Uma lei psicológica de lenta adaptação governa a evolução das novas ideias; por isso, o que em um determinado momento surge como louca fantasia, torna-se, oportunamente, uma verdade reconhecida e fácil de ser assimilada. Nenhuma dúvida de que o mesmo acontecerá em relação às repudiadas narrações acerca das analogias existentes entre o ambiente terreno e o que se encontraria nas primeiras Esferas da estada espiritual. Para aqueles que — como o autor — aplicaram os processos da análise comparada e da convergência das provas em um material imenso, essas narrações aparecem desde já como verídicas experimentalmente, da forma como emergem das concordâncias entre as informações fornecidas por entidades de desencarnados, identificados pessoalmente através de médiuns que, em sua grande maioria, ignoravam a doutrina espírita e pertenciam a lugares os mais diversos, vivendo em épocas diferentes. Acrescente-se que para qualquer um que tenha efetuado tais investigações, essas narrações fornecem a solução mais aceitável da perturbadora questão que gira em torno das modalidades da existência espiritual. "Considere-se de fato que ninguém que admita a sobrevivência do espírito poderia imaginar que a existência espiritual seja uma eterna vagabundagem pelo espaço infinito, sem objetivo, sem meta, sem ideais a serem alcançados, sem nada a ser executado e ser pensado".[12]

---
[12] N. do E. Do mesmo autor, *Indagini sulle Manifestazioni Supernormali*, vol. V, Città della Pieve, 1938.

> Pergunta-se aos demolidores das revelações transcendentais se porventura se satisfariam com uma perspectiva destas. Ou, talvez, teriam eles em mente alguma coisa diferente que pudesse ser a alternativa insubstituível da eterna vagabundagem pelo espaço infinito? Se assim é, espero que me revelem a arcana descoberta das suas mentes, uma vez que eu não consigo vislumbrar nenhuma. E dou uma explicação posterior a respeito: ou habitaremos um novo mundo etéreo, em um ambiente qualitativamente diferente, mas real, em que a paisagem e as coisas são constituídas pela mesma substância de que é composto o "corpo espiritual", (e, em consequência, torna-se substancial o mundo físico para os seres revestidos de "corpos físicos"), ou não habitaremos espiritualmente em novos mundos etéreos, e então estaremos condenados a uma eterna vagabundagem pelo espaço infinito. Não se pode escapar desse dilema.
>
> Disso resulta que com base nas conclusões rigorosamente lógicas apresentadas, será forçoso concluir no sentido em que são descritas as Esferas espirituais de transição dos desencarnados comunicantes, segundo os quais em torno de cada planeta existiriam Esferas concêntricas espirituais constituídas por uma condensação de substância etérea combinada com irradiações ultra-atômicas de origem terrena; Esferas invisíveis e intangíveis aos nossos sentidos, enquanto seriam perfeitamente permeáveis à luz solar, da mesma forma como o é a atmosfera que rodeia a Terra; mas na realidade seriam mais substanciais, no verdadeiro sentido do termo, do que o universo físico.

Essas as minhas argumentações na época, com as quais os que rejeitam as "revelações transcendentais" parecem ter-me colocado em situação embaraçosa, uma vez que a estes só restam duas únicas respostas racionais a formular: ou reconhecer que estavam errados, ou então negar a sobrevivência do espírito humano. Caso se decidissem por este último extremo recurso polêmico, eu os convidaria a ler as minhas monografias e a meditar sobre elas, pois estão repletas de fatos convergentes demonstrando, de forma conclusiva, a sobrevivência do espírito. Eu os desafiaria, assim, a refutar as minhas deduções; neste caso, responder-lhes-ia derrubando os seus sofismas, pois se trataria de sofismas e nada mais.

Passando a analisar as informações fornecidas pelo espírito

comunicante, enfatizo que elas concordam admiravelmente com as relatadas em todas as revelações do gênero, exceção feita para uma informação que aparentemente estaria em contradição com outra análoga. Essa informação foi ditada pelo finado arcebispo Wilberforce (*Caso XI*). Na verdade, o arcebispo informa que na Esfera espiritual em que se encontra não mais existe a necessidade de se alimentar, sendo o ar que respira suficiente para sustentar o "corpo etéreo", enquanto o espírito "Hinchliffe" afirma que na Esfera em que ele se encontra ainda existe a necessidade de se alimentar, apesar de não se tratar de alimentos sólidos, mas sim de essências e de líquidos espirituais condensados pelo éter. Os leitores devem ter compreendido que tal contradição é apenas aparente, ou melhor, não existente, já que o espírito Wilberforce refere-se à "segunda Esfera" espiritual na qual se encontra, enquanto o espírito "Hinchliffe" fala do que acontece no "plano astral" em que ele está. Nenhuma contradição, portanto, mas apenas simples e instrutivas variações de detalhes secundários correspondentes a estados espirituais diversos.

Caso XIII — Selecionei-o de um livro de mensagens transcendentais, cujo título é *A Heretic in Heaven*.[13] O relator-médium é o conhecido cultor de pesquisas metapsíquicas, Mr. Ernest H. Peckham, o mesmo que publicara anteriormente o excelente livro intitulado *The Morrow of Death*. Desta vez o espírito comunicante havia sido em vida um membro do próprio círculo experimental da casa Peckham. Ele solicitara, porém, que não fosse citado o próprio nome para não amargurar inutilmente os familiares que, sendo seguidores da mais intransigente ortodoxia cristã, sem dúvida alguma protestariam, caso o nome do seu parente aparecesse relacionado com experiências que consideravam diabólicas. Portanto, informara que no tratado que ditou deveria ser apresentado sob o pseudônimo de "Daddy", aconselhando que se desse ao livro o título *Um Herege no Paraíso*, para demonstrar que, apesar de ter sido em vida um dissidente em matéria de dogmas, ele se encontrava em um ambiente espiritual correspondente àquilo que os fiéis ortodoxos considerariam o "paraíso".

Ele começa o tratado com o seguinte preâmbulo, cujo teor

---

[13] *A Heretic in Heaven* (*Being the Post-Mortem – Memoirs and Reflections of "Daddy"*), Hutchinson, Londres, s.d., p. 160.

jamais deveria ser esquecido, quando se leem e se discutem mensagens mediúnicas sobre as formas da existência espiritual. E escreve:

> Neste pequeno tratado, desejo contar a você alguma coisa desta nossa existência espiritual, tão extraordinariamente animada, à qual fui introduzido através do viaduto da morte. Entretanto, a tarefa que me proponho executar apresenta dificuldades quase insuperáveis, porque a existência supernormal transcende enormemente todas as coisas conhecidas ou experimentadas na vida terrena. Eu, por exemplo, por mais que tenha permanecido substancialmente o mesmo personagem, vi desenvolver-se em mim faculdades e potencialidades que me abriram um novo e imenso campo de inesperadas atividades. É impossível explicar-lhes no que consistem essas atividades numa linguagem terrena... Tentarei ilustrar tal insuperável dificuldade observando que a minha tarefa pode ser comparada à de alguém que se veja obrigado a descrever coisas *vistas* em termos de coisas *ouvidas*. A *audição* é um veículo bastante pobre de impressões, se comparada com a visão. Como descrever as belezas de um nascer do sol nos alpes suíços, com toda a sua glória resplandescente de tons dourados, recorrendo aos acordes de um instrumento musical? E como poderia eu descrever-lhes cuidadosa e adequadamente a glória da existência espiritual utilizando a linguagem grosseira e material dos vivos?...

Palavras do espírito comunicante. Observo que declarações semelhantes são constantemente reafirmadas nas obras sobre revelações transcendentais, e é preciso levá-las em consideração quando se leem algumas descrições de eventos, espetáculos e ocupações no mundo espiritual, que parecem ao nosso critério análogas às do mundo dos vivos; descrições que sem sombra de dúvida revestem-se do valor de representações simbólicas de uma realidade inacessível aos vivos.

Dito isso, passo a transcrever alguns trechos de mensagens em que se fala da primeira entrada no mundo espiritual do desencarnado comunicante. Ele observa:

> Provavelmente, a maior surpresa que aguarda um ser vivo na crise da morte consiste no fato de *despertar* e encontrar-se *morto*. Quando se tenta fazer com que alguém compreenda que está morto, invariavelmente surge espontaneamente a reação: "impossível. Por que eu deveria

me considerar morto se estou me sentindo mais vivo do que antes?" De fato, não nos sentimos em nada mudados. Tudo o que concorre para formar a essência da nossa individualidade permanece inalterado; e, ao mesmo tempo, até o ambiente imediato em que nos encontramos tem para nós a aparência familiar (mas, na realidade, somos nós que criamos isso, pensando-o inconscientemente); e, portanto, não podemos acreditar no estupendo fenômeno de estarmos efetivamente mortos. Essas primeiras impressões podem ser definidas como "A surpresa número *um!*"
Eu também, claro, pensava assim quando emergi da morte no mundo espiritual. Os acessos de soluço, a asma e os outros sintomas de bronquite que haviam me atormentado na hora da morte continuavam a me atormentar quando abri os olhos para a vida espiritual. Logo se compreende que na realidade não era assim, mas tratava-se de uma reprodução efêmera dos sofrimentos por que passamos, reprodução provocada pelas vividas lembranças que me restavam de tudo aquilo. Acrescento a respeito que estas reproduções efêmeras dos males recentemente sofridos são uma consequência inevitável, geral, e mesmo providencial do nascimento em ambiente espiritual. De qualquer maneira, e no que me diz respeito, tais efêmeros sofrimentos não se prolongaram muito; mas enquanto eu me sentia oprimido pelos sintomas descritos, era-me impossível acreditar na minha morte, por mais que eu soubesse que tinha de morrer.
Logo depois fui tomado pela surpresa número dois: a mais maravilhosa e confortadora de todas, e que ocorreu logo que se fez ouvir ao meu lado uma voz suave de mulher, voz que eu conhecia muito bem, a qual me chamou pelo nome: "Dicky!" Era a minha mãe! Ela estava morta há muitos anos, e acorria agora para me dar as boas-vindas em ambiente espiritual, chamando-me pelo antigo apelido carinhoso usado em casa, reminiscência da minha juventude. Eu, velho bem avançado na idade, avô há longo tempo, via-me recebido e festejado na nova morada pela minha mãe, a quem eu tanto amara há tempos, mas que — vergonhoso de se dizer! — tinha quase esquecido por causa dos muitos anos passados. Logo depois, uma outra voz suave de mulher, voz da mesma forma familiar e amada, chamou-me pelo nome de "Richard". Era a minha esposa, que há apenas alguns anos havia me precedido na existência espiritual...

Seguiu-se então um longo período de sono profundo. Era o esquecimento total, durante o qual me foi dito que as forças espirituais, em virtude de leis imutáveis, preparavam tranquilamente o grandioso processo do renascimento espiritual. Depois de cumprido o milagre, chegou para mim o glorioso momento do despertar, e com a recuperação da consciência tive a certeza benéfica de haver efetivamente passado da morte em ambiente terreno para a existência na morada espiritual: para uma vida que é vida de verdade! — é o que se lê na Bíblia. E a alegria, a paz, a calma e a beatitude tomaram conta de mim e me levaram a um estado de suprema felicidade... (p. 43-44).

... Levantei-me olhando à minha volta: o panorama que se descortinou era de uma beleza incomparável, e parecia estender-se ao infinito. Sobre ele resplandecia um céu azul maravilhoso... A paisagem era uma planície ondulada, não muito diferente, por algumas características, das belezas rurais da minha amada terra natal... Mas o detalhe mais maravilhoso do panorama contemplado consistia no seguinte: os objetos longínquos não pareciam de forma alguma diminuídos em suas dimensões devido à distância, como acontece no plano terreno. Dessa maneira, a perspectiva ficava literalmente transformada. E não é só isso, pois me dei conta de que percebia simultaneamente os objetos em todos os seus lados, não apenas pelo lado exposto ao meu olhar, como acontece no mundo dos vivos. Essa capacidade de visão ampliada, aperfeiçoada e abrangente produz efeitos maravilhosos. Quando se olha a superfície externa de um objeto qualquer, vê-se no interior dele, em torno dele e através dele; assim, a visão espiritual cria condições de se penetrar aquilo que se está observando... (p. 48).

... O ambiente em que me encontrava era maravilhoso, mas começava a sentir uma viva necessidade de companhia, e logo que surgiu tal sentimento vi o ambiente à minha volta transformar-se: ele me pareceu expandir-se, renovar-se, tornar-se mais belo que nunca. Depois disso, de todos os lados começaram a aparecer seres espirituais que vieram ao meu encontro, exultantes. Soube mais tarde que aquele milagre devia-se ao fato de que o meu vivo desejo tivera por efeito criar a necessária 'relação psíquica' entre mim e os demais seres existentes no mesmo plano espiritual, os quais haviam se apressado a ir ao encontro do recém-chegado...

Entretanto, eu ainda me sentia vinculado ao mundo dos vivos pelo desejo de saber se o meu velho e grande amigo, aquele mesmo através do qual dito agora este tratado, fora informado da minha morte. E devo explicar aqui, a quem lê estas páginas, que eu e o meu amigo ficamos gravemente doentes na mesma época, sem que um tivesse notícias do outro. A minha doença me levara à morte, mas o mesmo não ocorrera com o meu amigo. Ele sobreviveu, só que eu nada mais soube dele. Enquanto formulava em minha mente este pensamento, chegou-me de longe uma voz — que mais tarde soube ter sido a de "Amicus" —, a qual me falou nos seguintes termos: "Pense nele, concentre o seu pensamento nele e poderá vê-lo". Coloquei imediatamente em prática o conselho recebido, e o resultado foi que me pareceu afundar no espaço, vendo-me envolvido em uma espécie de neblina. Quando parei, a neblina se desfez; e eis que diante de mim estava o meu amigo, na companhia da sua mulher. Eles passeavam tranquilamente juntos, ao longo da praia de uma cidade litorânea. Pensei: "Isso é mesmo maravilhoso; eu estou morto, ele está vivo; e no entanto consigo vê-lo!" Chamei-o em voz alta: "Peckham! Meu caro amigo! Você sabe que eu estou morto?" Ele voltou-se bruscamente, olhando à sua volta com expressão de grande surpresa. Tinha ouvido a minha voz! De repente, vi-me novamente envolvido na neblina, e quando ela se dissipou reencontrei-me no mundo espiritual. Mais tarde fiquei sabendo que o meu amigo, tendo se curado de um grave ataque de hemorragia pulmonar, fora com a mulher para uma praia onde o clima marítimo o ajudaria a se restabelecer. Para não amargurá-lo em sua convalescência, ele não havia sido informado da minha morte, e só ficou sabendo quando eu mesmo lhe comuniquei o fato do mundo espiritual... (p. 55).

Esses os trechos teoricamente mais interessantes, do ponto de vista que nos diz respeito, contidos na instrutiva obra de Mr. Peckham. Observo que as informações nele contidas não apenas estão admiravelmente de acordo com todas as outras da mesma natureza até agora citadas, mas também as ilustram posteriormente com detalhes complementares até agora ainda não mencionados, apesar de serem, por sua vez, confirmados por outros detalhes idênticos, contidos em outras mensagens transcendentais, das quais citaremos exemplos mais adiante. Entre os episódios desta natureza, destaco o último aqui relatado em que o espírito comunicante conta ter dado a notícia da própria morte ao amigo vivo, que ainda ignorava o fato. Como o incidente se realizara efetivamente nas condições de ambiente referidas pelo espírito, deve-se concluir que se tratava de um dos fenômenos habituais, ora visuais, ora auditivos, de manifestações de mortos, fenômenos que os estudiosos da metapsíquica ortodoxos classificam entre os casos de "telepatia retardada". Nessa circunstância se diria que o fenômeno telepático acontecera quando o desencarnado ainda estava vivo, e fora percebido inconscientemente pelo amigo distante, que, porém, teria ficado inconsciente do fato até o momento psicologicamente propício em que a mensagem telepática emergira para o consciente, assumindo desta maneira o ilusório aspecto de manifestação telepática *post mortem*.

Como vimos, no entanto, no caso em questão, o espírito comunicante afirma ter ele próprio transmitido a mensagem telepática *post mortem* ao amigo, e o intervalo de muitos dias, transcorrido desde a sua morte até o fenômeno de "audição" supernormal, ocorrido ao receptor, revela-se favorável à afirmação do espírito comunicante.

Quanto ao outro fenômeno, curioso e interessante, em que o espírito informa como se manifesta a visão espiritual (os objetos distantes não pareceriam menores e os próximos seriam vistos, ao mesmo tempo, de todos os lados, no exterior, no interior e através deles), e também quanto à observação acerca do pensamento do espírito (logo captado por um espírito distante que acorre e lhe dá um conselho), só se pode refletir que detalhes e observações desse tipo, que parecem concebíveis e aceitáveis às últimas gerações, que dispõem da comprovação científica dos raios Roentgen, com os quais obtém-se o primeiro dos fenômenos indicados, e de outras descobertas com as quais se explica o segundo dos fenômenos, teriam, ao contrário, parecido absurdos, impossíveis e sem sentido às gerações anteriores. Isso, de um lado, leva-nos a ser muito cautelosos antes de admitir como absurdas e impossíveis outras informações análogas contidas nas mensagens em questão, e ainda não confirmadas pela ciência terrena, enquanto, de outro, induz-nos a refletir sobre o fato de que o advento das manifestações mediúnicas realiza-se exatamente no momento em que os tempos parecem maduros para compreendê-las, apreciá-las, assimilá-las.

Se os casos de Hydesville tivessem acontecido um século antes, teriam passado inobservados ou infecundos, como sucedeu com as revelações transcendentais de Swedenborg, em que já está contido tudo o que é analisado no presente trabalho. Em outras palavras: o aparecimento das manifestações mediúnicas foi preparado e tornou-se possível graças às descobertas da ciência no campo das forças físicas, que nos investem de toda parte, atravessando e saturando os nossos organismos sem que saibamos. Daí para se admitir a existência de outras influências invisíveis, com substrato inteligente, o passo foi curto: se tornava logicamente inevitável que fossem observadas manifestações adequadas que sugerissem essa possibilidade. E assim foi. Deve-se, portanto, reconhecer que o surgimento da *Nova Ciência da Alma* ocorre em momento propício em meio aos povos civilizados.

Uma vez que do nosso ponto de vista as formas pelas quais a visão espiritual se torna perceptível também constituem um detalhe fundamental, não será inútil observar que todos os espíritos comunicantes que a ela se referem estão de acordo ao descrevê-las. Assim, por exemplo, o espírito do reverendo A. H. Stockwell, de que se fala no *Caso VI*, exprime-se a esse respeito da seguinte maneira:

> Uma das grandes características da existência espiritual consiste na faculdade de visão característica do "corpo etéreo", que é enormemente aperfeiçoada. No mundo dos vivos o sentido da vista coloca-nos em condições de visualizar só um lado ou apenas um aspecto do objeto que se olha. Aqui nós vemos o objeto simultaneamente de todos os lados. Vale dizer que quando olhamos para qualquer coisa, nós não a vemos apenas, como ocorre com vocês, mas a penetramos em cada uma das suas partes. Nós vemos ao redor dela e através dela; desta maneira, na mesma hora temos um conhecimento completo daquilo que pode nos interessar. A faculdade visual do espírito é de fato maravilhosa. Mas, claro, é preciso um certo tempo antes que esta refinada capacidade se torne plenamente desenvolvida nos espíritos dos recém-chegados. Como todas as outras faculdades espirituais, ela evolui gradativamente e conserva-se com a experiência adquirida na nova existência (p. 23-24).

Essa última consideração a respeito do fato de que é preciso um certo tempo antes que os espíritos recém-chegados adquiram a capacidade da visão através dos objetos que olham é teoricamente importante, pois explica o fato de que poucos são os espíritos dos recém-chegados que se referem a ela, enquanto os espíritos que a mencionam já se encontrariam em uma condição de existência consideravelmente mais avançada, comparável à terceira Esfera espiritual.

Caso XIV — Extraí-o da revista *Light* (1927, p. 230).

O diretor da revista, Mr. David Gow, faz uma pequena nota introdutória a título de ilustração, da qual apresenta o resumo a seguir:

> Os extratos de mensagens dos desencarnados aqui publicados foram retirados de uma longa relação a nós enviada por um ministro anglicano da Nova Escócia. O espírito comunicante era um conhecido personagem americano, que tinha em vida um importante cargo municipal. A médium, da qual nos foi fornecido o nome, é uma distinta senhora conhecida pela correção do caráter e pela excelência das suas faculdades mediúnicas...

O espírito comunicante começa a sua *mensagem* da seguinte maneira:

> Desejo iniciar a minha narração a partir do dia em que deixei o corpo no meu quarto em Blankville. Eu tinha plena consciência da dor que perturbava o ânimo dos meus filhos e me entristecia por não ter como dirigir-lhes a palavra.
>
> Em determinado momento, percebi em mim uma mudança que na hora não consegui compreender e fui atingido por uma estranha sensação, que por mais nova que fosse era de certa forma parecida com o que se sente quando se desperta de repente, depois de um sono profundo. Num primeiro momento me dei conta da situação em que me encontrava; mas, gradativamente, tornei-me consciente do ambiente que me rodeava, assim como acontece ao se despertar do sono, e vi a mim mesmo deitado, quieto e imóvel na cama, o que me deixou atônito, pois nem de longe eu imaginava que estava morto. Depois de algum tempo, à medida que ficava mais e mais desperto, me dei conta que ao meu lado encontrava-se a minha falecida mulher, que sorria para mim com expressão de radiante felicidade. Aquele nosso encontro ocorria depois de uma longa separação, e foi ela quem me participou da surpreendente nova da minha morte e do fato de que eu estava

com ela em meio espiritual. Disse-me que há muitos dias estava vigilante à minha cabeceira, à espera do momento de acolher o meu espírito e conduzi-lo até a morada celeste.

Sentia-me cada vez mais fortalecido por uma vitalidade nova, como se todas as minhas faculdades voltassem a se manifestar em um momento de grande atividade, depois do longo torpor sofrido... Era um sentimento de beatitude difícil de descrever... Parecia-me ter-me tornado parte integrante da atmosfera que me rodeava. Então a minha mulher pegou as minhas mãos, e assim unidos nos elevamos através do teto, subindo cada vez mais para o alto no espaço. Entretanto, por mais que eu me afastasse do ambiente terreno, continuava a ter plena consciência de tudo o que acontecia em minha casa. Via a minha filha sentindo uma dor imensa, e o seu espírito estava tão profundamente atingido pelo sofrimento, que parecia interpor-se como uma sombria nuvem entre mim e ela e insinuava-se em meu ser provocando-me um sentimento doloroso de torpor. Desejo que se saiba que as crises de dor excessiva no leito de morte transformam-se em uma grande barreira que se interpõe entre os vivos, atingidos pelo sofrimento, e o espírito do desencarnado pelo qual eles choram. E trata-se de uma barreira real e insuperável, através da qual nós não podemos entrar em contato com quem se desespera por causa da nossa morte. E não é só. As crises de dor exagerada vinculam os espíritos desencarnados ao ambiente terreno, retardando o seu ingresso no mundo espiritual porque, se com a morte cessa toda e qualquer relação entre os espíritos dos defuntos e o organismo físico dos vivos, em contrapartida os espíritos dos mortos tornam-se extremamente sensíveis às vibrações do pensamento dos seus entes queridos. Aconselho, portanto, aos vivos que perderam alguma pessoa querida, não importa quão grande seja a perda e legítima a dor, que se mostrem fortes, custe o que custar, sufocando toda expressão de pesar e mostrando-se com o semblante sereno por ocasião do funeral. Comportando-se dessa maneira, eles trarão uma grande melhora na atmosfera fluídica que envolve os desencarnados, uma vez que a serenidade nos corações e nos rostos dos nossos entes queridos irradia vibrações luminosas que nos atraem, como a borboleta é atraída pela luz na noite, enquanto a dor irradia vibrações sombrias e nocivas para nós, as quais assumem a aparência de uma nuvem tenebrosa que envolve os nossos bem-amados. Lembrem-se de que somos extremamente sensíveis às impressões vibratórias que chegam até nós com a dor dos nossos entes queridos, o que acontece porque os nossos "corpos etéreos" estão afinados em uma escala vibratória altíssima, que não tem absolutamente nada em comum com a escala vibratória dos "corpos carnais"...

Aqui não se utiliza a palavra para conversar. Nós captamos os pensamentos nos olhos de quem conversa conosco, e este, por sua vez, capta em nossos olhos os nossos pensamentos. Dessa maneira, nós assimilamos o sentido da conversação dos outros de forma integral e perfeita, o que não pode ser feito na Terra...

Logo que cheguei ao mundo espiritual, senti de imediato a sensação de estar em minha casa. Tinham vindo me receber parentes, amigos e conhecidos, e todos faziam questão de me cumprimentar por eu ter chegado afinal. Era, portanto, natural que me transmitissem a impressão de que eu estava realmente em minha própria casa. Para me adaptar ao novo ambiente, precisei de um período de tempo menor do que eu teria necessitado na Terra para me adaptar a uma mudança de casa...

É muito fácil conseguir aqui as coisas que se deseja: basta pensar nelas e elas são criadas. Assim, é fácil compreender que ninguém pode desobedecer ao mandamento de Deus: "Não desejar as coisas do próximo". Aqui nada se compra com dinheiro e nada pode existir que tenha valor para outros a não ser para aquele que a criou para a sua necessidade, para o seu uso pessoal. E todos podem conseguir o que o vizinho possui, se assim o desejarem. Bem entendido que com isso refiro-me exclusivamente aos objetos materiais de todos os tipos. Digo "materiais" para ser claro, uma vez que tal expressão não se adapta às criações etéreas...

Esses os principais trechos do relato publicado pela *Light*. Como se vê, nele percebem-se as sempre presentes concordâncias a respeito do desencarnado que percebe o próprio cadáver no leito de morte, não sabe que está morto, vê-se em forma humana, e é recebido pela finada mulher e por um grande número de outros espíritos que conheceu e amou em vida. Além do mais, informa que no novo plano os espíritos conversam por transmissão do pensamento, e que o pensamento é força criadora, através da qual cada um pode conseguir o que necessita.

Em contrapartida, não há referências à fase do "sono restaurador", pela qual os espíritos passariam pouco depois da sua morte, nem ao outro fato tão frequente nas mensagens aqui comentadas, do desencarnado que tem a "visão panorâmica" de todos os acontecimentos da própria vida. Entretanto, do ponto de vista teórico, a omissão desses fatos não tem a mínima importância: antes de mais nada porque não se afirma que os desencarnados comunicantes devam fornecer sempre uma descrição total dos acontecimentos pelos quais passaram no momento da morte; depois, porque nem todos os espíritos têm necessariamente de passar pelas experiências às quais nos referimos; e, por último, porque a publicação da *Light* é uma reprodução fragmentária das mensagens do espírito comunicante. A esse respeito o diretor da revista observa que "por uma questão de concisão, havia suprimido a maior parte das informações mais ou menos familiares aos espiritualistas". É possível, portanto, que entre as informações suprimidas também estejam aquelas aqui consideradas.

Entre os trechos mencionados é interessante aquele no qual o morto comunicante informa que a dor exagerada dos vivos, no leito de morte de um ente querido, transforma-se em um obstáculo intransponível que interdita ao desencarnado toda e qualquer "relação psíquica" com aqueles que por ele choram, e ao mesmo tempo tal estado de espírito dos vivos influi negativamente sobre as condições espirituais do ser há pouco desencarnado. Conforme já mencionei nos comentários ao *Caso VI*, tais afirmações adquirem importância pelo fato de que um bom número de espíritos comunicantes afirmam exatamente a mesma coisa; dessa maneira, somos levados a refletir seriamente sobre a advertência que chega a nós do Além, sobretudo quando consideramos que as afirmações dos espíritos comunicantes mostram estar em perfeito acordo com as conclusões dos homens de ciência, para os quais tudo o que existe e se exterioriza no universo físico ou psíquico pode reduzir-se, em última análise, a um fenômeno de "vibrações"; e, assim sendo, deveremos então convir que parece bastante verossímil, quando não inevitável, que as vibrações inerentes a um estado de espírito de grande dor resultem penosas a um espírito há pouco libertado do corpo carnal, impedindo que ele entre em relação psíquica com os seus entes queridos e mantendo-o em ambiente terreno enquanto eles persistirem em seu comportamento negativo, ainda que involuntário.

Caso XV — Retirei-o da *Light* (1937, p. 293). A médica Margaret Vivian possui capacidades consideráveis de mediunidade para psicografar e as utiliza para fins de estudo, obtendo, com certa frequência, excelentes provas de identificação espiritual; ela se refere à seguinte mensagem, na qual um jovem amigo, morto em combate na Guerra do Transvaal, descreve as circunstâncias da própria morte. A doutora dirigira ao desencarnado a seguinte pergunta:

— Ontem li o relato do doutor Wilde, que, após estar praticamente morto, foi milagrosamente reconduzido à vida. O que você acha da descrição que ele faz das próprias impressões sobre a crise da morte?

(Espírito) — Farei o melhor que puder para contar a você as minhas próprias impressões a respeito, para que possa compará-las com aquelas de quem está me falando, e que eu fiquei conhecendo através da sua mentalização. As minhas impressões foram consideravelmente diferentes, pois eu fui morto quase instantaneamente.

Num primeiro momento eu via a mim mesmo, ou melhor, sentia-me fora do corpo físico, mas sem corpo espiritual perceptível, que, porém, à medida que o processo de separação progredia, foi se condensando, assumindo uma forma visível e definida. Uma espécie de cordão fluídico que saía da cabeça mantinha-me vinculado ao corpo físico, e eu fazia grandes esforços para me livrar dele. Quando afinal o consegui, encontrei-me como que suspenso no ar sobre o campo de batalha, de onde via, ansioso, as fases dramáticas da luta. Entretanto, caí rapidamente em condições de inconsciência e, ao despertar, encontrei-me em uma espécie de corredor de hospital, onde enfermeiros me explicaram que eu tinha morrido em combate, e que estava no mundo espiritual. Depois disso, permaneci por mais um longo tempo em estado de torpor, e me foi dito que aquilo era necessário para me libertar da força de atração que o ambiente terreno exercia sobre mim, atração que era consequência inevitável da morte violenta por mim sofrida. E, de fato, toda vez que eu despertava daquele estado de torpor, sentia-me cada vez mais bem harmonizado com o novo ambiente e a nova vida.

Foi para mim uma grande surpresa quando me dei conta de que eu podia me dirigir para onde quer que desejasse em breves instantes, e que bastava eu querer ir para um determinado lugar para ali chegar como que por encanto.

Tal maravilhosa capacidade de transporte espiritual torna os meios de locomoção de vocês comparáveis aos dos caracóis. Naturalmente as minhas primeiras visitas foram para a frente de batalha, pois estava ansioso por saber como os meus companheiros estavam se saindo. No começo não me foi fácil ver o que acontecia na Terra, pois da mesma forma que vocês não podem ver o nosso mundo, assim é para nós impossível penetrar com o olhar a camada espessa e escura que envolve o mundo de vocês. Nesse meio tempo, veio me assistir um espírito com bastante experiência, e então consegui sintonizar as vibrações do meu corpo etéreo com as do plano terreno. Feito isso, foi-me possível assistir do alto ao drama assustador da guerra e em consequência disso fiquei tão desconcertado e desgostoso que durante longo tempo não mais retornei à Terra.

De resto, eu não tinha na Terra vínculos afetivos, ou de qualquer outra natureza, fortes o suficiente para me induzirem a retornar, enquanto estava ansioso para aprender as primeiras noções a respeito da vida espiritual, uma vez que a isso me impelia o fato de eu haver encontrado numerosos amigos que tinham se oferecido para me dar as instruções necessárias.

Eu tinha vivido totalmente absorto nos fatos da vida prática e nada sabia sobre a existência espiritual. Se alguma vez pensei a respeito do mistério do Além, isso acontecera de um ponto de vista puramente agnóstico: ou seja, concluíra que ninguém tinha condições de falar do assunto com conhecimento de causa. Assim passou-se algum tempo antes que eu chegasse a me harmonizar com o novo ambiente, no qual me sentia desorientado e perdido, apesar de contar com a companhia de amigos que, como eu, haviam sido atirados bruscamente no mundo espiritual por causa da guerra, e com os quais falava longamente sobre o novo estado em que nos encontrávamos, para surpresa de todos.

(Doutora Vivian) — Por que razão? Você, então, não contava com um guia espiritual?

(Espírito) — Sim, todos têm um "guia" que os ajuda a familiarizar-se com o ambiente espiritual, mas nas condições em que eu estava era como pretender que um homem voasse. Para aprender, é preciso tempo e paciência... De qualquer forma, não demorei muito a me ajustar às novas condições de existência, que achava supremamente interessantes. Eu possuía uma casa minha, que mamãe havia preparado para mim. Não era grande, mas tinha um jardim lindo à sua volta, e nele cresciam flores e frutos de uma natureza que eu desconhecia. A esta altura eu já havia melhorado e deixei mais bonitos o jardim e a casa. Compreende-se agora que todas as coisas existentes no plano espiritual são sólidas, solidíssimas para quem nelas habita, levando-se em consideração que nós não somos constituídos pela mesma substância que tínhamos na Terra. Em contrapartida, o mundo de vocês surge a nossos olhos como o país das sombras destituídas de consistência.

Eu percebia com uma certa frequência "chamadas" sob forma de pensamentos afetuosos a mim dirigidos pelos amigos terrenos, mas como fazer para retribuí-los? Quis me informar se tal coisa era possível e fiquei sabendo que havia meios pelos quais era possível entrar em contato com os vivos. Logo me associei a um grupo de espíritos experientes no assunto e verifiquei que após um paciente exercício era possível escrever com a mão dos vivos, falar de viva voz com eles e até mesmo manifestar-se em "pessoa". Achei tais experiências enormemente interessantes e logo me iniciei em sua prática com o auxílio dos espíritos experientes, mas também fui rapidamente detido por um inconveniente que eu não havia considerado, ou seja, a apatia dos vivos a esse respeito. Verifiquei que uma grande parte deles estava por demais voltada para o acúmulo de dinheiro, o que os deixava sem tempo de se ocupar com o assunto, enquanto as pessoas religiosas, das quais seria lógico esperar um grande interesse por ele, estavam imbuídas de tão arraigados preconceitos a ponto de se recusarem, com horror, a analisar o assunto. Portanto eu ficava surpreso ao verificar que era considerado um enviado de Satanás! Eu, que me esforçava por prestar um serviço aos vivos, ensinando-lhes algo de concreto a respeito da vida espiritual que eles tinham pela frente! E, comportando-me assim, eu pretendia assumir como parte do meu dever a regeneração da humanidade. Na verdade, é triste verificar a existência de tamanhas perversões de julgamento, e mais triste ainda assistir a tanta indiferença em relação a um tema que, sem sombra de dúvida, é o mais importante que o ser humano poderia imaginar. É como se um indivíduo que está prestes a se mudar para a Nova Zelândia não se desse ao trabalho de consultar um atlas para verificar em que direção se encontra o país para onde ele vai. E o que é pior: uma grande parte dos vivos não se interessa nem mesmo por saber se existe ou não uma outra vida!

Apresso-me em declarar que compartilho plenamente do estupor do espírito comunicante em relação à estranha, inexplicável e inqualificável indiferença dos homens por tudo o que se refere à possibilidade de se demonstrar experimentalmente, cientificamente, com base nos fatos, a sobrevivência do espírito humano. E ainda por cima são as pessoas cultas que manifestam de uma forma mais acentuada tão espantosa indiferença. De fato, qualquer pessoa que se ocupe com pesquisas mediúnicas deve ter observado que no círculo dos próprios conhecidos há um bom número de indivíduos, de ambos os sexos, bem como de leitores apaixonados de romances, que, mesmo admitindo benevolamente que as manifestações dos espíritos conseguirão um dia provar aos vivos, com base nos fatos, a sobrevivência do espírito humano, com tudo isso são inúteis todos os esforços de dialética voltados a persuadi-los a querer ler algum livro no gênero — leitura que estes vorazes leitores de romances qualificam como indigesta, pesada, tediosa, e isso sem jamais terem feito nenhuma tentativa neste sentido. No entanto, se porventura se chega a convencê-los de que estão errados sobre este último ponto, então respondem candidamente que não têm interesse pelo assunto. Ou seja, a leitura de um romance vazio de significado tem o poder de apaixoná-los, enquanto um livro destinado a demonstrar, fundamentado nos fatos, que o espírito deles sobreviverá à morte do corpo entedia-os a ponto de não terem paciência para começar a leitura. Repito que o que mais surpreende é o fato de que se trata de pessoas inteligentes e cultas, as quais têm o hábito da leitura, bem como muito tempo disponível para se dedicar a ela. No entanto, preferem acomodar-se, contentando-se com romances inúteis, pois não trazem uma migalha sequer em termos de aproveitamento para a cultura propriamente dita. E se fazemos a última tentativa capaz de interessá-los, apesar de tudo isso, dando-lhes algo para ler sem que o peçam, como algum importante tratado de metapsíquica — escolhido entre os mais fáceis e ao mesmo tempo entre os mais agradáveis, no sentido desejado pelos leitores de romances —, tem-se a mortificante surpresa de verificar que passados diversos meses eles ainda não tiveram tempo sequer de abrir o livro.

Ora, percebe-se em tudo isso um enigma psicológico interessante, que renuncio a tentar desvendar, sobretudo se se considerar que, em contrapartida, há um bom número de pessoas cultas e incultas que manifestam uma pronta e verdadeira compreensão intuitiva sobre a importância imensa, social e moral, da nova *Ciência das Almas*.

Estando assim as coisas, vou me limitar a concluir transcrevendo a esse respeito a opinião do professor Hyslop, que observa com perspicácia como tal indiferença demonstra que, para assimilar e avaliar a importância desse ramo do conhecimento não basta ser inteligente e culto, ou mesmo muito culto: é preciso, antes de mais nada, maturidade para assimilar e avaliar o seu conteúdo. Há mentalidades cultas e incultas que se mostram literalmente despreparadas e refratárias sobre o assunto. Isso se verifica principalmente entre as pessoas cultas, e por causa de preconceitos enraizados, científicos ou religiosos que tornam as cabeças deles literalmente fechadas para acolher conclusões contrastantes com aquelas profundamente arraigadas em seus cérebros.

Assim diz o professor Hyslop. Por minha conta, acrescento que, para completar tal opinião, sem sombra de dúvida verdadeira, seria oportuno observar que a indiferença manifestada ao mundo espiritual pelos vorazes leitores de romances tem uma natureza diferente, originando-se de uma superficialidade de pensamento, bem como de uma total deficiência de capacidade de reflexão, de sentido filosófico, decorrentes de um bloqueio no desenvolvimento dos centros cerebrais superiores em que se elaboram as faculdades de abstração.

Passando a analisar o conteúdo da mensagem em questão, observo as habituais consonâncias acerca das informações relativas à crise da morte e ao ambiente espiritual e destaco a circunstância rara de um moribundo em condições de "desdobramento", que percebe que o próprio espírito está vinculado ao corpo por um cordão fluídico surgido da cabeça. Como é sabido, em geral apenas aos sensitivos videntes é dado contemplar esse último detalhe *no leito de morte de terceiros*. Disso resulta que, quando uma tal experiência acontece com o próprio espírito em vias de deixar o corpo, ela é excepcional. Em geral, no entanto, durante o processo em questão, o espírito deveria encontrar-se em condições de inconsciência. Mas, como não pode haver regra sem exceções, assim no nosso caso poderíamos deduzir que se trata de uma exceção consecutiva às condições especialíssimas em que ocorreu a passagem do espírito comunicante, morto instantaneamente no campo de batalha. Isso provocou a saída imediata do espírito de um corpo físico despedaçado, ainda antes que o "corpo etéreo" tivesse tempo de se exteriorizar e de se condensar; como consequência, o espírito encontrou-se por alguns instantes consciente fora do "corpo físico" e desprovido do "corpo etéreo", chegando dessa maneira a observar os processos da própria desencarnação, incluindo-se aí o detalhe do "cordão fluídico" que vincula o corpo físico ao corpo etéreo durante os processos de desdobramento.

Caso XVI — Extraí-o de um livro publicado na Inglaterra sob o título *From Four who are Dead* (De quatro que estão mortos).[14] O que os quatro desencarnados têm a dizer sobre a existência espiritual não só concorda com o que todos os demais que os precederam disseram (e isso apesar de a sensitiva, através da qual se manifestavam, ignorar literalmente a literatura do gênero), como também o livro é um resumo eficaz das revelações fundamentais já feitas por muitos outros a respeito da existência espiritual.

> A minha atitude diante das pesquisas psíquicas e do psiquismo em geral (incluindo nesta última expressão também as crenças religiosas) era a do mais radical agnosticismo. Os conhecimentos humanos a respeito pareciam-me tão rudimentares que não justificavam uma opinião qualquer. Muitos sentem a necessidade de criar para si uma hipótese que explique o mistério do ser, mas eu não sentia de forma alguma a necessidade de confortar o meu espírito nesse sentido, recorrendo aos "espíritos"... E esse estado de ânimo persistira até a idade de 30 anos: as minhas atividades eram muito intensas, e eu vivia exclusivamente no presente...

Por fim, uma grande dor, ocorrida de repente, veio entristecer a existência da senhora Dawson-Scott e valeu para despertar nela algum interesse pela questão da vida depois da morte. O marido da escritora, que era médico, voltara da guerra em condições de esgotamento nervoso, o que foi agravado pelo fato de que em sua família existia uma forma hereditária e deprimente de melancolia (*Spleen*). Disso resultou que um dia o doutor Scott tirou a própria

---
[14] *Messages to C. A.* Dawson-Scott, Londres, 1926, p. 192.

vida ingerindo uma dose de ácido prússico.

Foi por causa dessa grande dor que a senhora Dawson-Scott começou a se interessar pelas experiências mediúnicas que as irmãs Shafto, que ela conheceu naquela época, faziam em casa. A viúva foi visitá-las e participou de uma sessão tiptológica, durante a qual o marido manifestou-se a ela fornecendo provas de identidade e aconselhando-a a tentar escrever mediunicamente. Em poucas palavras: ela seguiu o conselho, obtendo rapidamente o poder de se comunicar psicograficamente com ele.

Com base no que se expôs, o que se deve sobretudo ter em mente é o fato, teoricamente importantíssimo, de que a senhora Dawson-Scott começou a escrever mediunicamente mesmo não tendo nenhum conhecimento anterior acerca da doutrina espírita. Apesar disso, as mensagens mediúnicas conseguidas por ela são uma admirável síntese do que afirmaram — e afirmam — constantemente muitas outras personalidades mediúnicas em cada país.

É bom lembrar que este já é o quinto caso aqui considerado em que os médiuns, através dos quais foram obtidas longas mensagens sistemáticas de revelações transcendentais, nada conheciam a respeito da doutrina espírita e da fenomenologia metapsíquica. Acrescente-se que no caso em questão, como já nos outros quatro casos (*V*, *VIII*, *IX* e *XII*), as médiuns haviam ditado as mensagens na solidão dos seus estúdios. Com base nisso, vale dizer que fica excluída também a possibilidade teórica, um tanto fantástica, segundo a qual os seus inconscientes teriam captado os conhecimentos demonstrados por elas dos inconscientes dos presentes.

Deixando isso bem claro, passo a relatar aquilo que o marido desencarnado veio a contar sobre a sua entrada no mundo espiritual. A senhora Dawson-Scott pergunta ao espírito comunicante:

— Fale-me das suas impressões quando se separou do corpo.

(Espírito) — Quando despertei, encontrei-me em um novo ambiente e fiquei extraordinariamente surpreso por me sentir vivo, pois lembrava-me de ter ingerido o veneno. Olhei à minha volta e observei uma mudança geral na aparência das coisas que me rodeavam. A atmosfera também não era mais a mesma. Tudo estava diferente: as casas tinham um aspecto evanescente; as árvores pareciam sombras. Tentei apalpar uma delas, e a mão mergulhou

no tronco. Observei que, no local onde o tronco da árvore se encontrava, eu percebia um sentido de movimento intenso, como se ali existisse uma aglomeração de átomos infinitesimais agitados por movimentos em vórtices.
(Mrs. Dawson-Scott) — O seu corpo devia estar naquele lugar.
(Espírito) — Eu tinha uma vaga consciência disso, mas não prestei atenção ao fato na hora. Fui para o hospital e verifiquei, com surpresa, que eu me locomovia sem caminhar. Entrando no hospital, observei que, apesar de ver as enfermeiras e os doentes, eles pareciam sombras para mim, enquanto em meio a eles eu vislumbrava muitos personagens de formas distintas, que, no entanto, eu não conhecia. Esses personagens se deram conta de que eu olhava para eles com expressão perdida e se apressaram a vir perto de mim, dirigindo-me a palavra e dando-me as boas-vindas com expressões afetuosas. Durante longo tempo percebi que na realidade eles não falavam comigo, mas sim me transmitiam seus pensamentos. Pouco depois afastei-me do hospital, dirigindo-me para um espaço ao ar livre, na companhia dos mesmos personagens, através dos quais fiquei sabendo que me encontrava em ambiente espiritual. Tudo o que eu via à minha volta era extraordinariamente interessante, surpreendente, tranquilizador. A atmosfera parecia radiante. Eu me sentia revigorado e leve de espírito, bem como feliz e satisfeito com a novidade do ambiente e com o elevado grau de felicidade que via refletidos nos rostos dos personagens que estavam à minha volta. Estes, como que competiam para me dar demonstrações de sua amizade, revelando ter as mais delicadas atenções comigo e chamando a minha atenção para as belezas do mundo em que estávamos. Não demorei muito para fazer bons amigos entre eles.
Eu tinha notado que os novos personagens, em meio aos quais eu estava, conseguiam obter as coisas de que necessitavam criando-as com a força do pensamento. Experimentei fazer o mesmo pensando em mim da forma como eu era em vida e encontrei-me na mesma hora "vestindo" o meu antigo corpo. Logo pensei nas roupas que usava e me vi vestido, tendo nos bolsos os objetos que costumava usar... No entanto, o que mais me surpreendia era a velocidade com que eu me transportava. Pensava em mim mesmo num determinado lugar e ali me encontrava no mesmo instante. Não precisava caminhar,

e para o meu transporte de um local a outro não havia passagem de tempo: o fato ocorria imediatamente, como na fábula do "tapete verde" (p. 68-72).

(Mrs. Dawson-Scott) — O que faziam aqueles personagens espirituais?

(Espírito) — Preparavam a sua própria evolução. Eles todos eram espíritos de desencarnados que aqui chegaram muito "deteriorados" pelo ambiente terreno. Todos tinham sido pessoas com grandes possibilidades intelectuais, que em ambiente terreno não puderam ser desenvolvidas, e agora prestavam uns aos outros recíproca assistência, a fim de predispor a evolução das possibilidades intelectuais neles latentes. O meu desenvolvimento intelectual na Terra também fora fortemente atrasado por causa da "melancolia" que me oprimia; por essa razão senti-me feliz em cooperar com os outros para a evolução comum. Que imensa alegria sentimos ao verificar que as próprias capacidades espirituais se revigoram, que certos dotes intelectuais possuídos, e dos quais tinha-se em vida uma vaga consciência, existem efetivamente e podem agora ser desenvolvidos e utilizados! Sentimo-nos pela primeira vez homens úteis para alguma coisa. E isso não é apenas um conforto, mas um estímulo para a ação...

... "Dê a nós o pão de cada dia", não é mais uma oração que dirigimos a Deus; o nosso alimento é espiritual, e a nossa mente pode aproveitar-se disso livremente. Ainda assim, quando se chega ao ambiente espiritual, fica-se durante um certo tempo subjugado pelos preconceitos e pelas inibições sensitivas adquiridas durante a existência terrena. Mas não demoramos a nos libertar disso inteiramente diante da grande realidade da existência espiritual.

A causa principal de tantos crimes no mundo dos vivos não mais existe aqui. Quero dizer a necessidade de se alimentar. Ou, antes, nós não temos necessidade de nos alimentar no sentido preciso da palavra, embora aqueles que dentre nós ainda desejarem saborear a satisfação de se alimentar poderão prover para si tal sensação... (p. 73-74).

Não tirarei outras citações do texto.

Apesar de os leitores terem a capacidade de avaliar por si mesmos as constantes e habituais concordâncias existentes em cada episódio citado, colocado em confronto com os outros análogos relatados anteriormente, não será inútil passar alguns deles em rápida resenha.

Observe-se, por exemplo, que no caso em questão as primeiríssimas impressões do desencarnado se referem à circunstância de dar-se conta de que não caminhava mais, mas transportava-se sobrevoando o solo; que os vivos pareciam-lhe sombras, e os espíritos, substanciais; que, conversando com estes últimos, julgava ele que lhe dirigiam a palavra, enquanto na realidade transmitiam-lhe seus pensamentos. Observe-se que não demorou a chegar para ele também a surpresa máxima: a de perceber que os personagens com os quais se encontrava conseguiam obter tudo de que precisavam com a força do pensamento. Atente-se para o fato de que ele próprio compreendeu que bastava-lhe desejar estar em algum lugar para ser transportado até lá no mesmo instante. Por fim, veja-se que ele também não demorou para dar relevo ao fato de que numerosos espíritos de desencarnados, permanecendo dominados pela necessidade de satisfazer hábitos inveterados contraídos em vida, podiam procurar a sensação que desejavam em virtude da força criadora do pensamento.

Além de tudo isso, é bom notar o habitual e matemático funcionamento da grande "lei de afinidade", segundo a qual todo semelhante, tendo fatalmente de gravitar rumo ao próprio semelhante, fez com que no caso do doutor Scott ele viesse a tomar parte de uma fileira de espíritos "chegados ao ambiente espiritual muito deteriorados pelo ambiente terreno, no qual não tinham podido desenvolver as suas possibilidades intelectuais". E, como eles não tinham nenhuma responsabilidade sobre tais deficiências evolutivas, disso resultou que o ambiente em que veio a gravitar o doutor Scott não pertencia a um estado espiritual inferior, sendo, ao contrário, um ambiente radioso como se exigia, a fim de estimular à ação os espíritos que ficaram atrasados, sem ter culpa disso. Tudo isso dá oportunidade para se mencionar um fato que deve ser esclarecido a respeito do doutor Scott, que estaria em ambiente espiritual "de luz", apesar de ter morrido suicidando-se, e que estaria em flagrante contradição com as afirmações unânimes das demais entidades espirituais, segundo as quais severas sanções aguardam aqueles que se tornam culpados de semelhante covardia diante das provas que o destino nos reserva, e que seria nosso dever enfrentar com espírito forte.

A sensitiva, Mrs. Dawson-Scott, ignorava a existência de tal contradição nas mensagens obtidas, mas pessoas amigas chamaram sua atenção para isso, e ela pediu explicação ao desencarnado comunicante, que respondeu nos seguintes termos:

> Isso acontece porque existe um outro fator a ser levado em consideração: aqui nós não temos de forma alguma a mesma opinião a respeito de um grande número de questões. Eu só lhes contarei as minhas experiências pessoais, e portanto disse ter sido recebido festivamente no mundo espiritual, onde ninguém me fez nenhuma pergunta a respeito da minha morte. Acrescentei que as minhas primeiras impressões foram de alegria por ter me libertado do corpo. Isso não impede que um outro espírito possa olhar as coisas de um ponto de vista diferente, ou seja, que a um outro espírito, nas minhas condições, poderia acontecer um destino diferente. Enfim, o que exprimi foi a minha experiência pessoal, e nada mais... (p. 107).

Essa resposta não esgota o tema, mas em compensação fornece uma explicação posterior sobre uma grande verdade que o espírito do doutor Scott esforça-se repetidamente para introduzir na mente da própria esposa, ou seja, que os espíritos desencarnados, longe de se mostrarem oniscientes, fazem julgamentos com base em sua experiência pessoal, exatamente como ocorre no nosso mundo. Disso resulta que os conceitos expressos pelo médico devem ser recebidos com reservas, uma vez que representam apenas as opiniões pessoais, ou as experiências particulares de quem pode eventualmente saber mais do que nós acerca de assuntos especiais, nada mais do que isso. No nosso caso nota-se que o espírito que se comunica, ao descrever o ambiente radioso em que se encontrara, parecia subentender, ou tendia a concluir, que o mesmo destino agradável caberia aos outros espíritos de suicidas e, por conseguinte, que a aplicação voluntária da morte não atraía para si sanções graves na existência espiritual. Na realidade, as coisas são bem diferentes, mas a verdade escapara ao espírito do doutor Scott, uma vez que ele não havia refletido sobre a circunstância de que, se ele se encontrava em ambiente "de luz", apesar de ter consumado o suicídio, isso se devia ao fato de que *ele não era responsável pelo ato insano*: em seu caso, isso fora consequência de uma enfermidade psíquica hereditária, conhecida em psiquiatria com o nome de "melancolia", a qual termina com certa frequência em um acesso de "mania suicida".

Isso me parece suficiente para eliminar a única aparente contradição existente nas mensagens em questão, relacionadas aos ensinamentos ministrados pelas outras entidades espirituais.

* * *

A esta altura eu já poderia concluir este comentário, mas como no início deixei claro que no livro de Dawson-Scott estavam resumidas de uma maneira eficaz as formas de vida espiritual (o que se deve às insistentes perguntas que a médium dirigia aos desencarnados comunicantes), optei por extrair aqui e ali, no livro, algumas informações escolhidas entre as que mais comumente poderiam surgir na mente dos leitores que estão estudando o tema pela primeira vez.

Antes de qualquer coisa, considero oportuno introduzir algumas observações de Mrs. Dawson-Scott a respeito das causas que com muita frequência determinam alterações e mal-entendidos nas mensagens dos espíritos. Ela escreve:

> O doutor Geley (um dos desencarnados comunicantes) informa em suas mensagens que "os espíritos, no ato de se comunicar, encontram grandes dificuldades para harmonizar as suas radiações-pensamentos com as vibrações da mente dos médiuns, e em consequência as mensagens resultam com frequência vagas ou alteradas". Essa é provavelmente a razão pela qual notam-se trechos mais ou menos incoerentes ou incompletos nas próprias mensagens. O meu marido explica por sua vez: "Eu transmito a você informações que você não assimila. Como não pode compreendê-las, você não as capta e não as divulga". E, se assim é, então, quando obtemos informações que parecem em contradição entre si, deveríamos concluir que provavelmente o espírito transmitiu mais do que nós conseguimos assimilar e transcrever. Em compensação nos é informado que, se a mensagem transmitida de uma forma imperfeita era importante, os espíritos nunca deixam de transmiti-la outras vezes, até haver a necessária clareza ou coerência.
> Também já tinha observado que algumas informações por mim recebidas diferiam mais ou menos das informações correspondentes obtidas por outros médiuns; isso me deixava embaraçada. Mas William Stead (um dos quatro desencarnados comunicantes) explicou: "O caos da literatura mediúnica depende de causas múltiplas. Antes de mais nada é-nos difícil transmitir exatamente o nosso pensamento, uma vez que na passagem através do cérebro da médium ele é mais ou menos alterado. Entretanto,

além disso há infelizmente os falsos médiuns e os pseudomédiuns. Os primeiros fraudam, os segundos elaboram romances de forma inconsciente. Por fim, é oportuno levar em consideração as opiniões pré-concebidas que vocês têm sobre a existência espiritual, que, por serem solidamente enraizadas em seus cérebros, são substituídas automaticamente, sem que os médiuns saibam que estão modificando aquilo que nós de fato transmitimos. E, como se tudo isso não bastasse, você deve sempre ter em mente que nós existimos em condições de ambiente as mais diversas e que estamos longe de pensar todos da mesma maneira; por isso, o que é verdadeiro para um determinado grupo de espíritos, ou mesmo para um único espírito comunicante, não é verdadeiro para um outro grupo, ou outros espíritos comunicantes... (p. 36-37).

Dito isso, passo a reunir alternadamente informações sobre a existência espiritual do modo como foram transmitidas para a médium pelos quatro desencarnados comunicantes.

(Mrs. Dawson-Scott ao marido desencarnado) — A minha mente está cheia de perguntas que eu gostaria de dirigir a você a respeito do mundo espiritual.
(Espírito) — Procure formulá-las claramente.
P. — Todas as pessoas que você conheceu na Terra estão com você no ambiente espiritual em que vive?
R. — Não. Muitos já partiram.
P. — Para onde?
R. — Não sei.
P. — Você também terá de partir antes da minha chegada?
R. — Não.
P. — Isso me agrada. Aqueles que se vão sofrem talvez uma espécie de segunda morte?
R. — Algo equivalente, mas sem "sombra de sofrimento" (p. 44-45).
P. — Você me disse na outra noite que as vibrações do "corpo etéreo" são muito mais rápidas do que as do corpo físico. Bem, as nossas vibrações criam a matéria. E as de vocês?
R. — Nós não somos sólidos no sentido que vocês o são, mas o nosso corpo também é sólido para nós, e somos nós que o criamos pelo pensamento. Disso resulta que o nosso corpo é a reprodução do corpo físico no período do seu maior vigor, com melhoramentos e aperfeiçoamentos.

Eu melhorei muito a esse respeito, mas você me reconheceria da mesma maneira.

P. — Vocês vivem em casas?

R. — Nós não temos necessidade de nos proteger das intempéries, mas desejamos igualmente possuir um refúgio nosso, pessoal, um refúgio para onde voltar quando sentirmos o desejo de um período de descanso.

P. — Vocês também devem ter algum tipo de disciplina moral, não é?

R. — Certamente, mas aqui a moral social é fácil, porque nós somos libertados das obsessões da carne. Nós aprendemos e assim nos aperfeiçoamos, uma vez que a nossa verdadeira natureza revela-se progressivamente. As nossas capacidades intelectuais, que frequentemente permanecem sufocadas durante a vida terrena, emergem e se desenvolvem. Muitos são aqueles que chegam aqui deprimidos, deteriorados, e em consequência irritados, desiludidos, infelizes. Mas aqui os espera a Luz e a saúde do espírito. Aqui voltam a se encontrar em ambiente que favorece o seu desenvolvimento espiritual, em vez de deprimi-los, e isso se determina em todas as direções possíveis: o que estávamos destinados a ser, aqui o alcançamos (p. 55).

P. — No que se transformam as pessoas de inteligência limitada?

R. — Permanecem o que eram. Uma pessoa de inteligência limitada não se transforma certamente em uma inteligência excelsa pelo fato de ter desencarnado. Entretanto, tal pessoa será feliz a seu modo, no mundo espiritual, de forma que mesmo uma flor possui um sentido de felicidade próprio. De qualquer maneira, mesmo para tais individualidades, há maiores possibilidades de desenvolvimento no mundo espiritual, possibilidades que no devido tempo serão despertadas.

P. — E os loucos?

R. — A loucura é uma doença do órgão do pensamento, não do espírito. As pessoas que foram loucas em vida nada se lembram do tempo passado nesse estado, a não ser por uma vaga impressão de que em suas vidas existe uma lacuna obscura mais ou menos ampla, mais ou menos prolongada. Mas a mente delas readquire a sanidade com a entrada em atmosfera espiritual (p. 59-60).

P. — Quais são as ocupações de vocês?

R. — O nosso tempo não é dividido pelo dia e pela noite nem pelos anos solares. É sempre igual, e não há estações.

As nossas ocupações são as que mais se adaptam às nossas capacidades, e há abundância de escolha. Quando sentimos o desejo de mudar de atividade, basta-nos escolher uma outra tarefa ou então buscar descanso em nossas casas; mas tudo o que fazemos é sempre espontaneamente escolhido, e assim sentimos sempre prazer e satisfação em fazê-lo (p. 61).

Sobre o mesmo tema das ocupações no mundo espiritual, outro dos quatro comunicantes, George Dawson, marido da médium, que em vida havia sido escritor e músico amador, assim se expressa:

> Você deve pensar em nós como seres felizes que estão agradavelmente empenhados em trabalhos equivalentes aos executados na Terra, mas com poderes muito maiores e sem os impedimentos que dificultavam as nossas vocações na Terra... (p. 138).
>
> Nós trabalhamos porque desejamos trabalhar: as nossas energias centuplicadas nos fazem desejar o trabalho, desejo do qual eu, infelizmente, carecia grandemente na Terra; mas na vida terrena o que me fazia realmente falta era a energia, que é sinônimo de atividade (p. 134).
>
> ... Para nós também a evolução é um processo lento. Temos muitas, muitíssimas coisas a aprender, mas o ato de aprendê-las resulta para nós num vivo prazer. O exercício dos nossos poderes e o desenvolvimento das faculdades nascentes despertam em nós um supremo interesse. A nossa felicidade é a mesma do estudante que ama a ciência à qual se dedica. Não imagine, porém, que a nossa existência consiste unicamente no trabalho sem distrações e recreações. Nós temos os nossos intervalos para relaxar, os nossos períodos de descanso, de viagens, de lazer de todo tipo, com alternativas de mudança de um trabalho agradável para um outro ainda mais interessante e absorvente... Não é possível, no entanto, dar uma ideia aos vivos daquilo que na verdade são as ocupações de um espírito livre do peso do corpo físico e das necessidades que este tem (p. 90).
>
> P. — E você, o que faz?
>
> R. — O equivalente a quem escreve dramas, poesias e música no mundo terreno. A qualidade da produção depende das capacidades nesse sentido da nossa inteligência; no entanto, a produção não é difícil como quando era preciso passar pela sequência do órgão cerebral (p. 115).

P. — Mas como vocês fazem para compor novelas ou dramas se no lugar em que estão não se utiliza mais a palavra?

R. — É uma questão de percepção. Os nossos autores formulam a cena da própria novela e nós percebemos exatamente o espetáculo que eles formularam com o pensamento e vitalizaram com a tonalidade emocional que são capazes de infundir nas criações da sua mente.

P. — Eu sabia que vocês formulam e concretizam os pensamentos, mas não sabia que era possível formular e concretizar também as emoções.

R. — As emoções são expressas em termos de variações de luz e de cor. As diferentes emoções infundem, na ação representada, calor, cor, riqueza de sentimentos, profundidade de concepções. O pensamento é construtivo, a emoção é a luz que anima o pensamento. Aqueles que são capazes de infundir profundas emoções em seus pensamentos-criações produzem ações palpitantes de experiências vividas, lá onde o pensamento serenamente expresso brilha apenas de branca luz (p. 92).

... Nós não temos livros, mas os pensamentos são coisas, enquanto no mundo de vocês os pensamentos não têm consistência... Os nossos pensamentos, se formulados com a necessária energia, tornam-se criações permanentes, as quais assumem forma e consistência. De certa maneira, eles vivem (p. 116).

Eu aqui sou também um artista, ainda que não de primeira grandeza. Crio quadros, além de comédias e poemas. Aqui também a pintura é literalmente uma pintura. Nós a pensamos intensamente, e o pensamento se exterioriza e permanece... tornando-se visível a todos os espíritos. Eu vou com frequência contemplar as visões de beleza que outros espíritos pintores, muito mais hábeis do que eu, criaram pensando-as. Quanto às minhas visões pictóricas, eu as projeto em figuras individuais e algumas vezes em quadros de ação complexos.

Quanto aos livros, como disse a você, nós não os temos, mas as novelas, os dramas, os romances nós os vemos representados de verdade, e observamos e ouvimos o seu desenrolar do início ao fim. Na Terra as artes são distintas, radicalmente diferentes, e a causa disso está no fato de que os meios materiais para exteriorizá-las também são diferentes. Aqui, ao contrário, elas são quase permutáveis. A música é emoção, um romance é emoção personificada, uma comédia ou um drama são emoções em ação; a pintura projeta uma emoção, e a poesia e a música são dois aspectos da própria arte. Entretanto, todas as artes têm como fundamento um ritmo matemático, que no mundo espiritual constitui a base fundamental de todas, tomando o lugar da tela ou da paleta, da corda ou do instrumento musical... Por minha conta, ocupo os meus dias felizes dando forma às minhas ideias de beleza. Eu não sou um grande artista, mas esta continua sendo a minha vocação; ou seja, aquela ocupação para a qual eu sou mais apto (p. 117-118).

P. — E quando a arte não é de primeira ordem, o que acontece?

R. — Torna-se uma "estrela cadente": brilha por algum tempo e depois se extingue. Naturalmente a esperança de todo artista é chegar a criar obras permanentes.

P. — A sua produção artística é melhor do que quando você estava na Terra?

R. — Oh, infinitamente melhor, mas aqui o ideal da arte é muito mais perfeito... uma vez que a arte é a essência espiritual do Ser. No entanto, vamos deixar bem claro: não é o Ser... (p. 117-118).

Outro parente da médium, Henry Dawson, jornalista e escritor, observa a respeito do mesmo tema:

Nós percebemos, aqui, os protagonistas de um romance de uma forma quase real: é como se as experiências pelas quais passam acontecessem de fato diante de nós. A arte dessa natureza é a expressão vital do espírito que a criou, assim como o seria um filho no mundo de vocês. Enfim, é algo que existe realmente. Mas, uma vez criada, ela se torna independente do Ser que a gerou, assume importância de entidade em si e, como tal, torna-se propriedade de todos... A arte em nosso ambiente dá a medida do grau evolutivo alcançado pelos espíritos existentes em cada Esfera... (p. 135-136).

No que se refere à música, quem responde é ainda George Dawson, que em vida era um talentoso violinista amador. A médium pergunta:

P. — No que se tranforma a música no mundo de vocês?

R. — Em ambiente terreno a música se exprime com os sons, mas nós não possuímos o sentido da audição, portanto, percebemos a música, uma vez que o som por si só não é necessariamente a música. A música é ritmo, e nós percebemos as vibrações do ritmo e em consequência os temas gerados pelo ritmo e o esquema do trabalho musical. Enfim, nós percebemos a música muito mais profundamente do que vocês podem fazê-lo com o sentido da audição. Mas vocês não têm condições de conceber que a nossa faculdade de percepção é a subordinação do sentido da audição. Reflitam: caso viessem a ser suprimidos os sentidos que têm da visão e da audição, ainda ficariam em vocês a "visão mental" e a "clariaudiência". Em tais contingências, vocês diriam estar vendo e ouvindo com o espírito, e nos sonhos vocês já veem e ouvem com o espírito... (p. 127-128).

... Portanto, vocês deveriam ser capazes de imaginar aquilo que para nós é a literatura, a música, a pintura. Uma literatura sem livros e sem palavras, constituída exclusivamente de pensamentos, emoções, experiências. Uma música sem instrumentos e sem cantores, uma pintura sem paleta e sem telas. O homem encarnado pinta utilizando as cores, porque as cores já estavam em sua experiência. Agora nós utilizamos as "cores mentais", porque em nossa experiência são quase as únicas realmente existentes. Disso resulta que a arte de vocês assume necessariamente um aspecto físico, enquanto nós nos livramos para sempre de tal servidão (p. 157).

Demorei-me nas citações da arte em ambiente espiritual, porque esse é um tema que as outras coletâneas de revelações transcendentais também mencionam constantemente, mas sem esmiuçá-lo e sem descrever as suas modalidades, como ocorre nesta série de mensagens.

Passando para outros temas, observo que os quatro comunicantes nada acrescentam sobre os temas da nutrição espiritual e do sexo.

Referindo-se à nutrição do "corpo etéreo", o marido da médium observa: "Nós não comemos, ou antes, nós não o fazemos no sentido exato da palavra no plano terreno, apesar de que todos os que ainda desejarem satisfazer o prazer de comer poderão fazê-lo e sentir essa sensação na Esfera em que se encontram..." (p. 73-74).

E William Stead, que por sua vez se refere à própria Esfera de existência — já mais elevada do que aquela em que habita o outro comunicante citado —, na qual ninguém mais deseja passar pela grosseira sensação terrena de se alimentar, exprime-se de uma forma bastante diferente, observando:

> Uma das diferenças entre a vida terrena e a vida na Esfera espiritual em que me encontro consiste no fato de que nós não temos mais necessidade de nos alimentar do modo como ocorre no ambiente terreno. Precisamos apenas de alimento espiritual, e há em nós um instinto que nos direciona facilmente nesse sentido. Disso resulta que se tal alimento não fosse fácil de obter, surgiriam entre nós competições e brigas para consegui-lo. No entanto, felizmente está à disposição de todos aqueles que dele precisam... Eu, particularmente, continuo a me alimentar, ou seja, a me interessar da complexa corrente de aspirações ideais pela qual tanto me interessava quando vivo, pois sei que quando chegar a quebrar o invólucro desta preciosa avelã, a avelã se tornará parte integrante de mim mesmo, com a consequência que o meu apetite ficará plenamente satisfeito... Os artistas por vocação inata também seguem cada um o caminho que haviam traçado para si na Terra, pois para eles essa é a maneira de conseguir alimento espiritual. Eles possuem dotes e energias espirituais mais refinadas do que os outros, e os utilizam para criar a arte que não morre, uma vez que a arte não é apenas beleza, mas também expressão total do Ser... (p. 188-189).

A respeito do sexo, eles têm muito pouco a dizer. O marido desencarnado observa:

> No mundo espiritual o sexo permanece sob uma forma que não é mais física, mas exclusivamente mental. É mais do que nunca amor; é atração, mas não mais ávida posse. Eu a amo, mas não tenho mais necessidade de ser o único a amá-la. Eu desejo a sua felicidade, e estarei plenamente satisfeito com você, qualquer que seja o caminho que escolher em vista do seu futuro terreno (p. 45).

E mais adiante: "Para vocês moralidade é sinônimo de sexo, mas aqui entre nós não há procriação; portanto, não temos as funções sexuais e quase nos esquecemos de que dávamos uma importância exagerada a tais funções" (p. 55).

A respeito das condições do ambiente, os quatro desencarnados em comunicação, que residem em níveis diversos de vida espiritual, têm muito a dizer e a explicar, mas é impossível citar tudo. Limito-me, portanto, a apresentar dois trechos de mensagens em que William Stead — o grande escritor idealista e espiritualista — fala da Esfera em que vive, e que é a mais elevada entre os planos em que residem os demais espíritos comunicantes. Ele escreve:

> A minha filosofia foi plenamente justificada por aquilo que encontrei aqui. Todavia, agora mais do que nunca afirmo que um homem encarnado não pode imaginar, com um grau aproximado de exatidão, as condições em que se exterioriza a vida espiritual. Ele jamais chegará a desenvolver um conceito claro dos poderes que temos, embora tais poderes se originem daqueles que possuíamos na Terra.
> P. — Esforce-se até onde lhe for possível para me dar uma ideia desses poderes.
> R. — A percepção dos objetos entre nós não se limita à sua superfície externa. Nós vemos através deles. Assim, por exemplo, eu vejo você, mas ao mesmo tempo vejo através de você, enquanto a minha visão penetra nas entranhas da Terra. Se eu conhecesse os nomes das camadas que constituem a crosta terrestre, poderia mencioná-las todas. Da mesma forma, vejo através do globo terrestre, que para mim não é mais denso do que o véu que produz uma chuva fina na atmosfera. Da mesma forma eu percebo o seu pensamento e distingo todos os elementos que concorreram para constituí-lo. E não é só; vejo também como ele teve origem em sua mente, e posso seguir em sentido inverso a longa cadeia dos pensamentos que o antecederam, até o germe originário. Chego dessa forma a avaliar a influência exercida por ele e o desenvolvimento ocorrido, bem como a distinguir o seu surgimento em outras mentes que o acolheram. A minha percepção penetra o que foi, percebe o que é, e vai mais além, projetando-se para o mais longínquo futuro. Mil anos equivalem a um dia para aquele que pode ver no passado e no futuro simultaneamente. Enfim, cada sequência de pensamentos de um espírito em minha Esfera seria suficiente para ocupar toda uma vida terrena, e nós dispomos de um número ilimitado de tais sequências.
> ... Com isso, tracei para você um pálido esboço da inimaginável potência do espírito na existência desencarnada...(p. 175-176).
> ... Quando desejamos nos dirigir para um determinado lugar, ali nos encontramos no mesmo instante. Roupas, alimentos, descanso, transportes e intempéries não nos dizem respeito de forma alguma; dessa maneira, estamos

sempre em condições de nos absorver completamente naquilo que nos interessa.

... Pouco antes de vir até você, eu estava contemplando as ruínas de uma antiquíssima cidade do Egito. Através daquelas ruínas recuei nos séculos, interessado em aprender as vicissitudes do glorioso passado do lugar. Ela surgiu à minha frente primeiro nas condições de uma grande cidade em decadência incipiente; depois, voltei a vê-la como uma grandiosa e populosa metrópole, próspera e potente; então vislumbrei-a nas condições de um modesto vilarejo, com poços para beber e pequenos bosques de palmeiras. Compreendi que originalmente ela era uma "etapa" de descanso para as populações nômades. Recuando ainda mais no passado, surgiram diante de mim as duas famílias de nômades que ali haviam se estabelecido, formando a primeira célula da futura grande metrópole. Continuando em meu retrocesso no tempo, contemplei aquela localidade quando o homem ainda não existia sobre a face da Terra, povoada pelos grandes monstros pré-históricos. Revia-a ainda coberta pelas águas paradas e a atmosfera densa de gases irrespiráveis. Por fim, assisti ao grandioso espetáculo da Terra quando ela era um globo de fogo vagando pelo espaço.

Nessas nossas excursões pelos abismos do passado, devemos avançar com certa cautela antes de localizar no tempo aquilo que contemplamos, uma vez que é muito fácil confundir o que foi com aquilo que existe atualmente. De fato, a realidade das duas representações aparece idêntica, e assim é efetivamente, porque cada representação do passado vista por nós existe realmente no tempo, preservada no etéreo, e desse modo somos levados a refletir e comparar antes de afirmar se se trata daquilo que foi ou daquilo que é (p. 181-182).

Eis, portanto, um ensaio do que os desencarnados comunicantes afirmam a respeito das formas de vida espiritual. Como vimos, eles concordam no que diz respeito aos *detalhes fundamentais* da existência em si, e diferem mais ou menos nos *detalhes secundários*, à medida que se tornam espiritualmente mais elevados, e isso é o que racionalmente deveríamos esperar.

Em termos gerais, repito que por mais que se trate de informações não verificáveis, ainda assim elas podem ser indiretamente confirmadas pela circunstância exposta, ou seja, que todos os desencarnados afirmam as mesmas coisas acerca dos detalhes fundamentais, enquanto concordam da mesma forma também nos detalhes secundários toda vez que se trata de desencarnados que habitam no mesmo plano espiritual. E estas últimas consonâncias, do ponto de vista teórico, mostram-se mais importantes do que as primeiras, pois são com frequência constituídas por informações novas, impensadas e estranhas, a ponto de tornar insustentável a hipótese contrária — a dos "romances subliminares" —, uma vez que, se disso se tratasse, então seria absurdo pretender que os inconscientes de tantos médiuns, que não se conhecem reciprocamente, coincidissem, por simples acaso, na afirmação unânime da existência de condições espirituais tão diferentes da experiência terrena.

As argumentações expostas mostram-se suficientemente válidas para levar a balança das probabilidades a pender decididamente a favor da gênese positivamente espírita das mensagens em questão. Entretanto, não se deve esquecer também que na presente monografia foram acolhidas apenas as mensagens transcendentais transmitidas por personalidades de desencarnados que fornecem simultaneamente abundantes informações pessoais, confirmadas numa segunda etapa, informações em grande parte desconhecidas pelos médiuns e pelos presentes, provando dessa maneira a presença real no local das entidades espirituais.

Com relação às "revelações" do desencarnado William Stead, nas quais se trata de visão espiritual através dos corpos sólidos, de "vidência" do passado remoto e remotíssimo dos povos e das coisas, é oportuno observar que ocorrem em nosso mundo analogias correspondentes, as quais valem para tornar concebíveis, e consequentemente verossímeis, tais revelações dos desencarnados.

No que diz respeito à visão espiritual através dos corpos sólidos, não excluído o globo terrestre, destaco a analogia com o "rádio", em cujo mecanismo prodigioso as vibrações da voz humana, transformadas em vibrações elétricas, atravessam a Terra de forma a chegar em poucos segundos aos antípodas, onde o mecanismo "receptor" do "rádio" retransforma as vibrações elétricas em "vibrações fônicas", fazendo renascer as palavras que, naquele exato instante, aquela mesma voz humana pronuncia na Europa. Portanto, nenhuma diferença entre o que se obtém no nosso mundo e aquilo que os desencarnados afirmam a respeito da visão e da audição espirituais, as quais — assim como o "rádio" — seriam capazes de atravessar inclusive a espessura do globo terrestre.

Assim, poderíamos concluir que não há nada de inverossímil no fato de os espíritos de nível mais elevado possuírem sentidos visuais e auditivos com propriedades eletropsíquicas equivalentes às propriedades eletrofísicas do instrumento inventado pelo homem.

O mesmo podemos dizer sobre a "vidência" no passado das vicissitudes de um povo extinto ou do suceder-se de épocas pré-históricas em nosso globo. Mesmo a esse respeito nota-se que em metapsíquica existem os fenômenos correspondentes da "psicometria", com os quais obtêm-se idênticas visões reveladoras dos longínquos acontecimentos ocorridos com indivíduos, povos e coisas. Assim, por exemplo, nas experiências do professor Denton, em que ele entregou à "sensitiva" um fragmento de mármore retirado das ruínas de um templo romano (sem saber do que se tratava, pois tal fragmento havia sido entregue a ele cuidadosamente envolvido em papel e lacrado), ela viu surgir diante de si o templo, exatamente como era nos seus dias de glória, assistindo às funções que nele se realizavam, funções que a "sensitiva" descreveu com impressionante veracidade, da mesma forma como havia descrito com surpreendente clareza "a biografia de um rochedo", tendo como base um fragmento deste colocado em suas mãos. Essa descrição foi confirmada como sendo verdadeira em todos os detalhes passíveis de verificação, os quais eram ignorados pelo professor e correspondiam às características do rochedo combinadas com a sua localização em diferentes períodos. Em épocas muito remotas, aquele rochedo havia sido atirado por um vulcão ao fundo do mar, onde permanecera séculos e de onde emergira em decorrência de um cataclismo, ficando então aprisionado nos gelos da era glacial, descendo, lentamente, das alturas das montanhas rochosas, que o depositaram nas planícies de Wisconsin, onde permanecera até a época atual. Era um "rochedo errante", segundo a classificação científica.

Tendo isso em mente, nada de mais racional do que concluir que se tais faculdades de vidência existem já pré-formadas em estado latente no inconsciente dos vivos, devam um dia emergir e exercitar-se ativamente no mundo espiritual, o que equivale a admitir que se alcançou um grau de probabilidade cientificamente legítimo, e extremamente considerável, para demonstrar a existência real de uma visão espiritual da forma como nos é revelada pelos desencarnados.

Caso XVII — Selecionei-o da revista *Light* (1927, p. 314), e se refere às manifestações de Miss Felicia Scatcherd, alguns meses depois da sua morte, ocorrida em 12 de março de 1927. Em vida ela havia sido uma das personalidades mais destacadas do movimento espiritualista inglês, e seu nome ficará na história, pois Felicia Scatcherd efetuou as primeiras experiências que conduziram à formulação da teoria da "fotografia do pensamento" e da "ideoplastia".

Sobre a mensagem da qual vou relatar alguns trechos, eis o que escreve o diretor da *Light*:

> Não me é permitido citar os nomes das duas senhoras que receberam a mensagem, mas posso declarar que ambas não estão associadas ao movimento espiritualista, e que uma das médiuns é uma senhora através da qual foram obtidas as mais consideráveis mensagens verídicas transmitidas nestes últimos tempos. Uma grande parte da mensagem, que é eminentemente pessoal, contém numerosas provas de identificação de valor considerável, pois faz referência a fatos e situações que os presentes desconheciam totalmente e que se revelaram mais tarde absolutamente verdadeiros...
>
> Posso ainda citar o fato de que Miss Scatcherd disse que iria até o círculo Crew (onde, em vida, realizava frequentes experiências de fotografia transcendental), com o objetivo de projetar a imagem do próprio rosto sobre uma chapa fotográfica; e isso se realizou pontualmente. Além disso, ela também se referiu a uma das suas poesias, fornecendo o tema dominante nela. As senhoras presentes não conheciam a citada poesia, mas no devido tempo ela foi encontrada em um artigo de Miss Scatcherd publicado após a sua morte...

Parece-me que os esclarecimentos expostos tendem a confirmar admiravelmente a autenticidade da mensagem obtida. Eis os trechos que dizem respeito ao tema em questão:

> A médium anuncia a presença do espírito de uma distinta senhora, morta há pouco tempo, a qual deseja vivamente manifestar-se a uma das presentes. Eis o diálogo:
> P. — Pode dizer o seu nome?
> R. — Espere... Vou tentar... Rudolph...

P. — Pode completá-lo?
R. — "Felicity".
P. — Felicity, tem algo a dizer?
R. — Ela está um tanto confusa, mas vai tentar.

(Essa foi a primeira prova de identidade fornecida pela entidade comunicante, uma vez que Miss Scatcherd publicou muitos dos seus artigos sob o pseudônimo de "Felix Rudolph"; já os mais íntimos a chamavam de "Felicity".)

Depois disso, foi ditada a sua longa mensagem, da qual extraí os trechos a seguir:

> Minha cara, desejava ardentemente comunicar-me com você. Estou feliz por poder fazê-lo. Rezei para que isso me fosse concedido. É um fenômeno maravilhoso. Minha cara, quantas coisas gostaria de lhe dizer! Vou começar pela seguinte: que a morte não existe. O significado da palavra é uma bobagem. Sempre pensei isso em vida, mas às vezes o corpo não estava de acordo com o espírito. Agora eu sei.
>
> E a esta altura, antes de prosseguir, devo lhe informar de algo de que tenho certeza: nenhum peregrino chega do mundo dos vivos a este mundo pela mesma porta. Nós todos temos um tipo pessoal de experiência, e o ambiente que nos acolhe mostra-se a cada um de formas consideravelmente diferentes. Disso resulta que o que vou lhe dizer não vai ser perfeitamente idêntico a nenhum outro relato do gênero...
>
> A desencarnação foi tão fácil para mim! Senti-me cansada e sonolenta; de manhãzinha adormeci levemente. Foi então que vi uma estranha luminosidade, curiosos filamentos luminosos. Então me senti como que flutuando no espaço e a minha mente tornou-se muito clara. Disse comigo mesma: "Como estou me sentindo bem! Eu já sabia que estava curada". A minha inteligência readquirira tamanha agilidade que eu já me propunha recomeçar a escrever para informar aos amigos que eu estava me sentindo como se tivesse 20 anos... Era uma sensação de bem-estar surpreendente... Mas não demorei a compreender o que aquela repentina cura significava de fato!...
>
> Então, voltei a ter um pouco de sonolência, uma vez que aqueles filamentos luminosos me vinculavam ainda ao mundo dos vivos, deixando a minha mente adormecida. Descansei durante algum tempo... Mas não se tratava de sono: era uma espécie de torpor delicioso. E então uma

multidão de antigas e felizes lembranças invadiram-me a mente: lembranças de tempos passados com você e com muitos outros; mas tudo surgia com tranquila serenidade. Então vieram ao meu encontro várias pessoas, as mais queridas para mim, e entre elas estava a mais amada de todas: a minha mãe! Mas como estava mudada! Revia-a como quando era na juventude... Gostaria que você se persuadisse de que a vida terrena é a parte mais desolada da nossa existência. Na realidade, não é vida...
Eu me via ainda mergulhada em uma espécie de neblina perolada, e os espíritos me informaram que me ajudariam com conselhos para facilitar a ruptura dos filamentos luminosos que ainda me mantinham ligada ao corpo. Fiz o que me aconselharam: tentei me colocar em uma calma de espírito absoluta, e com isso vi desaparecerem os filamentos luminosos, e em mim determinou-se lentamente uma radical mudança. A névoa perolada na qual me via envolvida aos poucos foi tomando forma, e compreendi que se tratava do meu corpo que assumia lentamente forma humana. Então disseram-me que com a força do pensamento eu poderia modelar o meu semblante como bem desejasse. Não é maravilhoso?...
Entretanto, o que concorre para criar a íntima natureza do nosso "corpo" são os pensamentos e as ações realizadas durante a existência terrena. No fim das contas, você veria agora uma Miss Felicia muito mais jovem e, acredito, muito mais atraente. De qualquer maneira, eu seria sempre a mesma para você, minha querida amiga.
Voltei o olhar para o meu velho corpo lívido e deformado. Parecia-me algo bem pobre! Estava feliz por saber que não era mais meu. Que alívio! Voltei o pensamento aos meus entes queridos abandonados na Terra, e sobretudo desejava ardentemente rever você mais uma vez. Instantaneamente revi-a na cama, profundamente adormecida! Estava com um aspecto muito cansado, mas tranquilo. Tentei entrar em comunicação com o seu espírito, mas ele não estava preparado para a prova. Tentarei mais uma vez: mas nesta sonolência antes de adormecer você terá de pensar em mim intensamente e projetar em sua mente a minha imagem. Se fizer assim, conseguirei tirar temporariamente você do corpo e a levarei comigo. Isso é o que chamamos de "uma entrevista no sono". Você vai me ver e me reconhecer, mas é claro que quando acordar achará que tudo não passou de um sonho. Lembre-se de que, na

verdade, nós teremos nos encontrado de fato.
Fui logo levada pelos espíritos que vieram me receber: eles me explicaram que tinham construído o seu pequeno mundo maravilhoso extraindo-o daquela névoa perolada que eu percebia condensando as suas "vibrações", infinitamente sutis, com a potência do pensamento. Eles projetavam as formas do pensamento naquele meio, e elas se revestem de substância espiritual; com isso chegam gradativamente a criar o seu próprio ambiente. Eu, claro, ainda não estava em condições de projetar as formas do meu pensamento nesse mundo exclusivamente mental; assim, os espíritos me levaram para a maravilhosa morada que eles tinham criado para mim. Mais tarde aprenderei a construir eu mesma o meu pequeno mundo pessoal...
Quanto ao ambiente em geral somos sempre nós mesmos que concorremos coletivamente para criá-lo, e cada um contribui com a sua pequena parcela. Naturalmente há uma divisão de tarefas, depois que todos chegaram a um acordo sobre o conjunto a ser criado. Um grande número de espíritos não trabalha em tais criações, pois isso é uma tarefa reservada àqueles que manifestam disposições naturais para esse tipo de encargo. A paisagem que me rodeia surge completa em si mesma e maravilhosa; entretanto, nada mais é do que a nossa paisagem. Explicam-me que de fato existem além dela outras bem diferentes, uma vez que há muitas almas pouco desenvolvidas que não podem apreciar nada que se afaste do ambiente terreno.
Você não pode imaginar o quanto é eletrizante o sentimento de criar dessa maneira. A intensidade passional com que todos mergulham nisso não pode ser transmitida em palavras.
Foi-me relatada a existência de outras Esferas muito superiores à nossa, e às quais desejo e espero chegar um dia, por mais que este dia ainda esteja longe para mim. Os espíritos eleitos que ali se encontram executam com o poder da vontade coisas que vocês julgarão impossíveis, mas isso não impede que sejam verdadeiras. Destas Esferas se soltam as "centelhas de Vida", sob forma, vamos dizer, de um "fluxo vital" que chega ao mundo de vocês e é absorvido pelo reino vegetal. Para se chegar a tal poder é preciso alcançar uma extrema perfeição espiritual; entretanto todos podemos atingi-la. É o que me dizem...

Passando a comentar sucintamente o caso exposto, antes de tudo chamo a atenção para o fato de que a personalidade comunicante apressou-se em prevenir às pesquisadoras que "nenhum peregrino do mundo dos vivos chega pela mesma porta ao mundo espiritual"; isso significa que cada espírito, sendo uma entidade *individualizada*, portanto, mais ou menos diferente de todas as outras, deve necessariamente submeter-se a uma experiência de certo modo diferente da vivida pelos outros espíritos individuais, mesmo no momento da sua entrada em ambiente espiritual, um ambiente de natureza exclusivamente mental. Tais diferenças, que são enormes entre os "eleitos" e os "réprobos", revelam-se inclusive entre os espíritos que por lei de afinidade gravitam no mesmo ambiente, apesar de tratar-se de diferenças relativas a detalhes secundários ou à duração de algumas vivências inerentes à crise da morte. No caso aqui analisado, parece até que as diferenças se referem exclusivamente à duração de algumas experiências comuns a todos.

Observa-se, entretanto, que a crise da morte foi mais fácil do que o habitual para essa entidade comunicante. Ainda assim, ela também conta ter experimentado a fugaz sensação de flutuar no espaço. Informa, além disso, que jamais acreditou estar morta, mas sim de ter subitamente alcançado a cura, apesar dessa impressão também ter tido curta duração. Ela também viu o próprio cadáver no leito de morte; passou pelo período de sono, ainda que muito breve; teve a "visão panorâmica" dos eventos da sua vida, ainda que sob a forma de uma série de recordações felizes que lhe invadiram a mente. Então apareceram-lhe os seus entes queridos, e entre eles a própria mãe. Ela também viu os filamentos que a mantinham ainda vinculada ao corpo, e chegou a dissipá-los mantendo-se em uma calma absoluta de espírito. Viu a névoa fluídica que devia constituir o próprio "corpo espiritual", e com as potencialidades do seu pensamento (sob conselho dos seus "guias") conseguiu modelar o próprio rosto em um semblante juvenil. Foi colhida pelo desejo vivíssimo de rever uma amiga, e no mesmo instante encontrou-se ao lado desta. Por fim, ela também, como todos os espíritos comunicantes, ficou especialmente impressionada diante do grande fato da potência criadora do pensamento em ambiente espiritual. Observo que ela se detém mais demoradamente do que o habitual descrevendo as maravilhas do lugar, e essa descrição revela-se importante e instrutiva, uma vez que contribui para fazer com que se compreenda melhor algumas modalidades do fenômeno, as quais pareciam obscuras e embaraçosas ao nosso critério limitado. Refiro-me com isso às elucidações fornecidas acerca da sábia colaboração com que os espíritos operariam para criar o ambiente geral comum, evitando desta maneira a confusão caótica das iniciativas pessoais.

Falta levar em consideração a última revelação da entidade comunicante, na qual ela fala de excelsas Esferas espirituais, em que os espíritos elevadíssimos que ali se encontram seriam os dispensadores dos "germes de Vida" nos mundos do Universo, e isso se realizaria com a potência criadora do pensamento. O que pensar a respeito? Respondo que se refletirmos sobre a impotência congênita da pequena ciência humana, que jamais chegará a penetrar o grande mistério das origens da Vida nos mundos; se refletirmos sobre o fato de que para a mente humana permanecerá eternamente impenetrável o enigma de como um grumo inerte de protoplasma se tenha de repente vitalizado, tornando-se uma "ameba", ou transformando-se em um "líquen"; então se deverá convir que merece ser levada em conta a sugestão fecunda da personalidade comunicante, segundo a qual existiriam entidades espirituais elevadíssimas, cujo pensamento criador geraria "fluxos vitais" que, alcançando os mundos e saturando o protoplasma primordial, transfundiriam nele os germes da vida vegetativa, que, em virtude de um lentíssimo processo evolutivo efetuado em ambiente físico, através dos quatro reinos da natureza, acabariam por gerar a sensibilidade, depois a motricidade, em seguida o instinto animal, daí os primeiros sinais da inteligência e, por fim, a inteligência consciente de si, chegando-se dessa forma à criação de uma individualidade pensante...

Vamos nos deter nesse ponto. Nada impede que se venha a aceitar tal solução do grande enigma, especialmente se se considerar que além dela jamais se chegará a formular alguma coisa de racional sobre o problema das origens, ao passo que a acolhendo, apesar de não se chegar a penetrar o incognoscível, pelo menos se atingiria uma compreensão do mistério, o que seria suficiente para satisfazer e descansar a mente. Isso porque tal princípio de solução seria fundamentado sobre um dado de fato adquirido da ciência: se o pensamento humano já vem munido com a potencialidade de criar formas que permanecem impressas sobre a chapa fotográfica, e com muita frequência se materializam, então o primeiro e maior obstáculo racional para aceitar a solução aqui considerada mostra-se ultrapassado. De fato, para acolher tal solução seria preciso exigir-se unicamente que se chegasse à conclusão de que a potencialidade criadora do pensamento, da forma que se revela na personalidade humana, é resultado da natureza evolutiva proveniente do plano espiritual, e aperfeiçoada além de toda a capacidade de concepção humana. É claro que se se admite a sobrevivência do espírito humano, então tal postulado não é apenas legítimo, mas racionalmente necessário. Por isso deveríamos lembrar que o fato, já demonstrado, da potencialidade criadora do pensamento em ambiente terreno, ao fornecer uma base suficientemente estável para a concepção aqui considerada, torna-a científica e filosoficamente legítima. Em outras palavras: considerando-se que a ciência oficial não possui qualquer base experimental através da qual se oriente na busca das origens da vida no universo, considerando-se que se chegaria a detectar na experiência humana esta base experimental, contanto que se acolha como hipótese de trabalho a explicação fornecida pela entidade espiritual em questão, disso resulta que, até prova em contrário, seremos levados a considerar como legítima tal parcial solução do grande mistério.

Caso XVIII — No episódio a seguir não se observam descrições que contenham detalhes consideráveis sobre a crise da morte, mas há referências instrutivas sobre a natureza da personalidade integral inconsciente, bem como sobre as dificuldades que um espírito encontra em se comunicar com os que com ele convivem através da comunicação mediúnica.

Retirei o episódio de um livro intitulado *Blair's Letters, Communicated by James Blair Williams to his Mother*.[15] A mãe do desencarnado (morto com 30 anos, em 1918), deixa bem claro, antes de qualquer coisa, que não conseguindo aceitar a morte do único filho, foi induzida a tentar a prova de colocar-se mediunicamente em contato com ele. Para tanto foi aconselhada a procurar os dirigentes do British College of Psychic Science. E nas salas deste importante instituto ela fez experiências sucessivas com quatro médiuns entre os melhores, com os quais obteve múltiplas provas de identificação pessoal do filho, provas que se revestem de um alto valor cumulativo, pois vinham de quatro médiuns diferentes que não a conheciam. Foi com o auxílio de um desses médiuns, uma senhora dotada de

[15] Old Royalty Book Publishers, Londres, 1928, p. 123.

mediunidade para psicografar, que ela obteve do filho a série de mensagens contidas na coletânea aqui comentada.

Sobre o que diz respeito ao nosso tema, o desencarnado comunicante menciona brevemente quatro pontos diferentes das suas mensagens, e o faz pela primeira vez na véspera do dia do aniversário da sua morte. Ele escreve:

> Ficou-me profundamente gravada a lembrança daquilo que senti neste dia, véspera da minha morte. Sentia que estava afundando lenta e inexoravelmente no abismo; eu não conseguia distinguir mais as pessoas que estavam à minha volta, pois o ambiente tornava-se para mim cada vez mais tenebroso. Sentia estar em condições estranhas, inexplicáveis, impossíveis de serem descritas. Tinha consciência daquilo que acontecia, pois via a mim mesmo estendido no leito, e estava profundamente perturbado diante do pensamento dos sofrimentos que deviam atormentar aquele mísero corpo, ainda que eu não me sentisse mais doente. Não estava em condições de compreender a situação. Eu via de uma forma relativamente distinta você, mamãe, e queria muito fazer que soubesse que eu não estava mais doente... (p. 86).

Na página 97, ele retoma o assunto nos seguintes termos:

> A minha morte ocorreu bruscamente, enquanto eu me encontrava em condições de inconsciência. Logo que despertei, pensei de imediato em minha mãe, e pareceu-me encontrá-la. Eu media a grandeza da dor que ela sentia, da mesma forma que faria se estivesse a seu lado. O pensamento de mamãe ocupava totalmente a minha cabeça... No início fiquei um tanto assustado: sentia-me invadido por uma estranha sensação de desoladora impotência, como se tivesse perdido todas as energias. Em contrapartida, era-me agradável sentir-me tão leve, mas ao mesmo tempo tinha a sensação de que algo de imenso, de incomensurável me rodeava, enquanto não conseguia vislumbrar claramente onde eu estava: era uma situação de enlouquecer. De vez em quando imaginava ainda estar doente e preso em minha cama, e diante disso invadia-me novamente um sentido de desoladora impotência. Depois tinha uma estranha sensação, como se ao meu redor ecoassem milhares de sons diversos, que se fundiam ao mesmo tempo em um ruído único, ensurdecedor. Via então lampejos de luminosidade ofuscante, e ainda assim não

chegava a distinguir as pessoas queridas que deveriam estar à minha volta. Sentia que não estava só; ao contrário, parecia-me estar rodeado por uma multidão de seres que eu não chegava a perceber. Sentia que o ar estava saturado de elementos vitais; mas eu, pessoalmente, estava muito debilitado. Essa situação pareceu-me durar longo tempo, mas na realidade deve ter sido um espaço de tempo bastante curto. De qualquer maneira, era um estado muito penoso.

Apesar de tudo, reconheço agora que fui libertado do corpo com relativa facilidade, e acredito que as pessoas que morrem de repente devem sofrer mais do que eu. Como disse, eu presumo que o período de desorientação e de angústia não foi de longa duração para mim. Entretanto, resta o fato de que enquanto nos encontramos no segundo estado da primeira Esfera, atravessa-se um período de inconsciência, seguido por um outro período de semiconsciência, que não é a existência espiritual, e no qual se ignora a existência espiritual. Enquanto eu permaneci em tal estado, não cheguei a entrar em contato com a minha mãe. Sentia como se estivesse vagando nas trevas à procura dela, mas sem jamais ter a certeza de estar a seu lado. A minha passagem para o terceiro estado da mesma Esfera trouxe uma mudança súbita maravilhosa. Senti-me plenamente desperto, repleto de vitalidade, consciente de me encontrar no mundo espiritual. E então pareceu-me bastante natural ver o meu pai vindo ao meu encontro, e ele logo me informou do ocorrido. Lembro-me da viva impressão que senti ao reencontrá-lo com o aspecto tão transformado. Ele me acolheu como um irmão, como um amigo muito querido, e conversamos longamente sobre você, mamãe. Eu disse a ele que pretendia vir visitá-la custasse o que custasse: ele observou que tinha ouvido dizer que era possível, ainda que nunca houvesse tentado.

Logo tratei de obter as necessárias informações sobre o assunto; então, não demorou muito e tentei voltar ao ambiente terreno. Posso lhe garantir, mamãe, que as primeiras tentativas requerem um esforço bastante grande. Somos obrigados a restringir novamente a nossa mente a limites tão restritos, que nos ofendem. Ou, mais precisamente, não nos ofendem, só que fazê-lo é extremamente difícil. Ainda agora, enquanto me comunico, sinto-me nas condições de um ser vivo mergulhado na água.

Na página 105, o desencarnado comunicante retoma o tema da crise da morte, observando:

> Esta noite quero tentar fazê-la compreender o que significa ser subitamente privado do corpo... A minha primeira impressão foi a consciência de ter ao mesmo tempo presente na mente uma imensa multidão de coisas e de lembranças. Deduzi assim que o fato estranho devia ser atribuído a uma espécie de sonho provocado pela febre. Então me dei conta de que não tinha mais nenhuma noção do tempo, uma vez que não chegava a formar para mim um claro conceito do meu passado, do meu presente e do meu futuro; isso porque tais categorias do tempo de vocês manifestavam-se a mim simultaneamente com o pensamento. A esse respeito abstenho-me de informar mamãe sobre seu futuro, apesar de eu conhecer exatamente o que o futuro lhe reserva.
> Dito isso, vocês devem compreender que com tal imensa expansão das faculdades do intelecto, não é nada fácil encontrar em nossas recordações aquele determinado detalhe insignificante a respeito do qual somos interrogados pelos seres vivos. Eu começo a ter menos dificuldades quando faço a mim mesmo perguntas de tal natureza; mas, no início, não teria sido capaz de responder a nenhuma dessas perguntas. Além do mais, tenham sempre em mente que quando eu venho até aqui, sou obrigado a comprimir a minha mente até o ponto de reduzi-la às restritas dimensões dos seres vivos. Disso resulta que quando me são dirigidas perguntas sobre o meu passado, não posso fazer outra coisa a não ser obter a informação retomando por um instante às minhas condições espirituais de expansão intelectual, para depois comprimir de novo a minha mente até reduzi-la às dimensões humanas, e, por conseguinte, encontrar-me em condições de ter de fazer esforços incríveis a fim de lembrar a resposta por mim formulada no estado de livre expansão espiritual, e logo esquecida, ou quase, no estado de mente reduzida pelas necessidades do momento.
> ... Tentei investigar qual era o estado do meu espírito quando eu estava aprisionado e debilitado dentro do corpo. É o seguinte: compreendi que o corpo pode ser comparado a uma roupa muito desgastada, que reveste o espírito; entretanto, trata-se de uma roupa em que está contida apenas uma parte especial do espírito, enquanto a primeira parte, sem sombra de dúvida a mais impor-

tante da nossa personalidade espiritual, permanece no estado latente, quase que inconsciente, nos recessos do ser. No entanto, quando o espírito se liberta do corpo, as coisas mudam, e a parte latente do espírito desperta com plena eficiência, realizando todos os seus poderes. É uma sensação maravilhosa e deliciosa para o espírito desencarnado... (p. 116).

Não é certamente o caso de nos determos a observar que esta última afirmação do desencarnado comunicante esteja admiravelmente de acordo com aquilo que no mundo dos vivos tem-se observado em todos os tempos e em todos os povos: ou seja, que no inconsciente humano existem em estado latente capacidades supernormais maravilhosas, capazes de examinar o passado, o presente e o futuro, sem limites de tempo ou de espaço. E também o fato de que na existência encarnada tais faculdades aflorem em lampejos fugazes apenas quando o ser vivo está mergulhado em uma fase qualquer de sono: natural, sonambúlico, mediúnico, provocado por drogas, ou seja, em uma fase qualquer de ausência psíquica, como no êxtase, no delíquio, na catalepsia, no coma e no período imediatamente anterior à agonia, ou seja, somente sob a condição em que o ser vivo se encontre em estado de *desencarnação incipiente do espírito*, tal fato — digo — concorda tão admiravelmente quanto com a afirmação feita acima pelo desencarnado comunicante, de que as faculdades supernormais em questão constituem os sentidos da existência espiritual, que permanecem no estado latente no inconsciente humano, à espera de emergir e de se exercitar com plenos poderes quando o *estado de desencarnação do espírito não for mais incipiente e transitório, mas total e definitivo*. Em poucas palavras: depois da crise da morte.

Essas surgem como verdades fundamentais, e ao mesmo tempo elementares, das disciplinas metapsíquicas, verdades que resultam inquebrantavelmente baseadas sobre a observação direta de um grande número de fatos, avaliados e esmiuçados com base nos processos científicos da análise comparada e da convergência das provas. Todavia, torna-se bem mais árduo vencer a resistência misoneísta de alguns eminentes pesquisadores, que não querendo ou não podendo renunciar à concepção materialista do universo preferem interpretar à moda deles o fato perturbador da existência latente, no inconsciente humano, de faculdades supernormais *independentes da lei da evolução biológica*, e o fazem sem se preocupar com a circunstância de que as hipóteses por eles propostas revelam-se em flagrante contradição com os fatos.

Passando a considerar a afirmação do desencarnado, de que ele não chega às vezes a se lembrar dos detalhes da própria existência terrena devido às condições anormais em que se encontra no ato da comunicação, observo que tal explicação está de acordo com as outras do gênero, fornecidas pelos desencarnados. E não é só: noto também que a investigação dos fatos prova a veracidade do que elas afirmam, como demonstrei em meu estudo recente sobre uma série de "Mensagens mediúnicas entre seres vivos transmitidas com a ajuda de espíritos", a qual se encontra no livro *Animismo ou Espiritismo*? (Città della Pieve, 1937, p. 70-83). Com base em tais experiências (realizadas por dois grupos, distantes um do outro cerca de 500 quilômetros, que pesquisavam simultaneamente), os espíritos comunicantes se revelaram, sim, capazes de transmitir de um grupo para outro as mensagens a eles confiadas, mas quase sempre fizeram-no parcialmente, ou seja, apenas com relação ao conteúdo da mensagem, e quando chegavam a transmitir na íntegra a própria mensagem, isso ocorria porque ela era constituída por uma única ideia. Questionados a respeito, um deles deu uma explicação análoga à exposta, informando que o fato devia ser atribuído ao estado de amnésia parcial ou total ao qual estão sujeitas as personalidades espirituais no momento de se comunicar. A esse respeito parece sugestivo um incidente ocorrido na série de experiências em questão, em que o espírito comunicante, manifestando-se pela primeira vez com a finalidade de transmitir uma mensagem, percebeu que não se lembrava mais dela, limitando-se a informar sobre o seu esquecimento. No entanto, passados cinco dias, ele se mostrou capaz de transmitir a parte substancial da mesma mensagem. Disso deve-se depreender que se o espírito comunicante, depois de ter esquecido a mensagem, chegou a se lembrar dela cinco dias depois, a amnésia total que se manifestou da primeira vez era apenas temporária, ou seja, ocorreu no momento de se comunicar, e havia se dissipado com a libertação do espírito da "aura" perturbadora, para então renovar-se parcialmente quando o espírito voltou a tentar a prova. E se desta vez a amnésia foi apenas parcial, isso significa que as condições perturbadoras da "aura" mediúnica eram menos desfavoráveis.

Naturalmente tais explicações valem apenas para uma modalidade de comunicações mediúnicas: aquelas em que o espírito se apodera mais ou menos parcialmente do cérebro do médium. Existem outras modalidades de comunicações mediúnicas, que se manifestam através da telepatia: neste caso, as interferências devidas a um estado imperfeitamente passivo da mente do médium cedem lugar a outras formas de alterações mais ou menos profundas das mensagens transcendentais transmitidas.

Só me resta analisar a mensagem exposta do ponto de vista especial aqui considerado. Observo, portanto, que no que diz respeito à "crise da morte", revela-se nela uma variedade de experiências, ou melhor, de impressões, as quais divergem mais ou menos das impressões descritas por outros numerosos espíritos comunicantes; no entanto, tais variações resultam da natureza prevista, quando se revelou, como os próprios espíritos declaram, que "nenhum peregrino vindo do mundo dos vivos chega ao mundo maravilhoso pela mesma porta"; isso parece logicamente inevitável, uma vez que o ambiente e a existência espirituais são puramente mentais, e que não pode haver no nosso mundo duas individualidades intelectual e moralmente idênticas. A não ser isso, observamos que a mensagem exposta concorda com todas as outras no que diz respeito aos *detalhes fundamentais* sobre a existência espiritual. De fato, observamos que o espírito, por sua vez, refere-se sucessivamente às situações em que viu o próprio corpo no leito de morte durante um certo tempo, ignorando que estava morto; passou depois por um período de sono ou de inconsciência, seguido da prova da "visão panorâmica" de todos os acontecimentos da sua vida, e foi finalmente acolhido no mundo espiritual pelos seus parentes desencarnados. Nos *detalhes secundários*, destaco um em que ele está de pleno acordo com os outros espíritos, ao informar que verificou, com surpresa, que no mundo espiritual não existe a noção de tempo.

Caso XIX — Extraí o episódio a seguir do livro de Lady Barret, *Personality Survives Death*.[16] Lady Barret é médica, especializada em cirurgia obstétrica, e viúva de Sir William Barret, célebre físico, fundador da Society for Psychical Research, de Londres.

---

[16] *Messages from Sir William Barret*, editado por sua esposa, Longmans, Green & Co., Londres, 1937, p. 204.

No livro citado ela reuniu os relatos das próprias sessões com a famosa médium Mrs. Osborne Leonard, nas quais manifestava-se o marido falecido, e que constitui uma coletânea que se coloca entre as mais importantes do gênero. Nela, as provas de identificação do comunicante não deveriam ser consideradas apenas adequadas, mas exuberantes; e isso apesar de a relatora ter suprimido os episódios mais sugestivos por causa da sua natureza íntima. E tais provas combinam-se com episódios teoricamente importantes de ordem variada, entre os quais se assinala uma série de incidentes que demonstram que, quando entre um ser vivo e um desencarnado existe uma perfeita comunhão de almas, o desencarnado mantém-se constantemente em "relação psíquica" com o ser vivo, captando sem cessar o seu estado de espírito e acompanhando as suas vicissitudes na vida, bem como intervindo com certa frequência para ajudar com sugestões adequadas, apesar de o ser vivo ignorar a origem dessas sugestões, que poderá interpretar como sendo boas inspirações do próprio intelecto. Acontece também que, quando o desencarnado é uma pessoa de elevado nível intelectual e moral, ele não demora a atingir as Esferas espirituais mais altas, o que lhe torna possível predizer ao ser vivo os eventos que o aguardam, mesmo a distância de anos, até mesmo quando se trata de fatos acidentais, de ordem política e social, caso estes últimos interfiram sobre as experiências pessoais do indivíduo. São mencionados também episódios altamente instrutivos relacionados às múltiplas possibilidades de interferências inconscientes nas mensagens mediúnicas, assim como incidentes que demonstram por quais limitações psíquicas dos médiuns os desencarnados têm tanta dificuldade em transmitir os nomes próprios, mesmo de pessoas familiares, quando, ao contrário, podem descrever com extrema facilidade o aspecto e as características dessas mesmas pessoas. Por fim, notam-se em grande número descrições importantes sobre as formas de vida espiritual, descrições que concordam em tudo com outras análogas contidas nas revelações do gênero. Em contrapartida, o desencarnado pouco tem a dizer sobre as impressões assimiladas por ele durante a "crise da morte"; com toda probabilidade, isso tem a ver com o fato de que ele morreu repentinamente, quase sem se dar conta do fato. Tinha oitenta e um anos.

Entretanto, o que me induz a acolher igualmente o caso na

presente monografia é o fato de que ele, por sua vez, relata as próprias experiências de "vidência" espiritual no passado de povos extintos, com perfeita revivescência das respectivas metrópoles em que viviam tais povos, nos seus períodos de maior pujança. O tema é apaixonante, e esta outra experiência do gênero, combinando-se com a citada no *Caso XVI*, me dará a oportunidade de desenvolver ainda mais o tema.

Após explicar isso, passo a relatar os poucos trechos em que o desencarnado comunicante se refere à própria "crise da morte".

Em sua primeira manifestação, Lady Barret, interessada em obter provas de identificação pessoal, perguntou:

> P. — Pode me dizer alguma coisa a respeito das condições do momento em que desencarnou?
> R. — As condições da minha morte ocorreram sem nenhum tipo de sofrimento. De repente, vi-me envolvido por pessoas muito queridas e mortas há muito tempo, entre as quais estavam a minha mãe, o meu pai e numerosos outros seres amados.
> P. — Está lembrado do momento em que entrei em seu estúdio?
> R. — Não me lembro disso no sentido preciso da palavra; mas tive plena consciência do fato. Eu não vi você, nem tampouco a ouvi, mas *senti* a sua presença. Tive a sensação de que precisava urgentemente da sua ajuda, e mentalmente chamei-a com tamanho ímpeto que julguei tê-la chamado em voz alta. Depois disso, tive a consciência de que você acorrera ao meu chamado, só que eu não dispunha mais da visão e da audição. A minha última lembrança é que me esforcei para *virar-me na cadeira*, a fim de sustentar o corpo, colocando o braço no espaldar. Você deve ter me encontrado nessa posição. Você não havia se afastado para fazer algo por mim, e não voltou para me assistir no momento da desencarnação. Simplesmente você tinha saído para voltar num instante.

A doutora Barret comenta:

> É verdade. Eu o deixara por um momento para acompanhar uma visita até a porta de casa, e assim que voltei ao estúdio vi-o abandonado como morto na cadeira. E estava *exatamente sentado de lado, com o braço pendurado inerte sobre o espaldar*. Corri para ajudá-lo, ouvi o seu coração, que não mais batia. No momento em que eu havia saído da sala, ele parecia sentir-se muito bem e no

decorrer do dia mostrara-se insolitamente ativo e cheio de vitalidade.

P. — Encontrou-se com o Meyers?

R. — Mas claro! Ele acorreu entre os primeiros para me dar as boas-vindas, e agora começamos a nos ocupar juntos de coisas espirituais... Esta vida é muito mais maravilhosa do que se pode imaginar. Supera toda e qualquer expectativa (p. 26).

Na sessão de março de 1926, manifestou-se com Barret também uma Mrs. Ada Vachel, grande amiga da relatora, a qual se encontrava em uma Esfera menos elevada do que a que acolhia Barret. Ela descreveu nos seguintes termos a própria entrada no mundo espiritual:

> Senti-me feliz e confortada moralmente por verificar que, quando deixei meu corpo, foi-me concedido progredir espiritualmente um passo de cada vez: não mais que isso; com a consequência que as condições da paisagem espiritual em que me encontro se mostram extremamente parecidas com a paisagem terrena, excluindo-se tudo aquilo que nesta última está contido de ruim, como também excluídas as enfermidades e as dores.

Barret retoma a essa altura a comunicação, observando:

> No que me diz respeito, as coisas correram de uma forma bem diferente. Encontrei-me rodeado por todas as pessoas queridas que eu tinha conhecido em vida, exatamente como eu estava preparado para esperar, enquanto o ambiente que me acolheu era muito mais maravilhoso do que o terreno, muito além de tudo o que eu poderia imaginar. E, após um breve intervalo de concentração para me adaptar ao novo ambiente, sentia-me feliz como um garoto de férias e, exultante de alegria, comecei a explorar aquele ambiente de paraíso, sobre o qual tanto eu tinha lido, imaginado e visualizado, mas que se revelou muito superior às minhas expectativas (p. 30).

Observo que o incidente exposto não deixa de parecer teoricamente muito interessante, uma vez que se trata de dois espíritos que se manifestam juntos, e transmitem duas versões diferentes a respeito do mundo que os acolhe, pois um deles, após ouvir a transmissão do outro, intervém para informar que as condições do ambiente em que ele se encontra são muito diversas das descritas pelo companheiro. Estando assim as coisas, resulta que não se poderia desejar melhor prova do que essa para demonstrar que as presumidas contradições dos desencarnados a respeito do ambiente que os recebe dependem do grau espiritual mais ou menos elevado que os próprios desencarnados alcançam, e que, portanto, tal objeção, proclamada formidável pelos opositores, revela ao contrário o quanto se mostram superficiais os conhecimentos dos opositores em torno do assunto que pretendem discutir.

Esse outro episódio, além de conter um novo incidente relativo à "crise da morte" do irmão da relatora, revela-se teoricamente interessante, uma vez que demonstra, de uma forma nova e irrefutável, a presença real, no local, de uma entidade espiritual positivamente independente da médium e da consulente que, em nosso caso, ninguém mais poderia ser senão o marido da doutora Barret, a qual estava ausente naquele momento.

Aconteceu certa vez que Lady Barret não pôde estar presente no dia seguinte à sessão habitual, e por isso pensou em atender a um conselho que lhe fora dado pelo marido desencarnado. Assim, antes de deitar-se, dirigiu-se a ele pedindo-lhe em voz alta para dar-lhe informações a respeito de três pessoas queridas recentemente falecidas, duas das quais amigas dela e a terceira o seu próprio irmão. No dia seguinte, ela mandou à sessão a sua secretária — a qual nada sabia a respeito de tudo isso —, o que não impediu que o comunicante se apressasse em informar à nova consulente a respeito dos três desencarnados mencionados pela mulher na intimidade do seu quarto de dormir.

Nessa circunstância, Barret transmitiu alguns detalhes relativos à "crise da morte" do irmão de Mrs. Barret, observando:

> Eu me interessei em acalmá-lo, atenuando a penosa surpresa que ele sentia pelo fato de ver-se atirado em um lugar desconhecido. Ele me reconheceu na mesma hora, mas não conseguia explicar para si mesmo como eu podia estar me apresentando a ele, uma vez que eu não estava mais entre os vivos, e não parava de repetir, agitadíssimo: "Mas, você está morto! Você está morto! Você está morto!"
>
> E assim, depois de ter me participado diversas vezes que eu estava morto, ele concluiu que devia estar sonhando. Não era aquele o momento propício para fazê-lo entender

o que tinha lhe acontecido. Esperei a oportunidade, que viria depois que ele encontrasse outras pessoas por ele chamadas de mortas. E, quando isso aconteceu, ele começou a refletir sobre o estranho fato, concluindo que não poderia ter sonhado, com perfeita coerência, com tantas pessoas mortas, e que, de qualquer maneira, um sonho desse tipo não poderia prolongar-se e permanecer. Acabou, portanto, por se convencer de que estava no mundo espiritual. Ele não está aqui comigo, mas eu posso vê-lo quando quero. Ele está começando a se mostrar sereno e feliz.

P. — Então ele não estava feliz nos primeiros dias?

R. — Não, ele se encontrava em condições de perturbação mental. Não chegava a ajustar-se às condições do plano em que havia bruscamente se encontrado. Isso aconteceu porque antes de morrer ele estava preocupado com as atribulações próprias da vida. Acredito que ele exagerou a sua situação: via as coisas a partir de uma perspectiva errada, e não podia se adaptar à tal perspectiva. Acrescente a isso o fato de que, no momento da morte, suas condições mentais não estavam boas.

Mrs. Barret observa a esse respeito: "Verdade, ele estava sob a influência de fortes doses de morfina, ministradas para atenuar os sofrimentos que o martirizavam" (p. 30).

A descrição a seguir, em que Barret se refere mais uma vez à própria "crise da morte", revela-se reconfortante para todos os que consagram a vida às investigações psíquicas, suportando sofrimentos, polêmicas e amarguras de todos os tipos, herança inevitável de todos os precursores.

Barret informa:

> À minha chegada no plano espiritual, fiquei profundamente surpreso e comovido ao me dar conta de que todos se apressavam para dar as boas-vindas àquele que havia sido um "pioneiro" da nova "Ciência da Alma". Que feliz coincidência que você também, querida Florence, esteja prestes a se tornar uma "pioneira" da nova revelação! Houve um tempo em que você consideraria impossível um evento dessa natureza, e no entanto essa é a sua principal missão na Terra, assim como, agora me dou conta disso, o foi para mim. Não tenha pressa, porém. Quando chegar o momento propício, virei avisá-la (p. 104).

Nada mais restando a citar a respeito do tema da "crise da

morte", passo para o apaixonante assunto da "vidência" no passado dos grandes povos, sob forma de representações objetivadas. Barret informa:

> Para mim a alegria de viver atinge uma intensidade espiritual que jamais poderia ter considerado possível, uma vez que supera toda concepção humana. E são alegrias sentidas a cada instante do dia, se se pode chamar "dia" a uma existência onde jamais há noite.
> Quanto me sentiria feliz em poder compartilhar com você a minha exultância, visitando juntos países e povos que nós julgávamos extintos para sempre, enquanto na verdade eles ainda existem!
> Está lembrada das minhas conversas sobre o continente Atlântida? Muito bem: eu posso visitar a Atlântida, assim como o antigo Egito, contemplando-os da forma que eles eram em seu apogeu de glória. Quando um país e um povo sobrevivem, eles sobrevivem da forma que eram em seu máximo grau de evolução.
> P. — Então você pode retroceder no tempo?
> R. — A Terra é uma esfera, e ao redor dela existem outras esferas concêntricas muito mais vastas, e cada povo, cada país do mundo físico reproduzem uma duplicata sua muito mais ampla na esfera espiritual que os domina. A Inglaterra é reproduzida acima da Inglaterra, e o Egito acima do Egito, mas não assumem necessariamente a configuração, as particularidades e o colorido local da Inglaterra e do Egito atuais. O Egito está representado da forma como ele foi nos tempos da sua mais fulgurante expansão vital. E assim acontece com toda localidade e todo povo: eles são reproduzidos no período máximo da sua evolução, não importa se isso ocorreu há cinco mil anos ou há apenas um mês. Apenas o "Zênite" dos povos, como o das pessoas, é perpetuado no mundo espiritual.
> Você sabe muito bem o quanto me interessavam, em vida, as glórias dos grandes povos desaparecidos: Roma, a Atlântida, o Egito. Pode, portanto, imaginar com que imenso interesse eu contemplo agora as suas cidades, do modo como eram nos seus melhores tempos, povoadas pelos mesmos indivíduos que viveram, amaram e lutaram nelas e por elas: mas que, bem entendido, alcançaram no mundo espiritual um grau de elevação e de experiência que não podiam alcançar na Terra... (p. 143-144).

Essas as informações extraordinárias e fascinantes fornecidas pelo desencarnado professor Barret acerca da "vidência" no mundo espiritual; informações que correspondem às relatadas anteriormente e obtidas de uma mensagem de William Stead (*Caso XVI*). Antes de comentá-las mais profundamente é oportuno referir-me a outros casos consonantes de comunicações do Além sobre o mesmo tema.

O reverendo Drayton Thomas, em seu livro *Life Beyond Death, with Evidences*,[17] em que ele relata as próprias e importantes experiências com a médium Osborne Leonard, durante as quais o seu pai e a sua irmã deram provas de identificação invulneráveis a qualquer objeção, apresenta por sua vez informações sobre o assunto, que ele resume da seguinte maneira:

> Os meus familiares dizem que as regiões em que vivem os diversos povos são reproduzidas acima das suas próprias regiões. Há, por exemplo, na segunda Esfera, uma região que corresponde à Inglaterra, e há uma outra Inglaterra também na terceira Esfera, as quais se sobrepõem uma à outra. Num primeiro momento, se poderia pensar que, como os espíritos residentes em cada Esfera ali permanecem por um período de tempo muito mais longo do que no de uma existência terrena, isso deveria determinar um povoamento considerável nas regiões espirituais correspondentes a cada país. Mas não se deve esquecer que a segunda Esfera, por estar situada a uma grande distância da superfície terrestre, possui uma vastidão proporcional a essa distância, enquanto na terceira Esfera nós teremos uma Inglaterra muito mais ampla ainda, e assim por diante (p. 132-133).

O pai do reverendo Drayton Thomas, que por sua vez era um eminente ministro da Igreja Anglicana, empenha-se em contar ao filho a alegria sentida por ele ao se encontrar com grandes personagens eclesiásticos pertencentes a todas as religiões cristãs: Lutero, Wesley, Cardinali e Papi. A esse respeito, ele observa:

> Tive o prazer de conversar com os pioneiros de todas as profissões de fé cristãs, e é supremamente interessante ouvir o resumo de suas mais variadas experiências, verificando que a essa altura todos eles concordam em reconhecer que os múltiplos caminhos por eles percorridos levam todos à mesma meta... Entretanto, se na Terra eram muitos os caminhos, não é assim no mundo espiritu-

---

[17] Londres, 1928, p. 296.

al, onde um caminho único e grandioso leva diretamente a Deus.

(Drayton Thomas) — Há limites no distanciamento histórico dos personagens que você pode consultar?

(Comunicante) — Caso viesse a ser útil eu consultar, tendo o desejo de fazê-lo, um personagem histórico da Antiguidade, digamos Júlio César, isso me seria possível apesar de este personagem se encontrar na sexta Esfera. Eu poderia vê-lo e conversar com ele daqui a cinco minutos, se houvesse um bom motivo para isso...

O reverendo Thomas acrescenta:

> Os meus familiares afirmam que não apenas é possível visitar os grandes personagens do passado, como também, em certas condições, as próprias cidades em que eles viveram podem ser visitadas. Algumas delas existem permanentemente nas Esferas, enquanto há outras que existem apenas na mente dos seus habitantes, mas podem ser concretizadas por eles com a potência criadora do pensamento, fornecendo a elas uma existência transitória, mas real. Nesse caso, as antigas cidades surgem da maneira como eram, com os habitantes praticando uma ação histórica que ocorreu em uma determinada época da sua existência. Tais reproduções acontecem com finalidades de estudo e de educação. Dessa maneira, o Egito, a antiga Grécia e outras regiões que os arqueólogos da Terra pesquisam em suas ruínas são fontes de conhecimento para os estudiosos na existência espiritual (p. 203-205).

Essas são as afirmações concordantes contidas no livro do reverendo Drayton Thomas. E desta vez também, antes do comentário, acho oportuno relatar um quarto episódio do gênero.

Publicou-se em Londres um livro sobre as experiências mediúnicas que um eminente advogado do Foro de Londres teve com a médium Osborne Leonard. Por causa da sua profissão, e em virtude dos preconceitos que cercam quem se dedica a pesquisas espiritualistas, o advogado foi obrigado a manter em segredo o próprio nome. O livro chama-se *Spiritualistic Experiences of a Lawyer* (*Experiências espiritualistas de um advogado*).[18]

Trata-se de uma obra muito interessante, em que a identidade pessoal da desencarnada, mulher do advogado, da sua filha,

---

[18] Manchester, 1937, p. 178.

e de outros familiares, é provada com farto material, o que, aliás, sempre acontece nas pesquisas efetuadas com a famosa médium de que estamos falando.

A mulher e a filha do advogado também têm algo a dizer a respeito do assunto agora comentado, sobre o qual se começara a discutir devido às seguintes observações de Feda (o espírito-guia), a propósito das "pegadas no Alaska".

"As pegadas no Alaska são um fato real; vale dizer que no éter fixam-se definitivamente as marcas de todos os eventos, e tais marcas são úteis às pessoas dotadas de faculdades mediúnicas. Como são interessantes tais lembranças!" (p. 122-123).

O advogado informa:

> A esse respeito foram dadas informações que fornecem ao estudioso um tema grandioso sobre o qual meditar. A minha mulher e a minha filha me informaram que elas fazem viagens maravilhosas nas Esferas espirituais. A minha filha Thyrza prefere sobretudo viajar pelo antigo Egito e pelas redondezas de Jericó.

Ela comenta:

> Nós vemos essas regiões não como são atualmente, com as construções e modificações modernas, mas da forma como eram há milhares de anos, e uma delas é o submerso continente da Atlântida, que ainda existe. Todos os países e os povos que tiveram um passado glorioso são perpetuados no éter. Roma e Grécia existem do modo que eram nos seus tempos de glória, incluindo-se aí os seus habitantes.

A essa altura intervém o espírito-guia Feda, para fornecer elucidações complementares. Ele observa:

> A sua filha esforça-se por transmitir certas verdades espirituais que os vivos dificilmente conseguirão conceber. Há múltiplos estados de realizações espirituais, e as regiões do passado mais remoto são fotografadas no éter nesses múltiplos planos de realização. Dessa maneira, no caso da Atlântida, pode-se passar de um plano para outro observando diversas representações do mesmo continente... O que permanece impresso no éter é fotografado através da lente da Consciência Cósmica. O éter é substância sensibilíssima e retém permanentemente as impressões. Disso resulta que podemos ir visitar regiões interessantes sob

múltiplos pontos de vista, e que podemos ver quais foram os seus períodos de glória. Bem entendido, tais regiões existem no éter, mas como nós vivemos no éter, são reais para nós... (p. 112-113).

A respeito destas últimas informações de Feda, lembro-me que também no livro de Elsa Baker, *Letters from a Living Dead Man*,[19] o espírito comunicante assim se exprime sobre a antiga Grécia:

> O éter que domina aquela gloriosa península traz gravado em densa sucessão as lembranças das ações de seus habitantes: audazes no pensamento e audazes na ação. E as antigas lembranças são tão radiantes, a ponto de resplandecerem através da série de impressões que se sobrepuseram a elas...

Por fim, é oportuno observar que as impressões no éter de fatos ocorridos em um passado remoto são de tal forma reais que se tornam experimentalmente acessíveis aos "sensitivos psicometristas", como mencionei nos comentários do *Caso XVI*. Ora, uma tal circunstância concorre de uma maneira eficaz para tornar verossímeis as narrações dos desencarnados; aliás, deveria ser dito que tal circunstância de fato torna injustificável qualquer objeção sobre o assunto que seja fundamentada sobre a inverossimilhança das narrações em questão. Tendo em mente, portanto, o grande valor teórico dos casos dessa natureza, convém, para reforçar aquilo que eu disse nos comentários sobre o *Caso XVI*, acrescentar um outro fenômeno de "psicometria de ambiente" ocorrido espontaneamente, e já citado em minha monografia sobre os *Enigmas da Psicometria*.[20] Eu o havia extraído de um livro de viagens à Itália do conhecido escritor inglês George Gissing, *By the Ionian Sea* (p. 83-85). Quando ocorreu com ele o fenômeno em questão, o autor estava doente, com febre, na cidade de Crotone onde Pitágoras ensinara. Por isso pode-se presumir que a febre tenha sido a causa que o predispôs à manifestação das suas faculdades supernormais inconscientes.[21] Ele escreve:

> Eu me tornei temporariamente vidente, e isso me produziu um estado de serena e genuína felicidade, que não

---
[19] William Rider, Londres, 1914, p. 309. *Lettere di un Morto Tuttora Vivente*, Bocca, Turim, p. 214.
[20] Esta monografia foi publicada em oito capítulos, num total de 84 páginas, na revista *Luce e Ombra* (p. 225ss., de 1920, p. 208ss., de 1921).
[21] Vide *Luce e Ombra*, 1921, p. 41-44.

conhecia nem estando com saúde. Enquanto estava totalmente acordado e calmo, apresentou-se para mim uma sucessão de visões maravilhosas. Vi antes de tudo um grande vaso decorado com magníficas figuras; depois um mármore sepulcral com baixos-relevos de uma beleza clássica perfeita. Depois disso, as visões desenvolveram-se em amplitude e complexidade, e contemplei cenas da antiga vida social do lugar, vi ruas cheias de pedestres, cortejos triunfais e procissões religiosas, salas de tortura e campos de batalha. O que me surpreendia em tal sequência de visões era a maravilhosa cor do ambiente em que elas se desenrolavam e não é possível transmitir a menor ideia do esplendor que irradiava dos objetos e que iluminava cada cena, como tampouco é possível descrever o destaque dos detalhes em cada imagem visualizada. Coisas que eu não podia conhecer, para as quais a imaginação nunca poderia ter dado forma, apresentavam-se diante de mim com uma realidade absoluta. E surpreendia-me com frequência ao ver certas peças de roupas a respeito das quais eu jamais havia lido, e de motivos arquitetônicos absolutamente novos; de variadas e minuciosas características daquela remotíssima civilização, e que de maneira alguma eu poderia ter conhecido nos livros. Lembro-me de uma sucessão de rostos estupendamente bonitos, e me lembro e sinto ainda a tristeza que tive quando se desfaziam um após o outro, à minha vista.

Como prova das representações complexas que passaram diante do meu olhar, descreverei uma visão histórica que mais do que as outras ficou gravada na minha memória.

Quando Aníbal, depois da Segunda Guerra Púnica, transportou-se com o exército para a região centro-sul da Itália, ele estabeleceu em Crotone o seu quartel-general; e quando, obedecendo com relutância às ordens de Cartago, abandonou o solo romano, foi em Crotone que ele embarcou com o exército. Ele trazia um contingente de mercenários italianos, e querendo impedir que se alistassem nas fileiras inimigas, ordenou-lhes que o acompanhassem na viagem à Africa. Eles se recusaram, e então Aníbal reuniu-os na praia e mandou que fossem massacrados.

Muito bem, eu via a praia de Crotone e o promontório com o Templo, não já como surgem hoje mas como eram provavelmente há dois mil anos; e o drama dos soldados massacrados e dos mercenários abatidos sob os seus golpes passou, em cada mínimo detalhe, diante do meu

olhar atônito. E acima de tudo resplandecia um glorioso sol, brilhando em meio a uma transparência de céu tão encantadora, que só de pensar na cena sinto meu espírito invadido por aquela luz e por aquela cor.
A alegria estática daquelas visões valia com certeza os dez dias de febre com que as paguei; mas por mais que em mim fosse ardente o desejo de que se renovassem, não vi mais nada. A fenda pela qual elas chegaram até mim fechara-se para sempre. De qualquer maneira, eu acreditarei, sentirei sempre que durante uma hora foi-me concedido contemplar os espetáculos daquela antiga vida tão cara ao meu pensamento.
Caso me afirmassem que as minhas visões não correspondiam a nada de real, nesse caso gostaria que me fosse explicado por que milagre eu consegui reconstituir, na mais minuciosa e íntima perfeição, um mundo antigo que eu conhecia apenas em suas ruínas atuais.

Como se vê, o relator está intimamente convencido de que as suas visões correspondiam a algo real captado por ele devido ao afloramento fugaz da sua faculdade paranormal inconsciente, provocado pelo estado febril em que se encontrava. E a circunstância importante dos "motivos arquitetônicos" e dos "detalhes históricos ignorados", que lhe foram revelados com a mais minuciosa e surpreendente fidelidade, tende indubitavelmente a confirmar tal convicção.

Do nosso ponto de vista, observo que na narração exposta destacam-se dados de realidade que concordam de uma maneira impressionante com as narrações dos desencarnados. De fato, o nosso vidente, além de ter contemplado a cidade de Crotone como ela era há dois mil anos, também tinha observado que nas ruas circulavam pedestres usando roupas da época, e visto transitar cortejos triunfais e procissões religiosas. E na memorável visão do massacre dos mercenários, ordenada por Aníbal, ele vira a praia e o promontório do templo, não como são hoje, com as ruínas daquele mesmo templo, mas como deviam ser há dois mil anos.

Dito isso, considere-se que tais informações surpreendentes mostram-se iguais àquelas relatadas pelos desencarnados, e que parecem aos não iniciados inverossímeis demais para serem autênticas. Disso resulta que o fato de encontrá-las idênticas nas visões clarividentes dos "sensitivos" é uma prova eloquente a favor da autenticidade das narrações dos desencarnados, assim como o fenômeno experimental da "fotografia do pensamento" havia tornado verossímeis as narrações dos espíritos sobre a potência criadora do pensamento no mundo espiritual.

E aqui me vem à mente uma ideia que, apesar de não estar ainda bem desenvolvida, não consigo evitar de passar para o papel: uma vez que as pesquisas sobre hipnose revelaram a existência no homem de uma "memória integral inconsciente", em que estão indelevelmente gravados todos os acontecimentos da vida, e que o mesmo prodígio se realiza em proporções infinitas no éter cósmico, no qual estão indelevelmente gravados todos os eventos do universo criado, disso resulta que por lei de analogia se é levado a concluir que o substrato da "memória integral inconsciente" deve ser constituído por uma modalidade *sui generis* de "éter vitalizado". E eis assim confirmada, de um ponto de vista inesperado, a existência no homem de um "cérebro etéreo" imanente no "cérebro somático", do mesmo modo que no "corpo somático" existia imanente um "corpo etéreo" gerador dos fenômenos de desdobramento. Ora, como isso equivale a reconhecer a identidade da natureza entre o "éter do espaço" e o "éter vitalizado" imanente no "cérebro somático", a conclusão é que o "cérebro etéreo" aparece como o órgão permanente e imortal da consciência humana identificada, assim como o "éter do espaço" é o órgão permanente e eterno da memória do infinito, ou seja, da "Consciência Cósmica Impessoal", que é o mesmo que dizer Deus.

Caso XX — Selecionei-o da importante obra de William Stead, *Letters from Julia*[22] (título que na décima edição foi mudado para *After Death*), em que tudo o que Júlia, a amiga desencarnada de Stead, tem a relatar a respeito do ambiente espiritual é de tal forma interessante e instrutivo que se torna difícil a tarefa de proceder a uma seleção de informações a título de ensaio.

Com relação às provas de identificação pessoal fornecidas pela desencarnada, pode-se afirmar que elas se desenvolveram sem interrupções, e que quase nunca foram pedidas, mas brotaram do contexto das próprias mensagens. Stead, no prefácio da décima edição, apresenta um ensaio importante a esse respeito, escolhido entre as provas que conseguiu pessoalmente sob for-

---

[22] As *Letters from Julia* foram publicadas na revista *Borderland* (que apareceu de 1893 a 1897), e depois reunidas em livro com o título de *After Death, Enlarged Edition of Letters from Julia*, Stead's Publishing House, Londres, 1914, p. 164. (Em 1921 ficou pronta a décima edição.) (G.D.B.)

mas diversas.

Quanto às origens das *Cartas de Júlia*, é oportuno deixar claro que a jovem mulher com esse nome, amiga de Stead, tinha uma profunda amizade por outra, chamada Helena, e, como acontece algumas vezes em circunstâncias semelhantes, as duas amigas tinham feito entre si um pacto solene, segundo o qual a primeira das duas que fosse levada pela morte apareceria para a outra, a fim de dissipar toda dúvida a respeito do que existe no Além. Júlia morreu primeiro e a sobrevivente esperou em vão, por alguns meses, que a amiga se manifestasse. Afinal, certa noite Helena acordou sobressaltada, percebendo ao seu lado, no quarto iluminado por uma ofuscante luminosidade espiritual, a amiga que lhe sorria com muita expressividade, como se quisesse fazê-la compreender que viera cumprir a sua parte no pacto.

Muitos meses mais tarde, Helena teve que ir à cidade onde residia William Stead, e ali Júlia apareceu-lhe novamente de uma forma muito impressionante, o que fez com que Helena decidisse procurar Stead a fim de informá-lo sobre o que estava acontecendo com ela, e terminou a sua narração deste modo:

> Em ambos os casos Júlia apareceu para mim de uma forma análoga: eu estava dormindo e fui acordada de sobressalto, percebendo a meu lado a minha amiga, viva e sorridente. Permaneceu assim por alguns minutos, depois começou a se dissipar, a ficar transparente, a se desfazer, permanecendo em seu lugar, por um curto período de tempo, uma espécie de coluna luminosa. Da primeira vez, à medida que se atenuava a profunda impressão recebida, sentia-me cada vez mais inclinada a suspeitar ter sido vítima de uma alucinação. Entretanto, depois da outra aparição prodigiosa, tenho certeza de que me encontrei na presença da minha amiga. Via-a e observei-a com perfeita alma: era Júlia, que viera cumprir o pacto. E, apesar de ela não ter condições de falar, estou certa de que tinha uma mensagem para me transmitir, e talvez o tenha feito, só que não cheguei a captá-la.

A partir dessa entrevista com William Stead, ele, que possuía em grau considerável a capacidade da escrita mediúnica, propôs a Helena tentar a prova de entrar em contato com Júlia. Isso se realizou imediatamente, tendo início assim uma longa série de "cartas endereçadas a Helena", que Stead recebia e mandava para a sua amiga. Seguiram-se mensagens sobre as modalidades da vida espiritual, diretamente transmitidas a Stead. Muitas delas formam o conteúdo da obra examinada.

Uma característica curiosa e interessante dessas mensagens consiste no fato de que a mente de William Stead, sempre ávida por saber mais sobre o assunto, não podia deixar de formular por escrito, mas sobretudo mentalmente, repetidos pedidos de esclarecimentos, assim como apresentava objeções, a serem dirigidos a Júlia no devido momento. Mas, como Júlia captava essas mensagens telepaticamente, fazia contínuas exortações a Stead para que ele se abstivesse de formulá-las, uma vez que devido a uma perfeita receptividade da sua parte, corria-se o risco do surgimento de interferências inconscientes. A esse respeito, Stead observa:

> Provavelmente os leitores irão deplorar as contínuas interrupções nas mensagens em consequência das interferências provocadas pelas minhas perguntas e objeções, quer mentais quer por escrito; entretanto, refletindo melhor, eles reconhecerão que era meu dever reproduzir cuidadosamente as cartas de Júlia exatamente da forma pela qual elas se manifestaram. Isso permitia tornar conhecidos os pensamentos e as objeções, à medida que surgiam na mente consciente daquele que servia como médium para a transmissão das próprias mensagens. Não fosse por outra razão, tais interpolações serviram para demonstrar quão distantes da verdade estão aqueles que afirmam que as *Cartas de Júlia* são uma derivação daquilo que eu pensava a esse respeito (p. 34, do prefácio).

Na primeira carta de Júlia à Helena, esta encontrava-se presente, e Júlia começou dizendo:

> Minha querida, quando me vi exilada da vida terrena, você pensou que eu tinha me afastado para sempre de você; ou, pelo menos, me afastado até que tivesse chegado para você também a hora de vir ao meu encontro. E, no entanto, eu jamais estive tão próxima de você como desde o dia em que estou, como vocês dizem, morta.
> Encontrei-me de repente liberta do corpo, de pé ao lado do leito em que ele jazia, e a sensação era muito esquisita. Percebia todas as coisas à minha volta exatamente como se ainda estivesse no corpo. Não sofri nenhuma dor na crise da separação; tive, isso sim, um sentido de paz serena e livre de preocupações, da qual me sacudi para

encontrar-me, como já disse, de pé ao lado da minha velha carcaça. Naquele momento não havia ninguém no quarto: estava só com o meu cadáver. Num primeiro momento não sabia dar-me conta do porquê, de um momento para outro, eu tinha me sentido estranhamente curada. Mas, quando vi o meu corpo enrijecido no leito, compreendi o que tinha acontecido comigo. Enquanto ainda estava absorta nesse pensamento, a porta abriu-se e vi entrar H. Ela apresentava o rosto profundamente desolado e dirigiu palavras de amor doloridas para o meu corpo, como se ele fosse capaz de ouví-las. Eu estava ao lado dela, bem perto, mas todos os seus pensamentos estavam de tal forma concentrados no pobre corpo que eu havia abandonado, e a situação me pareceu tão absurda, que me deu vontade de rir. Não tentei falar com ela, na esperança de que, depois de deixar de prestar atenção ao meu corpo, ela fosse capaz de me ouvir. Entretanto, de repente, uma luminosidade ofuscante tomou conta do quarto: um anjo havia entrado, o meu "anjo da guarda" ou, mais precisamente, o meu mentor espiritual, que se voltou para mim e disse: "Vim para guiá-la e ensiná-la sobre as leis da existência espiritual". Eu olhava para ele admirada, surpresa, e ele, tocando de leve no meu ombro, disse: "Venha comigo, é hora de irmos embora". Abandonamos juntos o quarto e o corpo, descendo para a estrada. Como estava tudo mudado! Como todas as coisas pareciam diferentes! A estrada estava povoada de espíritos que eu conseguia ver perfeitamente. Eram em tudo semelhantes a mim e ao meu "anjo da guarda", que se vestia de branco e era majestosamente lindo. Depois de algum tempo deixamos a estrada elevando-nos rapidamente para cima, até que chegamos em ambiente espiritual, onde encontrei muitos amigos desencarnados que me ensinaram as primeiras normas a serem seguidas ali. A principal delas era que eu tinha de me tornar útil, segundo as minhas disposições naturais. Fiquei sabendo através dos desencarnados que as atividades deles não diferiam em linhas gerais das que eles haviam tido na Terra: viviam e eram felizes, cuidando com agradável espontaneidade das suas tarefas e adequando-se em tudo à grande lei do amor. Naturalmente, as tarefas de cada um não tinham como objetivo ganhar o pão cotidiano, mas eram igualmente absorventes e traziam uma satisfação muito maior.

Após uma curta permanência naquele ambiente delicioso, fui colhida pela lembrança premente de você, minha querida, e por isso senti-me tomada por um vivo desejo de voltar ao seu mundo, e o meu anjo da guarda logo me levou de volta ao meu ambiente doméstico. Deparei com o meu corpo ainda estendido no leito e, por mais que o fato não tivesse nenhum interesse para mim, fiquei dolorosamente surpreendida ao ver muitas pessoas queridas que soluçavam em silêncio ao redor do leito, e entre elas estava você! Eu contemplava, ó minha querida, o seu rosto banhado de lágrimas. Queria mesmo poder falar com você, confortá-la, informá-la de que, longe de estar morta, eu estava ali a seu lado, mais viva do que nunca, mas não me foi possível fazê-la compreender... Tentei, mas você não me ouvia! Desolada, pedi ao meu "anjo da guarda": "Mas será sempre assim? Jamais chegarei a me fazer compreender?" Respondeu: "Virá o dia em que você poderá conversar livremente com a sua amiga; mas, por enquanto, ela não está em condições de ouvi-la e muito menos de vê-la. Espere".

Essas as primeiras notícias de Júlia a respeito da crise do próprio traspasse. Outras informações complementares se seguiram em diversas oportunidades e delas retirarei alguns trechos. Mas, antes de prosseguir, é oportuno destacar a circunstância inusitada da desencarnada que, em vez de ser acolhida no mundo espiritual por familiares e amigos, foi recebida por seu próprio mentor espiritual.

(É sabido que, segundo a norma da doutrina espírita, cada ser vivo possui um mentor espiritual que o assiste, até onde é permitido, com sugestões e intuições, durante a existência terrena, o que de resto se identifica com o "anjo da guarda" da doutrina católica.)

A razão da intervenção inusitada do mentor espiritual no caso de Júlia foi explicada por ela mesma a Stead em outra oportunidade. Ela escreve:

Quando o espírito levanta-se do corpo, é recebido e assistido pelos familiares e pelos amigos mais queridos. Algumas vezes, entretanto, antes que isso aconteça, há um intervalo de tempo mais ou menos longo, e este foi o meu caso. Eis o motivo: eu morri ainda jovem, no pleno florescer da vida, assim, não tinha no mundo espiritual nenhuma pessoa que fosse minha parente próxima e nenhuma amiga do coração que me fizesse desejar encontrá-la e abraçá-la sem maiores hesitações. Se, por exemplo, Helena tivesse morrido antes de mim, o meu primeiro pensamento teria sido para ela, que sem sombra de dúvidas teria acorrido ao meu encontro, junto com o meu "anjo da guarda". Entretanto, no meu caso, todas as aspirações do meu coração estavam voltadas para o mundo dos vivos, e no caso que se referia ao plano espiritual, eu sentia apenas uma sensação de surpresa combinada com uma viva curiosidade, o que é muito diferente da urgente e apaixonada aspiração da alma por uma pessoa querida que se deseja logo rever. Esse o motivo pelo qual o meu "anjo da guarda" foi o primeiro a me receber no mundo espiritual (p. 38-39).

Anteriormente (p. 26-27), Júlia fornecera outros detalhes sobre o tema da crise da morte:

> Quando o espírito abandona o corpo e desperta no mundo espiritual, se dá conta de que está nu, como por ocasião do nascimento terreno. Pelo menos foi o que aconteceu comigo... Pensei, portanto, com vivo desejo no meu penhoar, e na mesma hora me vi vestida. Quando desejamos muito uma coisa, ela toma forma na mesma hora. Eu não tenho a mínima lembrança de ter vestido alguma roupa: o sentido da necessidade basta para criar aquilo de que necessitamos...
>
> ... Há desencarnados que, pelas condições em que se dá a passagem, encontram-se momentaneamente atirados e sozinhos em um mundo desconhecido e estranho, o que lhes causa uma certa sensação de medo, por pensarem na possibilidade de se deparar com algum ser hostil. Ora, é nestas circunstâncias que intervêm os seus "anjos da guarda", dos quais já tive oportunidade de falar. Pelo que me foi dado verificar, esses "mensageiros do amor" interferem em favor de todos os recém-chegados ao mundo espiritual, no sentido de que não há distinção entre bons e maus. Todos os espíritos que desencarnam são assistidos pelos seus "anjos da guarda", com a diferença de que os maus não os percebem. Apenas os desencarnados normalmente bons podem aproveitar conscientemente as suas sugestões e perceber constantemente a sua presença... Ao contrário, os outros a ignoram, e quando os "anjos da guarda" tentam aproximar-se deles para iniciar a sua redenção, eles não os veem, não os sentem e nada percebem. Entretanto, assim mesmo os "anjos da guarda"

vigiam amorosamente aquelas pobres almas extraviadas que padecem de intensos sofrimentos morais, necessários quando se quer limpar as manchas impressas em suas almas por uma existência encarnada em que não deram amor. Tais sofrimentos, quando convertidos em remorsos, preparam a sua redenção (p. 26-27).

... Quando o meu "anjo da guarda" dirigiu-me pela primeira vez a palavra, eu me senti vibrar pela surpresa e pela emoção: havia reconhecido aquela voz! E era assim mesmo: de fato, ele me vigiara e aconselhara durante a vida encarnada, apesar de eu nada saber a respeito. Assim, considerei-o como uma parte de mim mesma e, por essa razão, no início julguei-o uma mulher... Todos os seres vivos dispõem do seu "anjo da guarda" que, apesar de ignorado, transmite sugestões de bondade ou dissuade do mal, nos limites do possível. Os "anjos da guarda" se relacionam com os seres vivos através dos pensamentos e os seus conselhos são acolhidos com frequência, apesar de os vivos considerá-los inspirações da sua própria mente... (p. 32-33).

Quando o meu "anjo da guarda" me levou até os meus desencarnados conhecidos, encontrei cinco ou seis deles reunidos, entre parentes e amigos. Mas a maior e mais bela surpresa para mim foi o encontro com a minha irmãzinha que morrera na infância e que tinha a mesma aparência de menina do momento da sua partida, há muitos anos. Na época, fora como se eu a tivesse perdido para sempre. Já podemos compreender que ela havia assumido a aparência de menina para que eu pudesse reconhecê-la. Mais tarde, entretanto, depois que parentes e amigos haviam me dado as primeiras noções sobre as formas de vida espiritual, minha irmãzinha retomou a sua aparência atual, ou seja, a de uma esplêndida jovem.

Não há nenhuma dificuldade para nós em assumirmos temporariamente a forma que desejamos diante das necessidades do momento... Não, não pretendo dizer, como você está pensando, que podemos assumir permanentemente qualquer aparência; podemos apenas ter durante algum tempo a forma que se nos faz necessária diante das circunstâncias do momento, uma vez que o pensamento não é apenas capaz de ser artista, pintor e escultor, mas também de manipular à vontade o próprio "corpo etéreo". De qualquer maneira, nós não precisamos recorrer a tais manipulações em ambiente espiritual, exceção feita para

as ocasiões em que chegam da Terra parentes e amigos dos quais estávamos separados há muito tempo. Nesses casos, recorremos à capacidade criadora do pensamento a fim de assumirmos aparências tangíveis de acordo com as lembranças distantes dos recém-chegados.
(W. Stead) — Você pode me explicar como conseguem atingir esse objetivo?
(Júlia) — Não, não entrarei em detalhes explicativos a esse respeito, pois há assuntos muito mais importantes para vocês, sobre os quais devo falar (p. 40-41).
... Há coisas que tenho alguma dificuldade para transmitir; outras que me são impossíveis relatar, e outras ainda que nos são proibidas de revelar aos vivos. Ainda assim, há um grande número de verdades simples que eu posso transmitir aos seres vivos com a ajuda da sua mão, contanto que eu consiga persuadi-lo a manter-se passivo...
Quando se morre, passa-se por uma crise que, dependendo do caso, difere consideravelmente. Proponho-me, portanto, a começar por descrever aquilo que sentem as diferentes categorias de pessoas prestes a morrer. Em minhas cartas já expliquei o que senti: nenhuma dor, nenhuma surpresa penosa, nenhuma sensação especial, a não ser a de despertar de um sono profundo e me encontrar perfeitamente curada. Essa é a minha experiência e foi muito boa; de resto, essa é a mais comum. Não se trata, entretanto, de um caso geral. Como já disse, são muito variadas as formas pelas quais se deixa o corpo. Nos casos como o meu, experimenta-se uma sensação de paz, de alívio, de delicioso abandono. O defunto (essa palavra é absurda, mas recorro a ela na falta de coisa melhor) sente-se plenamente curado. Os sofrimentos físicos se dissipam como que por encanto e a primeira sensação é a de profundo conforto; ao mesmo tempo, todas as coisas ao redor parecem tão naturais que quase todos ignoram estar mortos, e isso aconteceu comigo também. De que maneira, então, duvidar que não se está mais entre os vivos, uma vez que nos sentimos de posse de todas as nossas faculdades? Vemos, sentimos, passeamos e nada de diferente se observa no ambiente familiar. Mas quando, afinal, percebem-se as circunstâncias capazes de nos fazer compreender, então, sentimo-nos invadidos por uma enorme surpresa, que pode ser ou não acompanhada de fortes emoções. Ainda assim a maioria se pergunta: "Isto é a morte? Se é assim, então não há morte". A crise espe-

rada com tanta apreensão ocorreu de uma forma tão diferente daquilo que se esperava! De fato, a maioria de nós esperava o aniquilamento do ser com a morte do corpo. E, ao contrário, na hora em que o fato acontece ficamos sabendo que o "palmo de vida" vivido no corpo físico nada mais é do que um minúsculo segmento do grandioso ciclo do Ser. Segue-se sempre em frente com a Vida. É uma evolução que nunca para. Algumas vezes a gente adormece, mas sempre se acaba despertando.

(A essa altura, perguntei: "Existe ou não uma espécie de juízo?")

(Júlia) — Faça o favor de não me interromper. Deixe-me descrever, da forma mais simples possível, as vicissitudes da desencarnação de vocês.

Então, quando uma pessoa morre, ela desperta para reencontrar-se da forma que era antes. Sempre ele, ou sempre ela. Caso se trate de uma criança, ela se vê como a criança que era antes; caso se trate de um velho, ele continua a ser o mesmo velho. Se assim não fosse, vocês perderiam a identidade pessoal e imaginariam ter encarnado no corpo de outro.

(A essa altura, o meu pensamento não pôde deixar de questionar: "E os corcundas? Os cegos? Os aleijados?")

(Júlia) — Caro amigo, responderei a essas questões também, mas farei isso depois, uma vez que, se você continuar a me fazer perguntas mentais, eu não poderei desenvolver a minha missão. Esforce-se por se manter passivo, se lhe for possível. Se a sua mente remói sem cessar novas perguntas, eu não poderei me utilizar da sua mão. Esforço-me por cumprir a missão que assumi, mas se você não consegue manter-se passivo, receio que estarei impedida de executá-la.

Quando um recém-nascido morre, a consciência dele quase não chegou a funcionar no plano terreno. Na realidade, ele nasceu no nosso mundo, em vez de nascer no de vocês. Nenhuma experiência terrena, nenhuma reminiscência do mundo de vocês. Ele viverá e se desenvolverá em ambiente espiritual...

(W. Stead) — Querida Júlia, o meu cérebro é um redemoinho de ideias e não posso ficar sem lhe dirigir algumas perguntas. Por exemplo, a população do nosso mundo conta com cerca de 1,5 bilhão de almas[23] e a média de mortes é de vinte mil por ano. Disso resulta que há seis

---

[23] Essa estimativa refere-se à população mundial da época em que a obra foi compilada. (N. do E.)

mortos por minuto, ou seja, vinte milhões por ano. Onde vocês hospedam essa nascente inesgotável de espíritos?
(Júlia) — Caro William, a sua pergunta é racional, mas eu devo continuar com a minha missão.
Há outra categoria de desencarnados que perde por algum tempo toda e qualquer lembrança da sua existência terrena, e outros que permanecem durante longo tempo em condições de total inconsciência... Isso acontece em geral com aqueles que não acreditavam na sobrevivência ou, se acreditavam, tinham-na imaginado muito diferente... Mas são relativamente poucos. De fato, eu quis interrogar numerosos espíritos sobre o assunto da crise da morte e a maioria me confirmou que nossas experiências eram parecidas. A maioria não pode nem mesmo afirmar que se lembra do momento exato da separação. Entretanto, há alguns que afirmam ter abandonado o corpo físico antes que ele parasse de respirar, e outros que contam ter ficado no corpo por algum tempo depois que este já estava extinto. Trata-se, no entanto, de exceções, e a imensa maioria afirma as mesmas coisas: que caíram numa espécie de torpor e depois se encontraram despertos, curados, no mesmo lugar em que viviam, e num primeiro momento não conseguiram se dar conta de que não estavam mais entre os vivos. Isso acontece também com algumas confissões cristãs, nas quais a pessoa que está à morte chega a ser preparada com ritos solenes. Nesse caso, a pessoa sabia estar morrendo, mas não imaginava que a morte consiste em despertar completamente bem, curada, com todas as capacidades sensitivas e mnemônicas, no mesmo ambiente em que havia sido tomada pelo torpor da morte. Por isso, o evento causa tão profunda surpresa e desorientação nela quanto nos outros que estão à beira da morte. Acreditam estar sonhando e receiam um despertar que traga novos sofrimentos.
Alerto que tudo o que eu disse refere-se ao instante que se segue ao despertar após a morte, e é a experiência da grande maioria dos desencarnados. Mas repito que há muitas, muitíssimas exceções; entretanto, lembre-se de que a morte nada mais é do que um despertar livre de todos os males, um despertar acompanhado por uma sensação inevitável de grande estupor misturado com curiosidade e uma transitória impressão de desorientamento (p. 119-130).
Por outro lado, algumas vezes, mesmo antes da morte,

quando o espírito ainda está vinculado ao corpo, a pessoa percebe os próprios desencarnados que vieram recebê-la, ouve as suas palavras de conforto e pode também vislumbrar o próprio "anjo da guarda", além de ouvir o eco maravilhoso da "música das Esferas". Trata-se, porém, de casos relativamente pouco frequentes, uma vez que quase sempre, enquanto o espírito não se libertou do corpo, o ser nada compreende no mundo espiritual.

(Por favor, deixe de formular perguntas mentais. Conserve-se passivo. Assim que começo a minha transmissão, em seu cérebro desperta um tumulto de ideias que se parece com uma tempestade que tenho dificuldade de dominar.)

Quando eu disse que os "anjos da guarda" intervêm na cabeceira dos que estão à morte, deveria ter acrescentado que isso acontece com uma certa frequência, mas nem sempre. Algumas vezes ocorre algo pior, que é a ausência de espíritos para recebê-los...

(Caro William, você deve me permitir escrever nos termos que considero oportunos para me expressar, sem interferir com as suas dúvidas e objeções.)

Você pode rejeitar a ideia agora expressa, mas isso não impede que seja verdade o fato de que às vezes o espírito desencarnado se encontra só e mergulhado nas trevas. Nada percebe, nada sente, mas compreende que está atirado e perdido em um ambiente de desolação oprimente e em condições de um isolamento aterrador. Essas são as regiões infernais, uma vez que o inferno não é uma fábula, é um lugar que recebe aqueles que tudo fizeram em vida para gravitar ali depois de mortos. É essa região que a eles cabe, aonde são levados automaticamente pela inexorável "lei de afinidade"; do mesmo modo, as regiões celestiais acolhem aqueles que em vida agiram de forma a gravitar, depois de mortos, no lugar que mereceram, sendo transportados para lá também automaticamente, por efeito da mesma grandiosa "lei de afinidade".

As suas perguntas mentais obrigam-me a responder algumas vezes, e agora respondo: Não, não se trata de inferno entendido no sentido punitivo, exceção feita para circunstâncias ocasionais e transitórias. As Leis do Universo são a obra de Deus, e Deus é Amor. Nenhuma pena no nosso mundo, e no de vocês, é aplicada sem algum objetivo. Isso é o que pode parecer para vocês, mas o fato é que as penas e amarguras que os seres vivos sofrem têm finalida-

des didáticas e oferecem, em proporção direta, vantagens e benefícios espirituais para as presumidas vítimas.
O inferno é um grande "asilo de purificação". Ali se concentram todos os que viveram sem dar amor, que fizeram más ações, que tiveram aspirações ou intenções maléficas longamente acalentadas nos recessos da alma. Ali se colhe tudo aquilo que se semeou. A esse respeito você certamente não vai imaginar que as sanções no mundo espiritual devam ser menos inflexíveis do que as terrenas. Mas verifica-se que os próprios "condenados" não se julgam tão inflexíveis como no mundo dos vivos, pois compreendem melhor a justiça no novo plano. Por outro lado, assim que um mau dá sinais de se corrigir, aguarda-o imediatamente a indulgência divina, e os seus sofrimentos morais acabam sendo atenuados. Vocês não podem avaliar as gravíssimas consequências de uma existência de culpas, enquanto os seus resultados não são percebidos no plano espiritual. No mundo de vocês tais consequências são, com muita frequência, mantidas às escondidas. Aqui, ao contrário, são visíveis para o próprio culpado. Ele percebe e compreende todo o horror das próprias ações, e essa conscientização é aterradora para ele. Da mesma maneira que as almas que deram amor são acolhidas no ambiente espiritual pelas pessoas que amaram e ajudaram, as que odiaram, injuriaram, arruinaram o próximo reencontrarão as suas vítimas, que não terão necessidade do chicote para flagelá-las e fazê-las tremer de pavor. Bastará que digam: "Olhe para os seus feitos e veja o estado a que você me reduziu em vida".
(W. Stead) — Mas, Júlia...
(Júlia) — Nenhuma objeção. Pare.
O fato dos "sem amor" é triste, sem dúvida, mas nada tem de desesperador. Já lhe disse: "A alegria maior do Paraíso é esvaziar o Inferno" (p. 124-128).

A esta altura dou-me conta de já ter me excedido nas citações. Apresso-me, portanto, a relatar mais alguns trechos das mensagens de Júlia a respeito do tema do sexo no mundo espiritual, sobre o qual ela tem algo de novo a dizer. Já desde as suas primeiras cartas à amiga Helena observara:

> Permanecemos os mesmos em cada relação. Nenhuma interrupção nos cinco sentidos, na consciência de si, nas lembranças terrenas e na distinção dos sexos. Eu era uma mulher na Terra e continuo sendo uma mulher no mundo

espiritual. Nenhuma mudança a respeito disso; mas, ao mesmo tempo, as funções dos sexos desenvolvem-se de uma forma bem diferente (p. 31-32).

Em outra oportunidade, Júlia volta com maior amplitude de detalhes sobre o mesmo tema:

> Caro William, desta vez desejo informá-lo acerca de um assunto que pode interessar a vocês, ou seja, as relações entre os sexos no nosso mundo. Você sabe que na Bíblia Sagrada está escrito que no Paraíso "não há casamentos, não há uniões, pois se existe à maneira dos anjos". O que é verdade, uma vez que a natureza angelical não é a natureza humana, e nós não temos as restrições ainda necessárias a vocês, seres vivos. Disso resulta que estamos em condição de distinguir aqueles aspectos da questão dos sexos que as limitações físicas impossibilitam-nos de vislumbrar. E é bem verdade que nós, "à maneira dos anjos no céu", podemos entrar livremente em íntimas relações espirituais entre nós sem as restrições sobre as quais vocês tanto insistem, com razão; e isso acontece porque nós não somos mais limitados pelo sexo.
> Caro William, todas as concepções terrenas relativas ao amor são mais ou menos percebidas pelo fato de que a união entre os sexos se localiza nos órgãos físicos indispensáveis à procriação. Entretanto, esse grande objetivo de gerar não mais existe, aqui no nosso mundo não nos multiplicamos e, consequentemente, não procriamos, então não existe mais a convergência de todos os sentimentos de amor às regiões destinadas a fecundar. Quando nos unimos harmoniosamente com um espírito do outro sexo por quem nos sentimos atraídos, não temos necessidade de órgãos especializados para esta união, pois os órgãos tornam-se para nós um anacronismo como o apêndice no corpo humano.
> Repito, portanto, que a Bíblia Sagrada afirma a verdade: "Não se acasala e não se casa"; mas, "como os anjos do céu", estamos livres para nos identificarmos um com o outro, formando uma única individualidade. E isso enquanto as sutilíssimas vibrações dos dois espíritos amantes estiverem perfeitamente sintonizadas entre si. O êxtase celestial puríssimo de tais uniões transcende em muito o êxtase físico do amor terreno, assim como todo o corpo humano excede, em proporção, à pequena fração destinada à procriação. Nenhuma restrição na liberdade de amar. Caso

aconteça que entre os recém-chegados estejam espíritos incapazes de vibrar em uníssono com outros, de sexo diferente — e isso enquanto os únicos espíritos com os quais eles ou elas vibram em uníssono são os do amado ou da amada deixados na Terra —, tais espíritos permanecem no estado de "solteiros" ou de "solteiras" no mundo espiritual enquanto as suas "almas gêmeas" do mundo dos vivos não vêm ao seu encontro.

Lembre-se, portanto, de que o sexo persiste no nosso mundo, mas o problema dos sexos é muito mais amplo e profundo do que parece no mundo de vocês, onde ele é limitado pelos órgãos físicos, nos quais encontra a própria expressão (p. 150-153).

Esses os trechos substanciais relativos ao sexo e ao amor espiritual transmitidos a William Stead pela amiga morta. Observo a respeito que as informações fornecidas são as mais amplas transmitidas a nós nas mensagens transcendentais; ou, pelo menos, isso é o que emerge das minhas classificações. Numerosos são os desencarnados comunicantes que se referem ao tema, mas fazem-no constantemente de maneira vaga e reticente, observando que o sexo e o amor, mesmo existindo no mundo espiritual, manifestam-se de uma maneira diferente, incompreensível aos seres vivos. Noto que, no fundo, as informações de Júlia confirmam tais sustentações; entretanto, de qualquer forma, é preciso convir que os próprios esclarecimentos são expressos de maneira tão simples e clara que tornam o tema concebível inclusive aos seres vivos. Sobretudo se se considera que nos fenômenos investigados pela metapsíquica já se observa algo de análogo ao mistério da "identificação" de que fala Júlia. Refiro-me com isso ao fenômeno de *psicometria*, em que os sensitivos manifestam o sentido da "identificação" com as pessoas, ou mesmo com os animais vivos ou mortos, com os quais entraram em relação psíquica.

Em minha monografia sobre os *Enigmas da Psicometria* citei alguns exemplos impressionantes. Lembro-me do caso da sensitiva Edith Hawthorne, à qual foi entregue um invólucro selado contendo uma pluma cortada da asa de um pombo-correio quando retornava de uma longa viagem coroada de sucesso. A sensitiva identificou-se de tal forma na minúscula psique do pombo, a ponto de viver a sua vida e sentir em si mesma as sensações, as percepções, as manifestações emocionais e afetivas que preocupavam aquela pequena alma durante o voo de volta ao próprio pombal — sentimentos e emoções que correspondiam de forma surpreendente às tempestuosas e perigosas variações do seu longuíssimo voo.[24]

Lembro-me também do caso do professor Denton que, após apresentar à sensitiva um pequeno invólucro, contendo um fragmento de esmalte retirado de uma presa pré-histórica de "mastodonte", acabou assistindo ao fenômeno da "identificação" da sensitiva com o animal em questão. Tomada de viva agitação, ela assim se expressara:

> Sinto-me um autêntico monstro, com pernas poderosas, cabeça de movimentos limitados e corpo colossal. Dirijo-me às margens de um rio pouco profundo para satisfazer a minha sede. As minhas maxilas são tão grossas e pesadas que quase não consigo abri-las. Sinto que caminho sobre quatro patas.
> Ouço ecoar gritos na floresta e sinto o impulso de responder a eles. As minhas orelhas tão enormes parecem de couro e quando mexo a cabeça elas batem em meu focinho. Nas proximidades encontram-se outros seres semelhantes muito mais velhos do que eu. Sinto-me impedida de falar com estas pesadas maxilas de cor escura. Vejo um semelhante meu muito velho, com longas presas, e vejo outros bastante jovens: somos uma manada.
> Sinto que posso mover o lábio superior de uma forma curiosa, uma vez que o viro para cima. Parece-me tão estranho poder fazer tal coisa!
> Aqui perto cresce uma planta mais alta do que a minha cabeça, de tronco grosso como o braço, muito suculenta, muito adocicada e macia. Tem um sabor semelhante ao do trigo verde, mas é mais doce.

O professor Denton pergunta: "Este é o sabor que deveria ter para um ser humano"? A sensitiva responde: "Oh, não!" (sua boca dobra-se numa careta de desgosto). "Seria para nós extremamente desagradável, diria mesmo enjoativa".[25]

Nesses fenômenos da "identificação" psicométrica, a fusão das individualidades é tal que no caso citado a sensitiva saboreia o gosto das plantas com as quais o mastodonte se alimentava e revela poder virar para cima o próprio lábio, como fazem os pa-

---

[24] Vide *Luce e Ombra*, 1920, p. 41-44.
[25] *Luce e Ombra*, 1920, p. 305-308.

quidermes. Deve-se, portanto, reconhecer que, apesar de tais fenômenos diferirem intrinsecamente da "identificação" espiritual descrita por Júlia, ainda assim nos ajudam a compreender, tornando verossímeis e inteligíveis, os esclarecimentos fornecidos pela desencarnada. E os comentários que eu havia feito sobre o episódio em questão concorrem para demonstrar tal coisa. Eu me expressava da seguinte maneira:

> Querendo compreender ainda mais a razão dos fatos, poderíamos destacar que eles presumivelmente têm a sua origem a partir de um fenômeno de "sintonia" entre o sistema de "vibrações" que constitui a personalidade do sensitivo e o sistema de "vibrações" preservado na "aura" psicométrica: ou seja, quando o sensitivo entra em relação com a "aura" preservada em um determinado objeto (o que significaria que ele chegou a sintonizar o sistema de vibrações que constituem a própria natureza com o sistema de vibrações preservado na "aura" que o interessa — se assim não fosse, ele não a perceberia e não a interpretaria), então ele vibra em uníssono com o sistema de vibrações da "aura". Isso significa que ele sentirá em si mesmo todas as sensações orgânico-psíquicas que contribuem para especializar o sistema de vibrações preservado na "aura" psicométrica; dessa maneira, ele deverá sentir-se "identificado" com a pessoa viva ou morta, ou com o ser animal ao qual se refere a "aura" preservada no objeto.
> Este ressurgir rigorosamente verídico das sensações orgânico-psíquicas de um determinado indivíduo em razão das vibrações armazenadas em estado latente no éter interatômico contido no objeto psicométrico, fenômeno à primeira vista surpreendente, é hoje em dia admiravelmente reproduzido pelo "rádio". Neste, as vibrações da voz de um locutor, transformadas pelo aparelho em vibrações elétricas, atravessam em um átimo o diâmetro terrestre e, por obra de outro aparelho transformador em sentido inverso, ressurgem em forma de vibrações fônicas, reproduzindo exatamente a voz do orador que naquele momento fala do outro hemisfério. E, se assim é, então não é mais o caso de se surpreender se o mesmo fenômeno se realiza nas experiências de psicometria.

Assim eu me expressava no meu comentário, e parece-me que as induções ali expostas valem para elucidar de uma maneira satisfatória as revelações de Júlia, tornando-as concebíveis, além de verossímeis. De fato, tanto em um caso como no outro, fala-se de "vibrações" que se harmonizam em uníssono, gerando um estado de temporária "identificação" de duas individualidades em uma só. Há, portanto, identidade específica da causa determinante. Além disso, quero acrescentar que, com base no que se deduz nos fenômenos de psicometria, deve-se concluir que estes últimos valem para dissipar uma perplexidade teórica não superficial de que, do ponto de vista psicológico, o fenômeno de duas individualidades que se fundem e se identificam entre si deveria provocar a destruição das duas consciências pessoais, seguida do surgimento de uma terceira individualidade que não resultaria de uma ou outra. E eis, entretanto, que um sensitivo pode muito bem estar sujeito ao fenômeno da "identificação" e sentir-se transformado no personagem com o qual está em relação, sem com isso perder a consciência de si. Deve-se, portanto, concluir que, se tudo isso se verifica na existência encarnada, nada mais natural que exista em um grau muito mais perfeito no mundo espiritual.

Caso XXI — Extraí o episódio seguinte de um livro denominado *Messages from the Unseen*.[26] Trata-se de uma dedicada mãe que se comunica através da própria filha. A obra é ilustrada com o retrato da morta, cuja angelical expressão se harmoniza de uma forma altamente sugestiva com o conteúdo das mensagens. Nelas, aspira-se a fragrância celestial de uma alma bela em suprema comunhão de amor com todos os seres do universo. E a forma pela qual são ditadas as mensagens é tão espontânea, tão natural, que inspira em quem as lê a certeza intuitiva da sua origem genuinamente transcendental.

Na primeira mensagem, o espírito exprime o próprio júbilo por sentir-se afinal livre do corpo. Então, dirige-se nos seguintes termos ao marido:

> Neste momento encontro-me aqui presente, junto com vocês, muito perto de você e dos nossos filhos. Afastem o pensamento de que eu esteja muito longe do lugar em que vivi. Vocês podem me consultar em tudo o que desejarem, com muito mais facilidade do que antes. Eu vou me manter sempre ligada a vocês; não os abandonarei jamais, um único instante, até chegar o momento de dar-lhes as

---
[26] Por A. Mother, Londres, 1913, p. 251.

boas-vindas no portal do grande rio. Possa este portal ser para todos vocês tão doce como o foi para mim! Eu nada me lembro da travessia. Devo ter dormido durante longo tempo, já que não tenho nenhuma recordação a respeito. Entretanto, quando abri os olhos, encontrei-me milagrosamente curada e vi a mim mesma como eu era nos melhores anos da juventude, só que muito mais exuberante de vida, mais lúcida mentalmente e mais feliz. O meu longo período de enfermidade pareceu-me como um sonho ruim, do qual eu afinal havia despertado para retornar ao amor dos meus entes queridos, que me haviam assistido com tanta abnegação; e sentia-me de posse de toda a rica experiência adquirida na passagem através da existência encarnada...

Na segunda mensagem ela menciona novamente a circunstância da crise da morte, e assim continua:

Eu não conheço as experiências dos outros na travessia do grande rio que separa o mundo espiritual do terreno, mas a minha experiência resume-se em um despertar maravilhoso que ainda agora me enche de alegria. Não tenham medo da morte, não há razão para temê-la. Todas as penas, todas as dores, tudo o que há de ruim na grande crise pertence ao lado físico desta; do outro lado está o amor — o Divino Amor —, combinado com a glória inexprimível do despertar espiritual. Quando acordei, me vi rodeada por uma fileira compacta de todos os espíritos dos desencarnados que eu havia amado em Terra. Via ao meu redor os rostos de todas as pessoas de que eu gostei, e que havia conhecido em diferentes épocas da minha vida, começando da mais tenra infância; pessoas que em sua grande maioria tinham sido retiradas do meu afeto há longos anos. Ao mesmo tempo vibravam no ar acordes musicais maravilhosos, literalmente celestiais, que eu ouvia extasiada. Por ocasião do meu traspasse não houve mudanças bruscas: adormeci e gradativamente despertei para uma vida de maior consciência de mim, plenamente convicta de estar *curada* de todas as enfermidades e *livre*, livre para sempre do meu velho, miserável corpo, que durante tantos anos pesara como um impedimento sobre o meu espírito. Como fazer para expressar com palavras o que tal revelação significava para mim? Apenas aqueles que como eu sofreram durante longo tempo, aguardando ansiosamente a libertação, podem entender. Sentia-me perfeitamente bem, exuberante de vitalidade, rejuvenescida e, quando ao despertar respondi às saudações de tantas pessoas queridas ali presentes para me receber, eu sabia que não estava sonhando, sabia que tinha efetivamente entrado no mundo espiritual; sabia que estava morta. "Morta!" Essa palavra é uma mentira! Meus caros, nunca falem de mim como de uma pessoa morta. Eu estou viva, com uma vitalidade jamais sentida e jamais sonhada, de posse de novas habilidades, de energias novas, com uma capacidade de amar e de ser feliz multiplicada. Todos esses fatos que me revelaram a grande verdade: a vida nestas Esferas há de ser uma alegria permanente. A fim de alcançar uma semelhante meta, valia portanto a pena passar por uma vida de luta e de sofrimentos. Agora tenho a sensação de ter vivido na Terra uma existência de sonho. Apenas esta, de fato, é a vida real: a outra era uma sombra de vida. Apenas vocês continuam a ser para mim uma realidade da existência terrena, e o meu amado companheiro e os meus filhos constituem o único vínculo que ainda me mantém unida ao mundo dos vivos...

No paraíso em que me encontro prevalecem o perfeito amor e a harmonia universal que se manifestam em uma glória de luz radiante, palpitante de energias vitais, que enche a alma de sentimentos agradáveis e de alegria suprema. Em nosso ambiente os pensamentos substituem a palavra, e eles não apenas vibram em uníssono com as nossas almas, mas assumem admiráveis colorações. Convertem-se em sons muito harmoniosos, de modo que ao nosso redor vibra uma sinfonia de acordes musicais cada vez mais maravilhosos, de uma beleza de infinitas graduações.

Desejo falar-lhes ainda da maravilhosa música que me recebeu no momento da minha entrada no mundo espiritual, experiência sem igual nas minhas lembranças terrenas. Eu não era a única a ouvi-la, pois a maior parte dos espíritos que tinham vindo me receber a ouviam e com ela se deliciavam, como eu. Era um alternar-se glorioso de acordes musicais que pareciam vir de um instrumento central, de um órgão gigantesco, e expandiam-se e vibravam pelo espaço em ondas de harmonias celestiais que pareciam elevar-se, elevar-se, até unir-se a Deus. Aquela sinfonia era tão poderosa, tão grandiosa, tão penetrante, que parecia que todo o universo a ouvia. E, no entanto, enquanto eu a escutava, tinha a impressão de que aqueles acordes se manifestavam apenas para mim e chegavam a mim como uma voz falando ao meu espírito, revelando a mim mesma a natureza íntima e os maravilhosos segredos do meu ser; como também ensinando-me que no mundo espiritual a música é o veículo revelador das grandes verdades cósmicas... Se vocês me perguntassem onde estava o instrumento musical, de onde vinha aquela música, eu não saberia o que responder. Manifestou-se de repente, sem ser solicitada. Sei apenas que ela representou para mim o primeiro passo rumo à iniciação para as maravilhas do mundo espiritual...

Um dos grandes atrativos desse plano consiste no fato de que, por mais que haja aspectos de sua configuração geral que são imutáveis, ao mesmo tempo há nele uma espécie de configuração particular *sobreposta* — se assim é lícito exprimir-se — a qual, ao contrário, é extremamente mutável. Isso ocorre porque todos nós possuímos faculdades criadoras que exercitamos perpetuamente sobre o ambiente imediato em que existimos; dessa maneira, cada mudança em nossa maneira de sentir e de pensar traz uma mudança correspondente no ambiente ao nosso redor. Mesmo as nossas roupas são criações do nosso pensamento, formadas com elementos extraídos do ambiente em que existimos. Eu ainda não compreendo exatamente o processo pelo qual se determina o milagre, mas o fato é que tais manifestações exteriores do nosso pensamento traduzem as disposições inferiores do nosso espírito. Disto resulta que, para os espíritos que existem há longo tempo nesse ambiente, as roupas constituem um símbolo infalível que lhes revela o intrínseco valor moral do espírito que se reveste com elas.

Ainda que a natureza deste mundo pareça muito diferente da do mundo terreno, mesmo assim os dois mundos se assemelham, com a diferença de que o mundo espiritual mostra-se muito mais refinado, etéreo; é só...

É estranho! Apesar de todas as coisas me parecerem tão maravilhosas no momento em que cheguei ao mundo espiritual, ainda assim logo ocorreu-me o sentimento de estar em ambiente conhecido para mim. Expressei tal sentimento aos meus companheiros espirituais e eles me informaram que gradativamente eu recuperarei a lembrança de acontecimentos pessoais que se estendem muito além dos limites da minha última existência terrena e que compreendem lembranças de um tempo em que eu havia estado no mundo espiritual, que é a verdadeira estada. E de fato começo a me lembrar... Não desejo entrar em uma longa dissertação sobre o tema, mas é oportuno estabelecer o que penso a respeito. É que os meus filhos, junto com outros espíritos com os quais tive a oportunidade de conversar sobre isso, informaram-me que estavam lembrados de todas as vidas anteriormente vividas no planeta Terra, enquanto eu mesma começo a recuperar as lembranças de fases de existência encarnada anteriores à que completei agora. Entretanto, eu não saberia dizer se tais lembranças minhas se referem a vidas passadas na Terra ou em outros planetas do universo. Isso eu conheço, por certo, pois encontrava-me revestida com um corpo muito semelhante ao velho corpo há pouco abandonado...

No episódio exposto assiste-se ao trânsito em plano espiritual de uma alma bela que por "lei de afinidade" gravita em uma Esfera elevada do ambiente "astral". Compreende-se, portanto, que os acontecimentos da sua passagem venham a resultar bem diferentes das vicissitudes pelas quais passam em grande maioria os demais espíritos que desencarnam. Em consequência, verifica-se que na narração exposta não se faz referência a duas circunstâncias proeminentes nas análogas experiências anteriormente relatadas. A primeira consiste no detalhe dos espíritos que não percebem que estão mortos; a outra, no fenômeno da "visão panorâmica" de todas as vicissitudes vividas, fenômeno ou "prova" que quase não podia faltar na "crise da morte" para as almas que desencarnam em condições de espiritualidade normais. Viu-se, entretanto, que no episódio em questão a personalidade comunicante relata ter acordado perfeitamente consciente de estar morta e de se encontrar no mundo espiritual, enquanto não menciona em momento algum quaisquer lembranças surgidas na sua consciência, nem durante a agonia, nem depois do despertar.

Excetuando-se isso, a sua narração concorda em cada detalhe com as outras descrições do gênero. De fato, ela passa por uma fase de sono restaurador, que se harmoniza com o sono da morte, de forma a poupar-lhe os estados de ansiedade e de confusão inerentes à crise suprema. Além disso, é acolhida no mundo espiritual pela formação compacta dos espíritos dos desencarnados que amou em vida; também se revela que ela se encontra em forma humana no plano espiritual. Deve-se, por fim, observar seu relato que naquele mundo os espíritos conversam por transmissão de pensamento, que aquele ambiente é uma cópia espiritualizada do plano terreno e que o pensamento e a vontade espirituais são forças criadoras. Sobre este último item é oportuno atentar para um *detalhe secundário* que está perfeitamente de acordo com o que afirmam os demais espíritos comunicantes: que a configuração da paisagem "astral" é constituída por uma série de criações do pensamento e da vontade de entidades espirituais muito elevadas, colocadas no governo das Esferas espirituais inferiores. Nesse caso as criações são imutáveis. Já as outras, ao contrário, são transitórias e extremamente mutáveis, enquanto resultado da concretização do pensamento e da vontade de cada entidade desencarnada, ao projetar o ambiente desejado no momento.

Do ponto de vista das informações fornecidas a respeito de detalhes que raramente acontecem no período inicial da existência espiritual, é oportuno destacar que no caso exposto a personalidade comunicante esclarece duas circunstâncias do gênero: o fato de ter percebido, logo depois do despertar, os acordes gloriosos de "música transcendental" e de não ter demorado a provar a sensação do *déjà-vu* a respeito do ambiente em que estava e no qual julgava encontrar-se pela primeira vez.

Os processos da análise comparada exercidos sobre um número adequado de "revelações" do gênero demonstraram como as circunstâncias acima referidas comprovam a elevação espiritual do desencarnado, logo em seguida à crise da morte.

Quanto ao tema da "música transcendental", observo que o fenômeno em questão acontece algumas vezes no leito de morte de doentes espiritualmente elevados. Nesses casos, é comum acontecer que também alguns dos presentes percebam o fenômeno supernormal. É notável que nesse caso a personalidade comunicante observa à sua volta que "a maior parte dos espíritos que foram recebê-la sentia aquela música e se deliciava com ela", o que subentende que entre os espíritos havia alguns que não a ouviam ou, em outras palavras, que ali estavam espíritos ainda não suficientemente adiantados para chegar a ouvi-la. Isso significaria que a tonalidade vibratória dos seus "corpos etéreos" não era suficientemente refinada para sintonizar-se com as vibrações daqueles elevadíssimos acordes musicais. A esse respeito, é altamente sugestivo um outro fato, segundo o qual os espíritos comunicantes são unânimes em afirmar que no mundo espiritual os acordes musicais sugerem um valor psíquico-construtivo de primeira ordem, o que corresponde de maneira impressionante a uma das nossas mais importantes generalizações científicas. Ou seja: tudo o que está contido no universo parece redutível a um múltiplo, ou submúltiplo, de uma grande lei imperscrutável — a "Lei do Ritmo" — que, em última análise, converteria o universo inteiro — matéria e espírito — em um fenômeno de "vibrações". Daí a profunda intuição dos filósofos de que no fenômeno do "Movimento" se assistiria à manifestação imanente de um atributo de Deus. Como os acordes musicais podem ser reduzidos a uma combinação de "vibrações" harmonizadas entre si, e como no fenômeno "vibratório" se oculta um mistério primordial colocado diante de todo o universo, chega-se a conceber a grande importância espiritual e construtiva que deveriam assumir os acordes musicais em um ciclo de existência puramente mental, como seria a condição de existência dos espíritos desencarnados.

E agora passo a mencionar brevemente o sentimento do *déjà-vu* experimentado pela personalidade mediúnica comunicante, que subentende a teoria das "vidas sucessivas", ou "hipótese da reencarnação". Como todos sabem, esse é o único ponto importante em que se observa um parcial desacordo entre as mensagens dos espíritos comunicantes. Os povos latinos, em geral, acreditam na existência de vidas sucessivas, enquanto os anglo-saxões se dividem: dois terços duvidam dessa evolução do ser humano e os demais acreditam. Some-se a isto o fato de que entre os povos anglo-saxões existe uma *aversão congênita* — por assim dizer — contra a tese da reencarnação para explicar o mistério do Ser. Entretanto, como já tive oportunidade de mencionar em outros trabalhos, esse contraste de opiniões sobre uma questão insolúvel para aqueles que a discutem, portanto essencialmente metafísica, em nada compromete, uma vez que os próprios espíritos que se comunicam reconhecem ignorar tudo a respeito do assunto, julgando-o segundo as suas impressões pessoais. Além disso, eles informam que nas Esferas espirituais acontece uma espécie de "segunda morte", exatamente como no mundo dos vivos, ou seja, quando um espírito atinge a maturidade espiritual, adormece e desaparece sem que se saiba sobre o seu destino. Portanto, eles, como nós, são levados a especular a respeito, diferindo mais ou menos radicalmente em suas opiniões. Eis em que termos se expressa George Dawson, no livro de Mrs. Dawson Scott, *From Four who are Dead* (p. 126):

> Esta nossa existência em uma mesma Esfera espiritual pode continuar durante longo tempo. Ainda assim o meu pai e a minha mãe já deixaram o lugar em que me encontro e suponho que não demorarei a segui-los. Acredito que eles se foram porque a sua evolução espiritual já havia alcançado o grau máximo.
> (Mrs. Dawson Scott) — E você não sabe para onde eles foram?
> (Espírito) — Imagino que tenham se tornado invisíveis a nós todos porque seus corpos espirituais alcançaram o grau máximo de purificação conciliável com as condições deste nosso plano de existência; ou, em outras palavras, imagino que o fato se deva às minhas condições, que ainda não atingiram o grau necessário de purificação.
> (Mrs. Dawson Scott) — Qual será a meta dessa longa e lenta evolução?
> (Espírito) — Há quem a imagine de uma maneira ou outra. Quanto a mim, prefiro abster-me de especular e vivo feliz em meio às alegrias do presente (p. 126-127).

Essas as declarações das entidades comunicantes acerca do estado de incerteza em que se encontrariam sobre o destino que as espera depois da crise da "segunda morte"; estado de incerteza de todo análogo ao dos seres vivos, com a diferença de que no plano espiritual haveria a certeza da sobrevivência. Acrescente-se que as opiniões preconcebidas dos espíritos — a favor e contra a teoria das "vidas sucessivas" — contribuiriam grandemente para acentuar as suas discordâncias a esse respeito, pelo fato de que aqueles que sentem aversão pela teoria impedem que lembranças das suas vidas anteriores cheguem à sua memória integral. Aqueles que acreditam em vidas passadas permitem que as lembranças surjam. Enfim, deve-se concluir que se os espíritos comunicantes demonstram ter opiniões discordantes acerca do tema da reencarnação — que para eles, assim como para nós, continua sendo ainda uma hipótese metafísica —, isso não tira o valor das concordâncias concretas, positivas, indubitáveis a respeito das informações que nos fornecem sobre o ambiente e a existência espirituais. Ao mesmo tempo, é oportuno observar como tudo concorre para demonstrar que a verdade sobre o tema das "vidas sucessivas" deve estar reservada a entidades em condições espirituais muito elevadas, o que favoreceria as lembranças espontâneas. É desse modo que se deve julgar a personalidade espiritual aqui analisada, que experimentou o sentimento do *déjà-vu* logo que chegou ao plano espiritual, seguido das primeiras recordações das suas vidas anteriores.

Casos XXII - XXIII - XXIV — Na interessantíssima obra do professor Fitz-Simons, *Opening The Psychic Door*[27] (Abrindo a porta da psique), são relatados sete episódios referentes à crise da morte. Limito-me a apresentar três deles, informando que o professor de que estamos falando, zoólogo, residente em Natal (África do Sul), é diretor do Museu de História Natural da cidade de Port Elizabeth. Muito conhecido no campo científico por suas investigações sobre os venenos dos répteis, o professor chegou a preparar um "soro" contra as mordidas das serpentes, salvando milhares de vidas. Além disso, do veneno dos répteis ele obteve um outro soro destinado a curar epilepsia.

Já desde a adolescência, o professor Fitz-Simons renunciara a toda forma de fé, tornando-se um positivista-materialista irredutível. Entretanto, por uma das chamadas "coincidências fortuitas" de aparência insignificante, sua atenção foi atraída e decididamente endereçada para as pesquisas psíquicas.

A primeira parte do livro consiste em longos e interessantíssimos relatos de sessões espíritas conduzidas pelo autor através da mediunidade de "incorporação" de uma prima, na qual se manifestavam parentes e amigos, bem como alguns espíritos muito elevados. Estes transmitiam ensinamentos morais, sociais e religiosos consideráveis, além de informações sobre o mundo espiritual, em concordância surpreendente com os de outras numerosas revelações do gênero. Tais mensagens aparecem entrecortadas por frequentes e importantes provas de identificação pessoal dos comunicantes, fato que confere valor comprobatório às próprias mensagens.

A segunda parte do volume contém, ao contrário, uma lista de numerosas e importantes experiências que o professor teve oportunidade de presenciar em outros círculos experimentais da África do Sul ou com célebres médiuns ingleses durante as suas viagens para a Inglaterra, experiências em que a "voz direta" desempenha um papel considerável.

De qualquer maneira, a característica teoricamente interes-

---
[27] Londres, 1933, p. 304.

sante do volume consiste no fato de que duas entidades manifestavam-se sem cessar onde quer que Fitz-Simons estivesse fazendo suas experiências, tanto nas diversas cidades da África do Sul, como na Inglaterra, fornecendo constantemente ótimas provas de identificação. Importante observar que os médiuns ignoravam, quase sempre, quem era o pesquisador.

Uma das entidades às quais a obra se refere era a irmã morta da médium, Annie; a outra, era o famosíssimo materialista inglês, Charles Bradlaugh, um deputado que se tornou famoso por suas francas declarações de ateísmo proferidas da tribuna da Câmara.

Como disse, retirarei do livro apenas três episódios sobre o tema da "crise da morte", entre eles os que dizem respeito aos dois personagens referidos acima, a começar pela irmã desencarnada da médium.

Em decorrência da "coincidência fortuita" (em sentido espiritualista) que ocorrera com ele, o professor Fitz-Simons foi levado por curiosidade a iniciar as pesquisas em sua casa, junto com uma prima de nome Vera. Ele escreve:

> Prendi com alfinetes uma folha de papel sobre a mesa e depositei sobre a folha uma prancheta. Coloquei a mão direita sobre esta e minha prima sobrepôs sua mão esquerda à minha. Naturalmente, ambos éramos céticos e fazíamos aquilo mais por divertimento. Entretanto, logo experimentei um curioso formigamento que, descendo ao longo do braço, enrijeceu minha mão e em seguida o lápis traçou lentamente os nomes: "Annie Russel — Doutor Morgan — Charles Morgan". Eu tinha certeza de não haver escrito conscientemente aqueles nomes. Annie Russel era minha prima, irmã de Vera, que eu não tivera a oportunidade de conhecer. Havia morrido na Irlanda, com vinte anos. O doutor Morgan fora o médico que cuidara dela. Então, pousamos levemente apenas a ponta dos dedos sobre a prancheta e da mesma forma foram ditadas mensagens de tamanha elevação que concluímos estar lidando com uma inteligência que não era a nossa. Muito bem: foi esse episódio, aparentemente banal, que me induziu a insistir nas pesquisas metapsíquicas (p. 26).

Alguns dias depois, Fitz-Simons teve oportunidade de assistir a uma sessão com uma outra médium, que era uma distinta e rica senhora. Ele era um desconhecido para todos e não se identificara. Logo "Annie" se manifestou e com grande esforço chegou a dizer: "Eu sou Annie, a sua prima. Não posso falar, porém mais tarde poderei, com esta mesma médium". É bom lembrar que a médium mostrara os sintomas dos sofrimentos aos quais Annie fora submetida durante a crise da agonia, fenômeno que muito raramente deixa de acontecer quando um espírito se manifesta pela primeira vez através de um médium de "incorporação". Trata-se de uma forma de automatismo do qual o desencarnado não pode se esquivar no momento de retomar contato com a vida terrena através da incorporação no organismo de outrem. O fenômeno é teoricamente importante, uma vez que não pode ser explicado com a "leitura do pensamento", que de resto está absolutamente excluída no caso em questão, pois Fitz-Simons jamais conhecera a falecida e nada sabia a respeito da sua morte.

O mesmo deve ser dito com relação à primeira manifestação do doutor Morgan, médico da família de Annie: todos desconheciam a forma trágica da sua morte, mas a médium, que nesse caso era a prima do professor, manifestou de forma penosa os sintomas da sua agonia, a ponto de Fitz-Simons ser levado a perguntar: "Mas então você está sofrendo?". "Sim — respondeu o desencarnado —, mas é a inevitável consequência de estar de novo, pela primeira vez, incorporado em um organismo físico. Foram os sofrimentos que tive antes de perder os sentidos, na hora da morte."

Quando o comunicante se retirou e a médium abriu os olhos, queixou-se de uma aguda dor no abdome e de uma sensação de imenso esgotamento, que desapareceram em cinco minutos. Eram esses os sintomas que haviam caracterizado a agonia do comunicante, que havia morrido ao tentar pular a grade do seu jardim. Um pé escorregara na hora do impulso e uma ponta de lança do portão abrira-lhe um talho profundo na barriga.

A própria Annie, quando de sua primeira manifestação através da irmã, voltou a manifestar os sintomas da sua agonia. No entanto, ela não se importava com isso e, exultante por ter conseguido incorporar-se em Vera, exclamara:

> Neste momento, eu me encontro no corpo da minha irmã, ela foi afastada com seu corpo astral. Posso tocá-la e ouvi-la e sinto-me no mesmo ambiente da existência terrena, mas não posso vê-la, porque a médium está com os olhos fechados.

Perguntei a Annie por que levava continuamente a mão à testa e ela respondeu: "Durante a minha última enfermidade, e antes de perder os sentidos, sofri uma tremenda dor de cabeça. Agora que estou de volta em um corpo físico, sinto mais uma vez os mesmos sofrimentos que, entretanto, deverão atenuar-se à medida que me manifesto, até cessar de todo..." (p. 60).

É evidente como os episódios expostos, que não podem ser explicados com a leitura do pensamento, levam-nos logicamente a admitir a presença real no local dos desencarnados que se manifestaram. Acrescento que o fenômeno é extremamente comum, e quem dispuser de um médium de "incorporação" não pode deixar de viver essa experiência.

De toda forma, não são essas as provas de identificação que tornam os três casos em exame invulneráveis a todas as objeções e a todos os sofismas. Há muito mais a esse respeito, mas o tema se amplia bem além dos objetivos do presente trabalho.

Quando o professor Fitz-Simons teve plena certeza de estar conversando com a própria prima ligada de novo à vida, perguntou: "Conte-me as suas impressões durante a crise da morte".

Ela respondeu:

> Quando entrei em agonia, vi chegar o espírito da minha irmãzinha, que começou a rodar à minha volta jovialmente. Naquele momento, o meu corpo etéreo começava a emergir do corpo carnal e sentia-me invadir por uma sonolência profunda, mas algum dos presentes depositou perto de mim um vaso de violetas. Eram as minhas flores prediletas e aquela onda de delicioso perfume teve o efeito de fazer-me voltar à vida, de forma que o meu corpo etéreo entrou novamente no corpo carnal. Abri os olhos e dirigindo-me à minha irmã, disse: "Querida Vera, estava para ir embora, mas o perfume das violetas chamou-me de volta à vida". Pouco depois caí de novo em torpor profundo e, ao despertar, encontrei-me fora do corpo. Vi o quarto iluminado por uma luz diferente, muito branda e repousante e, ao lado
> do leito, minha mãe, que, chorando, olhava o meu corpo. Em um canto do quarto estavam minha irmã e a senhora Bailey, que soluçavam com grande pesar. Via, entretanto, alegres ao meu redor a minha irmãzinha e a minha boa Bessie, mas como eu não fazia a mínima ideia do que acontecera comigo, sentia-me impressionada por aquele

espetáculo incompreensível e incoerente. Agarrei-me assim a Bessie, pois eu estava petrificada por estupor e por susto. Via-me em um ambiente estranho; tudo parecia ter um aspecto diferente, e eu não sabia o que fazer nem para onde ir. Por outro lado, sentia-me feliz por não estar sofrendo mais, e eram tremendos os sofrimentos que eu tinha sentido pouco antes na cabeça e no coração. Logo chegaram outros espíritos de amigos desencarnados e de parentes que, posicionando-se à minha volta, me levaram com eles. Mais tarde, voltei a contemplar o meu corpo antes do sepultamento.

— Sentiu alguma tristeza por ter morrido tão jovem?

— Não, mas pensava com amor nos meus entes queridos que estava deixando, especialmente em minha irmã. No entanto, foi para mim maravilhoso o fato de me encontrar de novo viva depois da crise da morte. Caro Fred, o que se chama "morte" nada mais é que a passagem de um cômodo a outro da nossa morada. Ou melhor, é como se se saísse da cela tenebrosa de uma prisão para entrar em um ambiente de luz e de beleza (p. 89).

Nada de especialmente digno de destaque na narração de Annie sobre a própria crise da morte, mas o caso em si merecia ser citado pela sequência ininterrupta e extremamente variada de provas de identificação fornecidas pela comunicante através de uma dúzia de médiuns que não conheciam o consultante. Este se apresentava sob nome falso, ou escondendo o verdadeiro, ou até mesmo confuso em uma assembleia de três mil pessoas, como aconteceu em uma memorável sessão pública com a célebre médium vidente Estella Roberts. Ora, por ser essa a questão fundamental, eu nunca me cansarei de repetir que parece absurdo contestar a veracidade das informações fornecidas pela entidade, nas próprias sessões, confirmada pela prova da sua plena concordância. Isso não impede de se observar que as informações de Annie resultem instrutivas especialmente porque acrescentam novos e interessantes detalhes a respeito das modalidades com as quais se desenvolve a existência desencarnada, enquanto confirmam outras informações às quais raramente os desencarnados se referem.

* * *

Passo a relatar o caso análogo do doutor Charles Morgan, médico que cuidava da desencarnada Annie, já citado anteriormente. O professor observa:

> Quando o doutor Morgan tentou pela primeira vez manifestar-se, os resultados foram interessantes e instrutivos pois, como Annie, teve dificuldade em harmonizar as próprias condições, ou "vibrações", com as da médium.
> Na primeira tentativa, a médium caiu em transe e logo ficou de pé, esforçando-se penosamente para articular palavras, mas sem sucesso. Balbuciava e resmungava. Afinal, pegou um lápis e, apalpando de olhos fechados a mesa, apossou-se do bloco de anotações, sobre o qual escreveu em caracteres pequenos: "Logo serei capaz de falar. Eu sou Morgan...Charles Morgan".
> Depois de três outras sessões, o espírito conseguiu controlar a laringe da médium, que se abandonou na cadeira, pressionando com as mãos o lado direito do ventre e gemendo. Ao mesmo tempo, seu rosto transformou-se no de um homem, fato inverossímil do ponto de vista fisiológico. Então, a médium começou a falar com timbre vocal absolutamente masculino, dizendo: "Meus amigos, não se impressionem. Eu sou Morgan. A médium e a família dela me conheceram em vida".
> Observando a reação de dor da médium, perguntei:
> — Então você está sofrendo?
> — Sim — respondeu. — Mas isso é causado pela minha primeira incorporação no organismo da médium. São as dores que senti antes que eu perdesse os sentidos, na hora da morte.

Quando o desencarnado deixou de controlar a médium, esta despertou gemendo por causa de uma aguda dor localizada no ventre, combinada a uma sensação extremamente penosa de esgotamento geral. Esses sintomas, entretanto, se dissiparam depois de cinco minutos.

Em uma outra sessão, o doutor Morgan relatou as circunstâncias trágicas da sua morte, já relatadas sucintamente, e que correspondiam exatamente à expressão de dor expressada pela médium. Ele exerce a profissão em Belfast (Irlanda) e certa noite de inverno foi chamado com urgência para assistir uma camponesa em trabalho de parto. O médico levava sempre consigo a chave do portão de casa, mas daquela vez, na pressa de sair, esqueceu-se de pegá-la, como também se esqueceu de avisar a família de que provavelmente não voltaria para casa até o dia seguinte. A governanta, então, fechou com o trinco o portão de entrada do jardim e, ao voltar para casa, o médico não pôde entrar. Para não perturbar os que dormiam, tentou pular o portão, mas quando já estava com um pé do lado de dentro escorregou e caiu com todo o peso do corpo sobre as lanças ornamentais. Uma delas perfurou-lhe o abdome, do lado direito, ou seja, o exato ponto que a médium pressionava com as mãos, gemendo. Transportado para o hospital, foi vítima de septicemia e logo depois de entrar em coma morreu.

A médium sabia apenas que ele estava morto, pois havia lido seu nome na seção necrológica de um jornal de Belfast.

> Eu escrevi à mãe da médium, que há diversos anos residia em Guilford, e não mais em Belfast, pedindo-lhe que obtivesse informações precisas sobre as causas que levaram o doutor Morgan à morte.
>
> Quando chegou a resposta, verifiquei com viva emoção que ela correspondia em cada detalhe ao que o desencarnado comunicante relatara. A mãe da médium acrescentava que a tarefa que eu lhe havia solicitado custara-lhe uma numerosa correspondência, pois ela nada sabia sobre as causas da morte do médico.
>
> Na sessão seguinte participei ao doutor Morgan os resultados da minha investigação, notícia que pareceu agradá-lo e deixá-lo satisfeito.
>
> Depois disso, perguntei: — Ora, você deveria me contar sobre o que sentiu depois da crise da morte.
>
> — Mas claro — respondeu, e assim começou:
>
> — Em vida, eu era um materialista. Na universidade onde estudei, a grande maioria dos estudantes era materialista ou agnóstica, e eu tinha a irredutível convicção de que tudo acaba com a morte do corpo. Quando me aconteceu o incidente trágico que acabei de descrever, fui transportado para o hospital, onde me operaram de laparotomia. Não me lembro de mais nada, pois fiquei quase que todo o tempo inconsciente, até que despertei de um longo sono restaurador e encontrei-me deitado sobre algo que me pareceu uma cama macia e branca. Ao ouvir a voz de um homem que parecia dirigir-se a mim, virei-me para seu lado e percebi o semblante sorridente de um colega da universidade, que morrera quando éramos estudantes. Ele havia sido o meu amigo mais íntimo e a sua morte me deixara profundamente abalado. Eu olhava para ele naquele momento com um estupor cada vez maior, mas julgava estar sonhando. Nesse meio tempo, outros desen-

carnados que eu conhecera se reuniram ao redor do meu leito, dentre eles alguns dos meus clientes que vinham expressar a sua gratidão por tudo o que eu tinha feito por eles, no decorrer da minha vida profissional, ou então por aquilo que eu tinha feito a serviço de pessoas que eles amavam e que ainda estavam vivas. Não conseguia me orientar naquela situação estranha e, olhando à minha volta, dirigi-me ao meu amigo, exclamando: "Michy, o que significa tudo isso"? Respondeu: "Como? Você não compreendeu ainda que está morto"? E, com essas palavras, olhava para mim divertido por causa da surpresa que via estampada em meu rosto. Mas eu não acreditava; não podia acreditar. Tudo parecia tão real à minha volta! Ao mesmo tempo eu me sentia o mesmo de antes, com exceção de um sentimento cada vez mais acentuado de alegria exuberante, que se combinava com uma sensação deliciosa de leveza no corpo e uma enorme atividade mental. Sentia-me liberto de todo sofrimento: isso era verdade, mas eu atribuía isso ao longo sono restaurador pelo qual tinha passado, sono que prenunciava uma rápida convalescença. Dizia comigo mesmo: "Que absurdo! Eu, morto? Impossível e impensável". Mais do que nunca desorientado, levantei-me da cama, e então o meu amigo me pegou pelo braço, dizendo-me para concentrar fortemente o pensamento sobre a vontade de voltar para perto do meu corpo. Comportando-me assim, com imensa surpresa vi-me transportado na mesma hora à presença do meu cadáver que jazia em um caixão. Flores e coroas estavam espalhadas por todo lado. Muitos dos presentes soluçavam, entre eles a minha mulher e a minha mãe. Tentei consolá-las dizendo-lhes que eu estava presente, mais vivo que antes, mas elas não me ouviram. Repeti a frase gritando e envolvendo com o braço a minha mulher pela cintura, mas ela não me ouviu nem sentiu o contato do meu braço. Profundamente impressionado com aquela cena de choro e com a minha impotência em tornar perceptível a minha presença, olhei para o meu amigo, exclamando: "Michy, pelo amor de Deus, leve-me embora daqui"! Desejei fortemente ser levado para outro lugar qualquer e instantaneamente a cena mudou. Encontrei-me em uma bela e confortável morada e ele me disse que eu mesmo a havia preparado antecipadamente com as minhas obras e as minhas aspirações terrenas. Para este lindo lugar vieram de toda parte parentes, amigos e pacientes para me dar as boas-vindas. Entretanto, para perturbar a minha felicidade, surgia insistente a dúvida de que eu estava sonhando e que, portanto, acordaria atormentado pelo meu ferimento. Passaram-se cerca de seis semanas do tempo de vocês, antes que eu conseguisse me convencer de que, efetivamente, havia passado pela crise da morte. E é um momento de fato glorioso aquele em que se adquire a certeza, com base na experiência pessoal, de que a morte do corpo físico não implica de forma alguma o aniquilamento do ser, mas, ao contrário, consiste na passagem pura e simples para outro plano, no qual se permanece o mesmo indivíduo em vias de progredir e elevar-se eternamente. A esta altura eu já tenho a mais absoluta certeza.

— Você desejaria voltar a viver na Terra?

— Não, mil vezes não. Penso, todavia, com alguma tristeza, em muitas coisas que deixei incompletas e que deveria e poderia ter concluído. Mas, de qualquer maneira, tenho pela frente toda a eternidade para remediar isso.

A essa altura, o professor perguntou: "Se a morada em que você se encontra é maravilhosa, por que a deixou para vir se manifestar a nós"?

Veio a resposta:

— Muitos são os motivos. Antes de qualquer coisa porque fui amigo da médium e da sua família; depois, porque Annie, que tem um profundo carinho pela irmã viva, pediu-me para auxiliá-la na missão que ela havia se imposto.

— E de que modo você a está ajudando?

— Protegendo o vosso grupo de pesquisa das interferências de espíritos indesejáveis.

Fitz-Simons observa a esse respeito:

A partir daquele momento, de fato, o doutor Morgan tornou-se o "espírito-guia" das nossas sessões. Nenhuma nova entidade pôde mais manifestar-se sem o seu consentimento, e, mesmo quando dava o seu consentimento, não permitia nada mais que um breve colóquio. Com alguma frequência anunciava que a força estava se esgotando e interrompia bruscamente a sessão. A solicitude que ele demonstrava pelo bem-estar da médium era ilimitada e comovente.

Em outra circunstância, o doutor Morgan disse ao professor: "Você está lembrado dos artigos de 'Higiene e Medicina' que escrevia para o jornal *The Natal Mercury*? Muito bem, era eu quem os ditava a você, telepaticamente. E não estava só, pois contava com a ajuda dos colegas Edmonds e Bob".

O professor Fitz-Simons confirma:

> Durante muitos anos escrevi semanalmente, sob o pseudônimo de "Altruísta", a seção de "Saúde" no jornal *The Natal Mercury*. E era muito comum sentir, quando eu me sentava no escritório e pegava o lápis entre os dedos, um curioso formigamento, análogo ao elétrico, que descia do braço até os dedos, e levava o lápis a correr bruscamente, espontaneamente. As ideias fluíam rapidíssimas do cérebro para o papel sem que eu nunca tivesse de apagar uma única palavra. E quando o artigo chegava ao fim, momento que eu ignorava, o lápis pressionava espontaneamente sobre o papel com tanta força, que sempre a ponta se quebrava (p. 46-50).

Como mais tarde desenvolveu-se no professor Fitz-Simons a faculdade da escrita automática, não há nenhuma dúvida de que a sua observação a respeito das modalidades inusitadas com que lhe eram ditados os artigos de que falamos confirma admiravelmente a explicação que o espírito comunicante deu de forma espontânea.

Quanto à narração do doutor Morgan sobre a sua própria crise da morte, observo que mesmo nela estão contidos detalhes novos que podem ser assinalados. Em compensação, estão condensadas, em uma página, quase todas as vicissitudes pelas quais costumam passar os desencarnados durante tal transição solene que nos espera a todos. Isso é o que de melhor se pode desejar em um trabalho analítico como este, cujo objetivo essencial é demonstrar a concordância de todas as descrições dos desencarnados, tanto nas vicissitudes pelas quais passam depois da crise da morte, quanto nas formas de existência espiritual; concordância que assume um outro valor demonstrativo no sentido da gênese transcendental das próprias descrições.

* * *

Passo sem maior demora para o terceiro dos episódios por mim retirados do livro de Fitz-Simons, o que diz respeito à manifestação de Charles Bradlaugh, o conhecido materialista inglês, membro do Parlamento, que ficou famoso na época pelas francas declarações de ateísmo divulgadas da tribuna da Câmara. Tinha uma inteligência privilegiada e um grande coração, e a obra que realizou para aliviar as misérias humanas foi de tal maneira admirável que, quando ficou gravemente doente, em muitas igrejas encomendaram-se numerosas orações invocando a sua cura. Quando morreu, milhares de pessoas do povo quiseram acompanhar o seu corpo até a última morada. No cemitério, os homens tiraram as pás das mãos dos empregados e trabalharam lentamente, em meio às lágrimas, homenageando assim, pela última vez e com toda a devoção, quem tudo sacrificara pela redenção dos menos afortunados — ele que, não acreditando na sobrevivência, não esperava nenhum prêmio pela imensa obra de toda a sua vida.

O professor Fitz-Simons informa:

> Certa noite, o espírito-guia anunciou que um espírito elevado estava se interessando cada vez mais pela nossa médium, nela observando sentimentos admiráveis para com os menos afortunados, que na Inglaterra eram sempre tratados pior que cachorros. Essas qualidades tornavam-na especialmente indicada para a transmissão, aos vivos, de reformas sociais e políticas. Portanto, ele se propunha a influenciá-la e inspirá-la nesse sentido.
>
> Foi perguntado ao espírito-guia: —Você pode nos dizer o seu nome?
>
> — Sim. Charles Bradlaugh, o grande reformador social, materialista, deputado, que lutou toda a sua vida pelos fracos e oprimidos... e, em consequência de seus atos, viu-se envolvido no mundo espiritual por uma multidão de colegas e de beneficiados que acorreram para dar-lhe as boas-vindas com amor. Nenhum rei da Terra jamais teve uma acolhida tão gloriosa no nosso mundo. Ele agora tornou-se um grande espírito.
>
> ... Durante a existência terrena ele teve a ocasião de assistir a experiências mediúnicas, mas o que viu e o que ouviu foi por demais elementar para impressionar um temperamento cético como o seu. Acreditando, portanto, que tudo fosse engano e charlatanice, ele combateu asperamente o novo espiritualismo, o que agora deplora amargamente como espírito.
>
> — Será esta, talvez, a razão pela qual agora ele se interessa em difundi-lo?
>
> — Exatamente. Ele agora tem condições de medir a grande importância social, moral, filosófica do espiritualismo e sabe que apenas em virtude da nova Ciência da Alma

se chegará um dia à realização da irmandade humana e à unificação de todas as religiões (p. 208-209).

Quando Bradlaugh manifestou-se pela primeira vez, teve de superar dificuldades menores do que os outros espíritos comunicantes. Depois de duas ou três tentativas, logo foi capaz de se expressar corretamente. Continuou a se manifestar durante anos e anos, tratando dos argumentos favoritos da redenção humana e interessando-se pela política do seu país, bem como pelos acontecimentos internacionais. Uma vez que tais raciocínios escapam das finalidades deste trabalho, limito-me a reportar o trecho de mensagem em que ele fala da própria crise da morte.

> Quando encontrei a mim mesmo vivo e consciente fora do corpo, e percebendo ter permanecido absolutamente o mesmo indivíduo, minha primeira impressão foi de um enorme, infinito estarrecimento, misturado com um sentimento de satisfação inexprimível.
> Apesar de um convicto materialista, durante a vida terrena eu não chegava a contemplar com calma e indiferença a perspectiva da aniquilação final. Por outro lado, porém, parecia-me que não existisse a mínima prova sobre a possibilidade da sobrevivência. Nada, absolutamente nada nesse sentido, a não ser superstições, contradições, dogmas e crenças absurdas, contrárias à lógica impiedosa dos fatos e às conclusões da investigação científica.
> Apesar disso, estabeleci igualmente como objetivo da minha vida a remissão dos menos afortunados e a luta sem trégua contra as desigualdades sociais e os abusos das altas classes da sociedade civil. Nesta luta na qual eu me engajei a fundo contra tudo e todos, fui, com muita frequência, áspero e impiedoso. Ao chegar ao mundo espiritual, essa falha deveria ser eliminada da minha natureza se eu quisesse progredir e me elevar a planos superiores. Conseguindo isso, a ascensão foi rápida e agora me encontro em ambiente radioso de existência espiritual... (p. 129-220).

Nada mais há sobre esse caso que diga respeito ao tema aqui analisado. Limito-me, portanto, a relatar um curioso incidente de identificação pessoal do desencarnado em questão, ocorrido vinte anos depois das sessões da África do Sul em que ele se manifestava. Fitz-Simons encontrava-se em Londres e certo dia teve a ideia de visitar o célebre museu de madame Tussaud, onde estão expostas as esculturas de cera, em tamanho natural, dos homens célebres da Inglaterra. Ali, teve a grata surpresa de admirar também a figura de Charles Bradlaugh. Ele escreve:

> Fiquei muito contente com isso e sentei-me diante da escultura para ficar mais à vontade a fim de contemplar aquela imponente e máscula figura, fato que me trouxe as lembranças de um passado já longínquo em que Bradlaugh manifestava-se em espírito regularmente.
>
> Um mês depois, tive uma sessão com uma médium pouco conhecida e que eu, particularmente, nunca tinha visto. Assim que entrou em transe, o espírito-guia manifestou-se, anunciando: "Está aqui presente um antigo colaborador seu. Parece um espírito de poderosa inteligência, que teve uma vida muito movimentada e meritória".
>
> O corpo da médium abandonou-se sobre a poltrona, emitindo um profundo suspiro, e depois ergueu-se bruscamente, com a cabeça erguida e os maxilares cerrados. Com as duas mãos apertou afetuosamente as minhas, enquanto uma sonora voz masculina informava: "Eu sou Bradlaugh. Eis-me aqui de novo com você, velho amigo. Passaram-se muitos anos desde que nos encontrávamos sistematicamente em seu círculo experimental na África do Sul".
>
> Eu fiquei aturdido, não tendo a menor ideia de que ele pudesse manifestar-se a mim depois de tantos anos e através de uma médium da qual eu não conhecia nem mesmo o nome e que jamais tinha visto.
>
> Respondi: — Estou felicíssimo com este encontro. Não o conheci em vida, mas você esteve presente e vivo para mim durante todos esses anos.
>
> — Sim — respondeu ele, com aquela voz vibrante e poderosa que eu bem conhecia. — Eu e você temos muito em comum e a nossa obra ainda não está concluída.
>
> — Estaremos talvez destinados a operar juntos na existência espiritual?
>
> — Sim, mas não por muitos anos ainda. Eu e você temos, entretanto, de operar unidos desde já, você no corpo carnal e eu no corpo espiritual. O homem desencarnado operará em uníssono com o encarnado.
>
> A esta altura ele se interrompeu; no rosto da médium delineou-se um sorriso esperto e a voz robusta do comunicante assim me falou:
>
> — Muito bem, o que achou da minha escultura de cera? Fiquei de tal forma surpreso que não consegui responder.

Ele então continuou:

— Eu estava com você quando se sentou diante da minha estátua. O que achou da minha aparência física? — E assim dizendo, ria de todo coração. Depois recomeçou a falar: —Eu sou sempre o mesmo, ainda agora, só que melhorado; não apenas na forma, mas nos pensamentos e nos ideais.

— Em que sentido está melhor?

— Eu voltei a ser jovem e cheio de vitalidade. Aqui não há velhos, meu amigo. O corpo espiritual é sempre jovem e isento de imperfeições.

— Como pôde se encontrar no museu exatamente no momento em que eu lá estava?

— E fácil de explicar. Os seus pensamentos estavam intensamente concentrados sobre mim, desse modo me chegaram no mesmo instante e eu intervim para saber o porquê (p. 236 237).

Em uma outra manifestação dele em Londres, com outro médium, Bradlaugh disse ao professor:

> Os nossos esforços unidos já conseguiram romper o gelo dos preconceitos e agora começa para nós uma grande missão. Desejo que todos os relatórios das nossas sessões sejam preservados em seus mínimos detalhes, com a finalidade de editá-los, para que possam circular e ser divulgados em toda parte para edificação e elevação da humanidade.
>
> Grandes forças espirituais estão se organizando neste momento com tal finalidade e esta é a mensagem que o mundo espiritual envia à humanidade: "Aqueles que foram escolhidos para a grande missão de precursores não devem pensar em outra coisa a não ser consagrar-se a ela com todas as suas energias para que se propague no mundo todo esta radiosa verdade: Não há morte: a vida é eterna".

A memorável sessão em questão encerrou-se com uma outra magnífica prova de identidade.

Bradlaugh não desejava ser chamado pelo nome terreno, que lhe trazia à lembrança tantas lutas penosas e seu passado de materialista, por isso pedia que usassem o pseudônimo de "Guia Não-Identificado". Apenas Fitz-Simons sabia quem se ocultava sob essa denominação.

Alguns dias antes da sessão de que estamos falando, Fitz-

-Simons enviara ao amigo, doutor Purchas, residente em Johannesburgo, um retrato ao natural do "Guia Não-Identificado". No entanto, durante a sessão de que tratamos, Bradlaugh disse ao relator: "A esta altura, a minha identidade é conhecida naquele círculo, e seria absurdo que continuassem a me chamar de "Guia Não-Identificado". Melhor, de agora em diante, me designar com este outro pseudônimo: "Guia Invisível".

No dia seguinte, Fitz-Simons nem tinha pensado ainda em avisar Purchas para mudar o pseudônimo de Bradlaugh, quando recebeu uma carta deste, que dizia:

> Recebi o retrato do "Guia Não-Identificado" e os membros do nosso círculo agradeceram-lhe profundamente. Antes de pendurar o retrato na sala das sessões, consultamos pela "voz direta" o "Guia Não-Identificado", falando da nossa alegria com a doação, e contando-lhe nossa intenção de gravar embaixo do retrato o pseudônimo dele, em letras banhadas a ouro.
>
> Não — respondeu ele — eu gostaria que as letras fossem modestamente escritas em caracteres negros, e que o nome "Guia Não-Identificado" fosse substituído por "Guia Invisível".

O professor comenta:

> Deixo aos leitores toda a liberdade para julgar por si mesmos a natureza comprobatória deste admitável incidente de identificação pessoal do espírito comunicante.
> Desta maneira, ele demonstrou a própria independência dos dois médiuns com os quais se manifestou.
> A distância de Port Elizabeth a Johannesburgo é de 1.500 quilômetros (p. 290-292).

Nenhuma dúvida de que este último fato tornou-se uma ótima prova indireta de identificação pessoal do desencarnado comunicante; *indireta*, mas tão eficaz quanto as provas *diretas*, que consistem em informações pessoais mais ou menos íntimas, ignoradas pelo consulente e que se revelam verídicas. Considere-se que se a entidade comunicante no grupo de Port Elizabeth tivesse sido uma efêmera personificação sonambúlica, o novo pseudônimo proposto não poderia ter sido solicitado novamente, no mesmo dia, por uma outra efêmera personificação sonambúlica surgida no grupo de Johannesburgo. Ou seja, devia tratar-se da personalidade espiritual do próprio morto, que se manifestou ao primeiro e ao segundo grupos, distantes um do outro 1.500 quilômetros, repetindo aos pesquisadores a mesma identificação.

Considerado o caso em seu conjunto, a circunstância que merece ser destacada é a de que um positivista-materialista que se manteve assim a vida inteira foi recebido, no mundo espiritual, com tanto amor por uma multidão de admiradores e de beneficiados, que o seu espírito-guia chegou a dizer: "Nenhum rei da Terra jamais teve uma acolhida tão gloriosa". Isto demonstra uma vez mais que em vida contam exclusivamente as obras efetuadas por nós, combinadas com as nossas aspirações íntimas e não expressas. O mesmo não ocorre com as crenças religiosas, professadas ou não professadas, que dependem unicamente das disposições mentais de cada indivíduo, do ambiente em que ele nasce, dos estudos realizados e assim por diante.

Entretanto, podemos observar que tal verdade é tão clara que não há necessidade de exemplos para confirmá-la. O que também é verdadeiro do ponto de vista geral, mas também do particular, em relação às pesquisas metapsíquicas, fazendo o caso exposto aqui adquirir uma outra importância, uma vez que no mundo espiritual, segundo informam os próprios desencarnados, geralmente os espíritos das pessoas que se mantiveram até a morte absolutamente certos da aniquilação final, caem em sono profundo assim que chegam ao plano espiritual e assim permanecem durante anos e até décadas. Concorrem para isso as suas arraigadas convicções neste sentido, combinadas com métodos de vida adequados às suas convicções. São pessoas que se importam apenas em acumular dinheiro por todos os meios, a fim de gozar a vida de forma egoísta e animalesca, sem o menor ideal social, moral, científico, artístico e muito menos altruístico. Imitam os romanos da decadência, que mergulhavam em orgias abomináveis cantando em coro: "Embriaguemo-nos de vinho e de amor, pois a vida é curta e tudo termina com a morte".

Isto posto, quando se considera que pode ser verdade que as nossas ações e os nossos pensamentos habituais concorrem para construir lentamente, através de toda a vida, o finíssimo tecido etéreo do "corpo espiritual" imanente no "corpo carnal", então fica claro que uma existência reprovável e inútil pode contribuir para a íntima constituição do "corpo espiritual", tornando-o tão pesado e poluído que se faz necessário um longo período de sono restaurador, depois da crise da morte.

Em outros termos: é sempre o comportamento em vida que determina automaticamente, por "lei de afinidade", o destino espiritual. Bradlaugh, positivista-materialista irredutível, consagrou sua vida à redenção dos oprimidos, tudo sacrificando por um nobre ideal. Compreende-se, pois, como ele havia preparado inconscientemente para si mesmo aquela apoteose de glória e de amor que o acolheu no mundo espiritual, por mais que ele não acreditasse na vida depois da morte.

A essa altura, eu tinha intenção de relatar um número adequado de casos e de vivências inerentes ao mundo e à existência espirituais, temas fascinantes que constituem as mensagens transmitidas pelas personalidades mediúnicas em questão. Mas acredito ter-me alongado em detalhes alheios ao tema fundamental deste trabalho, por isso, limito-me a relatar um único trecho de mensagem em que é tratado o argumento do sexo e do amor em plano espiritual, porque ele confirma a outra mensagem transmitida a William Stead pelo espírito-guia Júlia (*Caso XX*), ao mesmo tempo que o complementa.

O professor Fitz-Simons dirigiu à personalidade espiritual de "Amos", uma das mais elevadas do grupo, a seguinte questão:

> — Amos, antes de se elevar à sua excelsa morada espiritual para não mais voltar ao nosso mundo, gostaria que me revelasse o destino final dos sexos. Ou seja, se as "almas gêmeas" masculinas e femininas acabarão um dia por fundir-se em um único ser, sem sexo.
> — Não. Nunca. O sexo torna-se ao contrário cada vez mais diferenciado à medida que as "almas gêmeas" se elevam espiritualmente...
> — Gostaria de saber ainda se o espírito de um homem, quando emerge no mundo de vocês, se sente ainda atraído pelas graças femininas, assim como ocorre na Terra, podendo formar-se pares amorosos mesmo no plano espiritual.
> — Não. Para os vivos, o instinto sexual é que os leva ao matrimônio, mas essa é a manifestação inferior, ainda não refinada, do verdadeiro amor sublimado das Esferas.
> Em ambiente espiritual é preciso que um espírito se encontre com a própria "afinidade", ou seja, com a própria "alma gêmea" antes que se espalhe nele a chama do verdadeiro amor celeste. Entre nós, os espíritos masculinos cumprem as suas obrigações diárias sempre em contato com espíritos femininos, mas nenhuma paixão jamais sur-

giu da promiscuidade, como acontece na Terra. Somente quando damos de encontro com a nossa "afinidade" de sexo oposto, ou seja, com outro espírito capaz de se harmonizar perfeitamente conosco, até poder fundir-se um no outro, somente então eles se tornam aquilo que vocês chamam marido e mulher, cumprindo em harmonia, unidos, as suas tarefas celestiais.

Impossível transmitir aos vivos uma ideia, adequada, ainda que remota, da beatitude celestial, do êxtase inexprimível gerado pelo amor — fusão de duas almas vibrando em uníssono por sua infinita capacidade de amar.

Ao mesmo tempo, porém, dois espíritos podem encontrar-se no mesmo plano de perfeição transcendental, ou seja, possuir a mesma tonalidade vibratória, mas resultar tão diferentes a ponto de não poder haver um despertamento dos sentidos de atração entre eles. A água e o óleo ambos elementos ótimos e, no entanto, não podem fundir-se um no outro.

Quanto aos casamentos terrenos coroados de sucesso, eles não são de forma alguma dissolvidos no mundo espiritual. Aquele dentre os cônjuges que partiu primeiro para a morada celeste espera pelo outro e os dois permanecem unidos para a eternidade. No entanto, caso se tratasse de afinidade superficial e efêmera, então eles permaneceriam unidos até o momento em que tal íntima associação não mais se revele conveniente para o seu respectivo progresso espiritual.

Em ambiente espiritual, a existência dos casais perfeitos que na Terra se tornaram "almas gêmeas" desenvolve-se em um plano muito mais elevado do que no anterior, e infinitamente mais satisfatório, sem que por isso seja suprimido o ainda que mínimo sentimento afetivo humano (p. 225-227).

Caso XXV — Selecionei-o do livro de Natacha Rambova, *Rudy*,[28] no qual ela narra a vida do marido, Rodolfo Valentino, o célebre artista de cinema, complementando a obra com mensagens mediúnicas obtidas do próprio morto. Do ponto de vista genérico das "revelações transcendentais", o livro apresenta grande interesse, uma vez que representa uma admirável síntese daquilo que sempre foi afirmado pelos outros desencarnados comunicantes. Observam-se nele esclarecimentos sobre temas extremamente importantes, como por exemplo a "potência criadora

---
[28] Londres, 1926, p. 224.

do pensamento em ambiente espiritual e em ambiente terreno", e "a íntima natureza da música", temas ilustrados com informações que podem ser consideradas raios de nova luz.

Apreende-se do livro que Rodolfo Valentino ocupava-se em vida de experiências mediúnicas, e ele próprio era um médium vidente com grande capacidade de psicografar.

As mensagens mediúnicas aqui analisadas foram captadas por Rambova na residência paterna, localizada nas redondezas de Nice, através do médium americano George Benjamin Wehner, no qual manifestava-se também com frequência a fundadora da Teosofia, Madame H. P. Blavatsky. Esta, por causa daquelas sessões, ao encontrar-se com o espírito do desencarnado Valentino, quis funcionar como seu "guia espiritual".

Do ponto de vista dos episódios analisados e que resultaram verídicos, da forma como se manifestaram naquelas sessões, mencionarei apenas o incidente inicial ocorrido quando Valentino se achava em estado gravíssimo em Nova York.

Naquela noite, na residência de Nice, manifestou-se o espírito de uma desencarnada de nome Jenny, grande amiga da família, que informou ter estado constantemente na cabeceira do doente, o qual a tinha visto quando era transportado para o hospital. Uma semana após a morte de Valentino, Rambova recebia uma carta da irmã residente em Nova York, na qual, entre outras coisas, ela informava que Valentino tinha visto Jenny e a havia chamado pelo nome quando era levado para o hospital. Por fim, o próprio desencarnado, em suas primeiras mensagens mediúnicas, conta ter visto Jenny e tê-la chamado. Trata-se, portanto, de uma tripla confirmação do mesmo fenômeno, em que a primeira informação mediúnica sobre a visão do enfermo no leito de morte é provada como sendo verídica por uma carta enviada logo após ocorrido o fenômeno, para ser então confirmada pelo próprio desencarnado comunicante.

Em relação a esse caso, fico de certa forma admirado com a quantidade de sinais importantes que eu não poderia deixar de relatar. De qualquer maneira, não sendo possível fazê-lo, limitar-me-ei ao mínimo necessário.

Começo por contar quase na íntegra a mensagem III, na qual o desencarnado narra com grande eficácia descritiva as vivências da sua passagem. Ele escreve:

> Quando eu me achava em estado muito grave, mas an-

tes que se soubesse com certeza que eu estava à morte, vi de repente o "fantasma" de Jenny. Fiquei surpreso. Acho que a chamei pelo nome. Vi-a por um momento: ela apareceu para mim envolvida por uma luminosidade cor-de-rosa. Olhou-me sorridente — exatamente como fazia quando viva — e estendeu os braços na minha direção. Com aquele sorriso ela parecia querer me dizer: "Não fique preocupado"! Entretanto, não a ouvi pronunciar uma única palavra. A visão desfez-se em um segundo, mas com isso eu soube que ia morrer. Do intimo do meu ser tive a intuição de que a minha passagem terrena chegara ao fim. Fiquei estarrecido. Eu não queria morrer. Tinha uma estranha sensação: parecia-me estar afundando no vazio, fora de todas as coisas.

O mundo me parecia mais querido e belo do que antes. Pensei em meu trabalho, que eu tanto amava! Na minha casa, nas minhas coisas, nos animais preferidos. As lembranças amontoavam-se, tumultuando a minha cabeça. Eram recordações de automóveis, de viagens, de embarcações, de roupas, de dinheiro. Todo esse conjunto diverso parecia-me precioso, e a ideia de que para mim em breve nada disso existiria mais me aterrorizava. Tinha a sensação de que o meu corpo ficara extremamente pesado e, ao mesmo tempo, que havia alguma outra coisa em mim que parecia torná-lo leve, cada vez mais leve, como se de um momento para outro fosse se erguer no ar.

O passar do tempo tornava-se muito importante. Alguma coisa de desconhecido e misterioso aparecia ao longe e eu me sentia como que mergulhado em um sentimento assustador, diante da imensidão que me oprimia, fazendo a minha alma trepidar...

Surgiram em minha mente consternada centenas de coisas que eu me propusera fazer: coisas importantes e triviais. Até mesmo as cartas que eu tivera intenção de escrever passavam pela minha cabeça. Entretanto, a fugaz mas intensa visão de Jenny me persuadira de que eu não realizaria nada mais do que havia planejado. Não podia esquecer o estranho e belo sorriso de Jenny, com braços estendidos na minha direção, a luminosidade espiritual que a envolvia.

Em meu cérebro amontoavam-se todas as pessoas que eu conhecia. Rostos, rostos e mais rostos. Eram pessoas que eu tinha visto alguns dias atrás ou que havia conhecido muitos anos antes. Pensava nos meus alegres colegas de profissão, nas pessoas que me pediam auxílio, em gente das mais variadas classes que vinham me procurar por motivos diversos. Via os rostos de Maria, de Alberto, de Ada, de tia Teresa, de Schenck, de Muzzie, o seu! Sempre rostos! Depois, lembranças da minha mãe. A minha juventude, a escola, a minha bela Itália. A minha primeira viagem à América, o meu primeiro passaporte. Esse imenso fluxo de lembranças amainava os meus sofrimentos. Mesmo as mais fúteis e ridículas experiências da minha vida surgiam extremamente vivas em meu cérebro. Loucuras, prazeres, dores. Qualquer coisa que eu tivesse feito em toda a vida parecia chegar não sei bem de onde para marcar presença. Tudo isso acabou por me provocar vertigens e perdi os sentidos.

Quando acordei, a cirurgia havia terminado. Todos me dirigiam sorrisos de encorajamento. Eu precisava manter-me absolutamente quieto, por mais coisas que quisesse perguntar.

De qualquer forma, nesses últimos dias de vida, ainda que eu me sentisse em alguns momentos muito bem, pesava-me na alma um medo inexplicável. Sentia que se eu pudesse me levantar e começar a fazer as coisas que havia deixado de lado, aquele misterioso medo se dissiparia. Naturalmente eu não conseguia mover-me. Foi quando recebi a sua mensagem, que me trouxe grande consolo. Tive uma estranha intuição: a de que dentro em breve eu iria revê-la e que, de um momento para outro, veria você entrando no quarto. A seguir, o meu guia espiritual — H. P. Blavatsky — explicou-me que eu estava sentindo tudo isso porque na realidade eu é que iria procurá-la dentro em breve.

Então, senti uma grande dificuldade para respirar e entendi que o fim se aproximava. Estava aterrorizado. A hora extrema atingiu-me repentinamente. Não acredito, querida Natacha, que o meu estado de espírito fosse pânico da morte; não, eu simplesmente ficava estarrecido diante do desconhecido. Você sabe o quanto ficava inquieto diante das situações de incertezas, das incógnitas de qualquer natureza.

Foi então, querida Natacha, que comecei a notar uma mudança no meu ser, que sentia no meu corpo e no meu espírito. Parecia que alguma coisa estava indo embora. Sentia a intervalos mais ou menos regulares uma sensação de puxões leves, como se alguma parte do meu ser estivesse

sendo arrancada rapidamente do restante.
Pensei naquilo que viria a acontecer com o meu corpo: funeral, cremação ou sepultamento. Todas as coisas que me incutiam horror.
Chegou o padre. Recebi-o como um raio de luz nas trevas. Confiei a ele todos os temores, os horrores, as dúvidas que me atormentavam tão profundamente. Mais uma vez manifestaram-se em minha consciência as lembranças da infância, e via as naves de uma catedral passarem diante de mim.
Os últimos sacramentos!
Quando a cerimônia solene chegou ao fim, eu me sentia já muito distante do plano terreno. O meu estado mental havia mudado. A Igreja me sustentava como com uma forte mão amiga. Eu não estava mais só. Não tive mais medo.
Depois, as pessoas à minha volta começaram a ficar indistintas. Silêncio. Trevas. Inconsciência.
Não posso avaliar o tempo em que permaneci naquele estado. Como se estivesse despertando de um longo sono profundo, abri os olhos, experimentando ao mesmo tempo uma sensação de estar sendo rapidamente jogado para o alto. E encontrei-me envolvido por uma maravilhosa luz azulada. Então vi, chegando ao meu encontro, "Black Feather" (o espírito-guia indígena do próprio Valentino, quando servia de médium), Jenny e Gabriella, minha mãe!
Eu estava morto!
Eu estava vivo!
Essas, Natacha, as primeiras lembranças da minha passagem.

À tão magistral narração, na qual são relatadas as vivências da "primeira etapa" do seu traspasse, o espírito de Valentino continua com as lembranças da "segunda etapa", imediatamente subsequente à primeira, na qual ele se viu chamado de volta à Terra por causa da profunda emoção provocada por sua morte entre os inúmeros admiradores da sua arte. Ele escreve:

Era o dia em que o meu corpo estava sendo transportado para a última morada. E eu começava a perceber o interesse do público por mim, até então tão grande que eu acredito que isso tenha contribuído para manter o meu espírito no plano terreno. No entanto, quando os meus despojos foram depositados no túmulo e os jornais começaram a me esquecer, tive uma sensação de solidão desoladora. Rebelava-me contra o destino que me arrancara à vida no apogeu da minha glória. Receio que na ocasião eu me superestimava, pois acreditava que o cinema mudo não poderia sobreviver sem a minha presença. Agora dou risada de mim mesmo, mas naquele momento eu tinha absoluta certeza de que a minha morte era um luto irreparável para a arte.

Encontrava-me na Terra e estava sozinho. Passei para cima e para baixo pela Broadway. Aquela rua parecia-me tão real quanto antigamente, só que ninguém prestava atenção em mim. Via-me tão real e via as pessoas tão reais, que não podia fixar-me na grande mudança que ocorrera. Acabei por me entediar de ficar perambulando daquela maneira, em meio a uma multidão de pedestres apressados, que pareciam decididos a se chocar contra mim. Aliás, de repente uma mulher me atingiu em cheio. Ela ficou estarrecida e agarrou-se ao companheiro, exclamando: "Meu Deus! Mas de onde vem esse vento gelado que senti de repente"?! A exclamação me deixou furioso. Então a morte havia me transformado num vento gelado? Saber disso não me deixava nem um pouco satisfeito. Dirigi-me para um grupo de artistas que estava na esquina da Rua 47, perto do teatro. Peguei um deles pelo braço, gritando: "Eu sou Rodolfo Valentino"! Mas ele não se deu conta de nada e continuou a rir e a conversar.

... Você não pode imaginar o ressentimento contra tudo e contra todos que senti naquela esquina! Chorei de dor e de raiva. Mas de nada adiantou rebelar-me.

De repente, dirigi o meu pensamento a você: ao telegrama que você me enviara quando eu estava em estado desesperador e às mensagens de Muzzie e de tio Dick. Assim pensando, senti um leve toque no braço. Voltei-me e vi a meu lado uma matrona, de olhos inteligentes e generosos. Jamais esquecerei aquela voz suave e tranquilizadora, por mais que as suas primeiras frases fossem proferidas com impetuosa veemência. Ela exclamou: "Condenação e um inferno de chamas: isso é o que preconizou a Igreja; condenação e um inferno agora tornam você infeliz. Venha comigo. Nada é verdade do que os padres incutiram em sua mente: eles são todos uns pobres cegos. Você tem necessidade, neste momento, de um guia, e eu estou aqui para isso. Fui em vida H. P. Blavatsky"...

Dito isso, acrescentou sorrindo: "Venha". Eu perdi os sentidos e quando acordei encontrei-me no salão do palacete de tio Dick. Era noite e a escada estava iluminada. O

> meu "guia" encontrava-se ali na entrada e fez sinal para que me aproximasse. Atravessamos juntos numerosas salas que eu conhecia muito bem, até que chegamos ao quarto de Muzzie. Você estava com ela e diante de vocês estava George Wehner profundamente adormecido em uma poltrona. Blavatsky voltou-se para mim e disse: "Ele está em sono mediúnico. Agora você pode conversar com os seus entes queridos".
>
> Isso, querida Natacha, foi o início das minhas comunicações com você. Devo isso ao meu guia generoso.

Uma vez que os trechos a que me refiro são muito longos, apenas acrescentarei alguns parágrafos que contêm observações a serem contrapostas a outras observações análogas, citadas nos casos anteriores.

No tema da "potencialidade criadora do pensamento" notam-se algumas advertências muito sugestivas referentes ao modo pelo qual essa potencialidade se manifesta na Terra. Os personagens criados pelos romancistas e pelos dramaturgos geniais assumiriam, por vezes, a aparência de personalidades verdadeiras existentes no ambiente astral, dotadas de inteligência e atividade, apesar de automaticamente limitadas à parte a elas destinada pelo autor, uma vez que não poderiam contar com reminiscências de um passado inexistente. Assim como acontece nas criações análogas de "personificações sonambúlicas" — nas experiências de sugestão hipnótica —, que são por sua vez inteligentes e potentes, mas contidas dentro dos limites que lhes são determinados pelo hipnotizador. De qualquer maneira, os personagens efêmeros criados pelos romancistas com a força do seu pensamento conseguiram, por vezes, manter-se vivos enquanto contassem com o interesse de uma multidão de leitores renováveis — interesse que manteria íntegra a tonalidade vibratória na qual se originaram e que concorreria para preservá-los. Daí resulta a possibilidade de manifestações pseudomediúnicas de personagens de romance, possibilidade esta que não vale a pena discutir agora, mas que é teoricamente possível e praticamente demonstrável.

Voltando à "potencialidade criadora do pensamento" no plano espiritual, narrarei este único trecho:

> Tudo o que existe aqui parece constituído pelas diversas modalidades com as quais a força do pensamento se ma-

nifesta. E a substância criada pelo pensamento parece ser, na verdade, mais sólida e duradoura do que a pedra e os metais. Talvez isso seja difícil de ser compreendido por vocês, e não parece conciliar-se com o conceito que alguns podem formar sobre as maneiras com que a força do pensamento deveria se manifestar. Eu, por exemplo, cheguei a imaginar que se tratava de criações formadas de matérias vaporosas e, ao contrário, são mais sólidas, revestidas de tintas mais vivas, do que tudo o que é sólido e colorido no ambiente terreno... As casas são construídas por espíritos que se especializaram em modelar, com a força do pensamento, essa matéria espiritual. E eles as constroem sempre como os outros espíritos as desejam, uma vez que retiram do inconsciente destes últimos os modelos mentais dos seus desejos.

Do trecho exposto, observo que do ponto de vista científico não deveria causar nenhuma surpresa a observação do espírito comunicante a respeito da aparência sólida — tanto ou mais do que a da pedra — das construções psíquicas em ambiente espiritual, considerando-se que é sabido, como a ciência tem demonstrado, que a solidez da matéria é pura aparência. Disso resulta que o atributo "solidez" é tão somente uma questão de "relação" entre *sujeito* e *objeto*; ou seja, isso significa que para nós — seres constituídos da mesma matéria do ambiente em que vivemos — esse ambiente deve necessariamente parecer sólido, uma vez que existe uma perfeita relação entre *sujeito* e *objeto*. Analogamente, para um espírito revestido de um "corpo etéreo" deverá parecer da mesma forma sólido o ambiente etéreo em que está, e isso pela idêntica razão da existência de uma perfeita relação entre *sujeito* e *objeto*. Em contrapartida, ao mesmo espírito deverão parecer sombras evanescentes as pessoas vivas e o ambiente terreno, e isso na ausência de relações entre as condições em que ele existe e opera, e as condições em que existem e operam os seres vivos; sem contar que ele terá a confirmação daquilo que presume quando lhe acontecer passar através de um muro como se ele não existisse.

Ressalto ainda que a última observação contida no trecho aqui considerado, e no qual se afirma que as habitações são construídas por espíritos que se especializaram em modelar com a força do pensamento a substância espiritual, está em perfeito acordo com aquilo que uma outra personalidade mediúnica havia afirmado no *Caso XVII*. Esta última, falando de tais construções psíquicas, observa: "Um grande número de espíritos não trabalha em tais criações, pois fazê-lo está reservado àqueles que manifestam disposição natural para essa tarefa especial". Em se tratando de uma concordância relativa a um *detalhe secundário*, ela resulta teoricamente mais importante do que muitas outras relativas a *detalhes fundamentais*, visto que a hipótese das "coincidências fortuitas" torna-se cada vez menos verossímel à medida que as concordâncias entre as descrições dos espíritos comunicantes se referem a detalhes cada vez mais minuciosos ou de pouca importância.

Assinalo uma outra concordância que diz respeito a um *detalhe secundário*, acerca das seguintes informações fornecidas pela entidade comunicante sobre uma categoria de espíritos de desencarnados que permanecem vinculados ao ambiente em que viveram, tornando-se com certa frequência "espíritos infestadores". A entidade observa:

> Muitos espíritos recém-chegados não resistem ao choque mental neles provocado pela mudança ocorrida. Assim, ocorre que estes, por ignorância e medo, bem como por ressentimento por terem sido arrancados do mundo da matéria que amavam em demasia, gastam o seu tempo frequentando, ou melhor, *infestando* o ambiente em que viveram, ao qual se tornam psiquicamente vinculados. Como consequência disso, eles se encontram na mais baixa camada do plano astral, fora do mundo e dentro do mundo, por causa da sua tenaz adesão a opiniões e paixões terrenas. Esses desgraçados são os assim chamados "espíritos infestadores" de que tanto se falava nas experiências mediúnicas que vocês faziam. É-me dito que alguns entre eles estão de tal forma obstinados em não querer abandonar as próprias convicções e o seu modo de pensar terreno, que se tornam mentalmente cegos e não podem conceber, e muito menos concretizar, a possibilidade de um avanço no mundo espiritual em que se encontram. Eles tornam-se não progressivos e inadaptáveis por sua obstinação... O pior é que essas almas podem ficar vinculadas ao mundo durante anos e mesmo durante séculos... (p. 196-197).

Tais ensinamentos transmitidos pelo desencarnado Valentino concordam com aquilo que uma outra personalidade comunicante havia dito, no *Caso X*, a respeito de alguns "espíritos muito baixos, que, por permanecerem vinculados à Terra, não têm o benefício do sono restaurador e perseveram na ilusão de julgar-se ainda vivos e à mercê de um sonho curioso". Depois disso, o comunicante acrescentara: "Portanto, lembrem-se de que os espíritos que se vinculam à Terra, ou espíritos infestadores, são aqueles que vivem perenemente em tal ilusão".

Como se vê, essa segunda mensagem sobre o mesmo detalhe secundário não apenas concorda com a primeira, como serve para completá-la e esclarecê-la, uma vez que fornece as razões pelas quais se determina tal estado nos espíritos dos desencarnados por demais ligados às coisas terrenas; situação à qual se referira, por sua vez, o desencarnado Valentino, explicando que "tornavam-se mentalmente cegos".

Uma terceira concordância do gênero revela-se na descrição das impressões sentidas por Valentino no momento da morte, na qual se observam impressões subjetivas essencialmente idênticas às descritas pela entidade espiritual de James Blair no *Caso XVIII*. Este último revela: "Sentia que estava afundando lenta e inexoravelmente no abismo"... E Valentino: "Colheu-me uma estranha sensação: parecia que eu estava afundando no vazio, fora de todas as coisas"... James Blair continua da seguinte maneira: "Eu estava invadido por uma estranha sensação de desolada impotência, como se tivesse perdido toda energia. Ao mesmo tempo, sentia-me feliz com a sensação de ter ficado leve, leve"... E Valentino: "Eu tinha a impressão de que o meu corpo ficara extremamente pesado e de que ao mesmo tempo havia em mim alguma outra coisa que parecia cada vez mais leve, como se de um momento para outro fosse me erguer no ar"... O primeiro assim prossegue: "Ao mesmo tempo tinha a impressão de que algo imenso e incomensurável me rodeava"... E o segundo: "Alguma coisa desconhecida e misteriosa aparecia ao longe, e eu me sentia como que mergulhado em um sentimento assustador diante da imensidão que me oprimia, fazendo a minha alma trepidar"...

Essas notáveis coincidências de impressões *post-mortem* parecem altamente sugestivas em favor da genuinidade transcendental das mensagens que as contêm, sobretudo pelo fato de que, por uma afortunada coincidência, os dois livros em que se encontram foram lançados simultaneamente no mês de abril de 1928. Isso vale para excluir a possibilidade de que um dos médiuns tenha copiado impressões subjetivas do outro.

Assinalo por fim uma quarta consonância secundária, mais importante do que as primárias. O espírito do desencarnado Valentino, na p. 157, observa:

> Algumas vezes, quando me encontro com você e com Muzzie, sou tomado por dúvidas a respeito dos resultados que alcançarei e então ouço a voz de H. P. Blavatsky, que me aconselha: "Vontade férrea é necessária. Não divague". A voz dela soa próxima do ouvido e, no entanto, os meus olhos não conseguem vê-la e os meus sentidos não percebem a sua presença. Onde está quando fala comigo dessa maneira? E por que ela é capaz de saber o que eu penso e o que eu faço, já que responde aos meus pensamentos, ainda que não esteja presente? Este é mais um dos mistérios a serem esclarecidos.

Devo lembrar que no *Caso XIII* narro um caso análogo, em que o espírito comunicante conta que, desejando ardentemente rever mais uma vez um caro amigo ainda vivo, ouviu de longe uma voz que assim lhe falou: "Pense nele, concentre o seu pensamento nele e poderá vê-lo". Era a voz de um espírito amigo que, por mais que estivesse distante, percebera telepaticamente o desejo do recém-chegado e interviera em sua ajuda, aconselhando-o sobre o que fazer para alcançar o objetivo.

É evidente como são teoricamente importantes e sugestivas as consonâncias do gênero acima mencionado quando reunidas, ordenadas, classificadas em número adequado. Seu valor científico é *cumulativo*, mas ao mesmo tempo *resolutivo* no sentido da interpretação espírita dos fatos, uma vez que seria absurdo e ridículo colocar em questão a hipótese das "coincidências fortuitas" diante de um número enorme e extremamente variado de concordâncias desse tipo.

No que se refere às consonâncias relativas a *detalhes fundamentais* a respeito da crise da morte, observo que nas mensagens em questão todas elas podem ser detectadas. De fato, o desencarnado sofre a prova da "visão panorâmica" no momento da morte. Reencontra-se em forma humana no mundo espiritual. Vê-se acolhido pelos próprios espíritos familiares. Não pode acreditar que está morto enquanto passeia pela Broadway e vê os pedestres da mesma forma que os via quando em vida. Verifica que o ambiente no qual se encontra corresponde à paisagem terrena espiritualizada. E, por fim, fica sabendo que aquilo se deve ao fato de que no "plano astral" em que ele se encontra, as formas de existência são puramente mentais, ou seja, tudo o que existe ali é produto da potência criadora do pensamento e da vontade dos espíritos que ali estão. Pensamento e vontade que criam a paisagem espiritual, a forma humana conservada pelos espíritos que lá residem, as roupas etéreas que os revestem, as moradas nas quais se sentem satisfeitos de viver e assim por diante.

Caso XXVI — Os episódios que citamos até agora referem-se a exemplos de desencarnados que se encontram nas mais diversas regiões, ou "estados", do assim chamado "plano astral". Nesse lugar, pela "lei de afinidade", gravitariam durante um período de tempo mais ou menos longo todos os espíritos dos desencarnados que levaram na Terra uma vida moralmente normal. Falta-nos, portanto, citar algum episódio em que fossem observados os acontecimentos pelos quais passam, durante e depois da crise da morte, os espíritos dos maus, obrigados a gravitar — e sempre em decorrência da lei de afinidade — nas "Esferas de provação", correspondentes ao "Inferno" dos cristãos. É bom deixar claro que ali não há torturas físicas e que os sofrimentos morais não são eternos, mas sim transitórios. Entretanto, devo declarar que não consegui encontrar um único exemplo de desencarnado afundado nas Esferas infernais que tenha vindo transmitir mediunicamente a narração da sua triste vicissitude. Isso seria de certa forma fácil de explicar, uma vez que raramente, e talvez jamais, se estabeleceriam relações mediúnicas com entidades existentes nas mais baixas Esferas de provação. Essas condições seriam conhecidas graças às descrições transmitidas por numerosos espíritos comunicantes que habitam planos espirituais elevados.

Quanto aos espíritos existentes nas Esferas de provação "intermediárias", um pouco inferiores às camadas baixas do "plano astral", observo que alguns descreveram os eventos de sua entrada no mundo espiritual, sendo notável o caso já famoso do escritor inglês Oscar Wilde.[29]

Um segundo caso interessante desse gênero diz respeito a um outro célebre escritor inglês, o romancista e dramaturgo Edgar Wallace.

A narração foi retirada dos números 15 e 16, ano 1932, de *Psychic News*, e o relator é Hannen Swaffer, o príncipe dos jornalistas ingleses, que há diversos anos interessa-se por investigações psíquicas.

Entretanto, não foi Swaffer que obteve a manifestação do seu amigo, mas uma modesta senhora que ele não conhecia, dotada de uma boa mediunidade psicográfica, a quem Edgar Wallace se manifestou, iniciando a sua mensagem nos seguintes termos:

> Vou ditar a você uma mensagem que dedico ao amigo Hannen Swaffer, com a finalidade de fornecer a ele meios de fazer com que o mundo tome conhecimento que eu agora sei, por experiência pessoal, que aquilo em que ele acreditava com absoluta convicção, fazendo grande propaganda a respeito, está absolutamente correto em todos os seus detalhes.
>
> Agradeço a Deus que me permitiu retornar à Terra para dizer aos vivos que em minha nova morada espiritual eu não terei paz enquanto não informar a todos aqueles que me conheceram que eu estava errado e Swaffer tinha razão. Para tanto, disponho-me a narrar as etapas do meu traspasse para que os vivos aprendam que o escritor Edgar Wallace realmente sobreviveu à morte do corpo.

A médium em questão, não sabendo o que pensar daquilo que lhe estava sendo ditado, enviou a volumosa mensagem a Hannen Swaffer, pedindo conselho, e perguntando se de fato ele havia sido amigo do comunicante.

Hannen Swaffer informa:

> É verdade que fui amigo e estive constantemente unido a Edgar Wallace durante cerca de trinta anos, amizade esta que, a despeito da sua morte, continua. O manuscrito que me foi enviado intitula-se *The Passing of Edgar Wallace* e eu o publico por estar absolutamente convencido da veracidade da mensagem do amigo desencarnado.
>
> Curiosa amizade a nossa. Fomos amigos durante cerca de trinta anos; depois, cansamos um do outro. Mais tarde

---
[29] "O retorno de Oscar Wilde", *in Luce e Ombra*, 1925, fascículos 10 e 11.

nos reconciliamos, para depois romper de novo, e outra vez voltamos a ser bons amigos. No entanto, um ano antes da sua morte, Edgar publicou um artigo furioso contra o "espiritismo", artigo que representa a mais grave ofensa à verdade cometida por ele em toda a sua vida. E tratava-se, ainda por cima, de um profundo ataque contra a minha pessoa. Era uma elucubração escrita durante uma crise de mau humor. Aconselharam-me a processá-lo na Justiça. — "Não" — respondi — "pois antes que o processo termine nós teremos voltado a ser amigos".

E, de fato, não demorou muito para que o furibundo Edgar publicasse uma espécie de magnânima retificação no jornal *Sunday News*. Tratava-se de um artigo chamado "Eu não falarei mal do Espiritismo", em que conta o que havia ocorrido com ele no próprio escritório.

Ele estava remoendo um outro artigo-libelo contra mim, quando ecoaram em seu escritório golpes fortes nas persianas. Ele se levantou, olhou em volta e não reparou em nada, mas os golpes se repetiram ainda mais fortes. Edgar Wallace continuou assim: "Eu havia escrito dois parágrafos nos quais zombava do meu amigo. O terceiro parágrafo era menos agressivo. Foi quando ouvi uma voz que murmurou: "O que está escrevendo é insensato e ofensivo. Deveria ter vergonha disso".

Olhei à minha volta. É fácil compreender que não havia ninguém ali e a porta estava fechada...

Recomecei a escrever. Mas já estava riscando o parágrafo incriminador, quando a mesma voz voltou a falar: "Tudo reprovável isso que você escreveu".

Esquecendo-me de que não havia ninguém comigo, respondi observando: "O que há de reprovável"?

Nenhuma resposta. Abri uma pequena gaveta da escrivaninha e peguei um termômetro de bolso, para me certificar de que não estava tendo um acesso de febre. Nada disso.

Abri a janela, depois a porta, e fui até o quarto da minha mulher perguntar a ela se por acaso tinha falado comigo. Nada.

Sentei, comecei a falar dos filhos e das questões domésticas. À minha frente estava a porta aberta, que dava de frente para a porta do meu escritório, também aberta. Ninguém poderia entrar ali sem que eu visse. Levantei-me e retornei ao escritório.

Eu tinha deixado a folha escrita na escrivaninha e sobre ela pousara o meu relógio com a sua respectiva corrente. Fizera isso automaticamente, antes de passar para o outro cômodo. Muito bem: a folha de papel tinha desaparecido! Não sei por que razão, mas me virei e olhei para a lareira, e no fogo ainda dava para ver a folha de papel queimando!...

De manhã, logo cedo, levantei-me como de hábito e fui ao escritório fechar a janela que costumo deixar sempre aberta durante a noite. No canto ao lado da janela há uma pequena poltrona em veludo azul marinho, e ali sentada estava uma mulher que eu não conhecia! Não era nem um pouco bonita, mas sorria para mim com um jeito faceiro. Parecia contente com a proeza de ter conseguido ser encontrada em meu escritório. Eu não a conhecia, jamais tinha visto nenhum retrato dela, não tinha a mínima ideia de quem seria, mas por intuição eu sabia quem era: a cunhada do amigo contra o qual eu escrevia o artigo que fora queimado. E ela estava morta!

Nenhum mistério nesta última circunstância, pois o meu amigo me participara pessoalmente, na ocasião, sua morte. A impressão que ficou para mim do seu rosto é que parecia muito pálida, como se estivesse doente... No curtíssimo espaço de tempo em que ela esteve visível, dirigiu-me palavras rapidíssimas, das quais não consegui compreender o significado. Sumiu da minha frente, mas sem me deixar a impressão de um desaparecimento abrupto. Não saberia dizer se desapareceu afastando-se, ou se se desfez no local... Sentia-me terrivelmente extenuado, sem forças, quase esgotado. Despi-me novamente e voltei para a cama, dormindo até as 8h30... Quando levantei quis mais uma vez medir a minha temperatura, que estava absolutamente normal...

Se entre os leitores houver alguém que passou por experiências semelhantes, sugiro que as guarde para si, pois o tema do espiritismo me oprime a alma e se algum membro da 'Society for Psychical Research' tiver alguma intenção de vir me entrevistar, previno-o de que o materei assim que ele entrar. De qualquer maneira, fatos são fatos e não podem ser suprimidos. A única consequência que esta aventura poderá trazer ao meu comportamento consiste no seguinte: de agora em diante não mais vou zombar dos espíritos".

Essas as curiosas conclusões de um cético, e Hannen Swaffer observa a respeito que o amigo Wallace já havia dado provas de possuir faculdades mediúnicas consideráveis, o que justificaria a manifestação ocorrida. Essa explicação é confirmada também pelo protagonista, que experimentava uma sensação de esgotamento extremo logo depois da manifestação dos fenômenos, situação normal caso tivesse sido ele o médium responsável pelo fornecimento dos fluidos indispensáveis para o caso.

Por minha conta acrescento que se alguém puder explicar o episódio exposto através da hipótese *alucinatória*, eu lembraria que essa hipótese não se aplica ao fenômeno simultâneo da folha escrita encontrada queimando na lareira, ainda que sobre ela houvesse um relógio com a sua corrente. Está claro, portanto, que, se o último fenômeno não pode ser explicado como alucinação, os outros — da mesma natureza — deverão logicamente ser atribuídos também a uma única causa, de ordem inteligente, uma vez que alcançaram o objetivo desejado. Isso equivale a admitir a intervenção de uma entidade espiritual interessada nas vivências particulares de Hannen Swaffer.

Depois da longa introdução exposta, cujo conteúdo me pareceu necessário lembrar, passo a narrar alguns longos trechos da mensagem de Edgar Wallace. Ele escreve:

> Há alguns dias eu jazia em estado comatoso. Entretanto conseguia ver vagamente as pessoas à minha volta, mas não conseguia falar nem me mexer. Surpreendia-me por ver todos à minha volta mais ou menos consternados, e perguntava a mim mesmo o que poderia estar provocando isso.
> Por fim, consegui me mover e então cheguei a ficar de pé mas nenhum dos presentes pareceu dar-se conta disso, por mais gente que houvesse ali, entre eles o meu secretário e o mordomo.
> O fato pareceu-me estranho e inexplicável. Enquanto assim pensava, vi o meu mordomo atravessando o quarto e olhando melancolicamente dentro de uma caixa alongada parecida com um caixão. Aproximei-me curioso para olhar também e com imensa surpresa vi a mim mesmo estendido dentro do caixão. Fiquei estupefato. Olhava alternadamente para mim mesmo vivo e para o outro estendido rijo, branco, sem vida, dentro de um caixão. Depois olhava para a senhora que parecia estar de guarda ao lado.
> A minha consciência era análoga à dos sonhos, e por isso perguntava a mim mesmo inutilmente o que significava tudo aquilo. Não conseguia compreender. Por que, então, haviam colocado um modelo de mim mesmo dentro de um

esquife? Notei até que os autores daquela brincadeira de mau gosto tinham vestido o fantoche que me representava com todo cuidado, e que o caixão era ricamente entalhado e estava decorado com muito bom gosto.
Dirigi-me ao mordomo perguntando a ele que raio de brincadeira era aquela de vestir com as minhas roupas um modelo de mim mesmo, para depois colocá-lo em um caixão. No entanto, o mordomo não se interessou nem um pouco por aquilo que eu estava dizendo e continuou a retirar do quarto parte da mobília, como que para ganhar espaço. Mas então a minha voz não havia ecoado para ele nem para nenhum dos presentes? Não conseguia compreender. Depois disse comigo mesmo: "Tem algum mistério aqui que eu preciso me esforçar por compreender. Talvez alguma faculdade do meu intelecto esteja funcionando mal". Aproximei-me de novo do caixão para melhor contemplar o fantoche que ali estava. Sim, era eu mesmo. Examinei com o maior cuidado a testa enrugada e as mãos, das quais eu conhecia cada particularidade. Eram mesmo as minhas mãos. Aquele modelo de mim mesmo era uma perfeição. Eu me perguntava cada vez com maior angústia: "O que significa tudo isso? Eu não sei. E como se explica que eu não consiga pegar os objetos? Por quê? Não sei. E como se explica que eu possa passar através dos móveis? Não sei".
Passavam perto de mim parentes e amigos, mas ninguém me olhava, ninguém me cumprimentava. E no entanto eu vivera com eles, trabalhara com eles, sempre me comportara com todos como um bom parente e amigo. Disse comigo mesmo: "Se assim é, se é isso o que acontece, então não pode deixar de haver uma causa determinada. Mas qual seria a causa? Não sei. Como vão acabar as coisas? Não sei. Talvez eu esteja passando por um delírio febril, que certamente vai acabar. Lembro-me de que estava escrevendo um novo livro importante. Mas qual? Não sei. Onde estará o roteiro? Não sei, não sei; não sei mais nada, nada"...

Depois desta longa crise de semiconsciência, própria de quem está sonhando, o espírito por demais mundano do popular romancista ficou por um certo tempo vinculado ao mundo terreno (*earthbound*), vagando um pouco por toda parte, mais do que nunca perdido e desorientado. Ele escreve:

Encontrei muitos que como eu vagavam pela névoa em

busca de orientação. De qualquer maneira, eu lembrava da minha obra e dos meus entes queridos. Por que os havia abandonado junto com tudo aquilo que me interessava no mundo? Tinha quase alcançado o ápice das minhas ambições terrenas, e eis que sem um prenúncio qualquer encontrava-me atirado para longe de tudo o que tornava bela a minha vida na Terra...

... Por fim, para mim também chegou o momento em que as condições de ofuscamento mental foram gradativamente se dissipando, e então comecei a compreender que eu havia abandonado para sempre o mundo dos vivos, aquele meu belo mundo que não desejava abandonar jamais, e no qual estava tudo aquilo que podia me deixar satisfeito e feliz. Tinha portanto de renunciar à companhia dos meus entes queridos, renunciar à minha obra de escritor, dar um adeus aos muitos prazeres e deleites da existência encarnada.

O que eu acabei entendendo foi que o modelo de mim mesmo observado dentro do caixão era o meu "corpo carnal", que pertencia à matéria, parte do mundo que eu havia abandonado para sempre. Era aquele o invólucro exterior no qual estava contida a minha íntima personalidade integral, ou seja, um invólucro que sob a aparência jovial e bonachona sempre ocultara aos vivos os muitos pecados da sua íntima personalidade.

E qual seria o meu destino futuro? Eu não sabia, mas desejava urgentemente sabê-lo. Só de pensar em ter de viver na dúvida eterna, em ambiente tenebroso, me aterrorizava. Sentia-me profundamente deprimido e o desespero começava a tomar conta de mim. Terei algum dia a sorte de rever os desencarnados que eu amara na Terra? Ora, eu sabia que tal possibilidade podia realizar-se sem maiores dificuldades. "Deus, meu grande Deus, ajude-me! Venha socorrer quem está desesperado"! Sim, eu mesmo — cético e pecador — tive a audácia de invocar a clemência divina! E a clemência divina chegou até mim imediatamente. De repente, a minha atenção foi atraída por uma luminosidade distante que dissipava as trevas que envolviam tudo. E, à medida que eu mantinha o olhar fixo naquele canto radioso, a luz aumentava, tornava-se cada vez mais brilhante. Trêmulo de esperança, eu perguntava a mim mesmo: "O que será isso"? E à medida que o espaço iluminado aumentava enquanto se aproximava, dei-me conta de que tinha origem numa multidão de entidades

espirituais que irradiavam luz dos seus corpos etéreos. E além daquela acolhida gloriosa de entidades iluminadas, eu entrevia uma região por sua vez radiante, que mostrava aos meus olhos um panorama de beleza. Seria então uma região do mundo que eu teria abandonado? Não, pois as personalidades que eu via vinham daquela região, e eram espíritos em forma humana que pareciam de uma beleza maravilhosa, jamais vista em todo o mundo. Aproximaram-se rapidamente do lugar em que eu estava, mas eu não podia ir ao encontro deles, porque sentia-me como que paralisado. Quando estavam próximos o suficiente para que eu pudesse distinguir os seus semblantes, reconheci dentre eles alguns mortos que eu conhecia. E eram todos espíritos de precursores, seres que haviam consagrado, no mundo dos vivos, a sua vida à difusão de uma grande fé: aquela da qual eu agora conhecia a realidade suprema. E era a fé que eu tanto denegrira em vida, esforçando-me por torná-la ridícula para o mundo todo. De repente, um espírito radiante separou-se do grupo e veio ao meu encontro. Reconheci-o de imediato: era William   Stead, o grande apóstolo do espiritismo!
Ele me comunicou que o meu primeiro dever era voltar ao mundo dos vivos para anunciar aos povos que a sobrevivência humana era uma verdade grandiosa, passível de demonstração com base nos fatos, e que a morte era uma "força" que ajudava o "corpo carnal" a se separar do "corpo espiritual" no qual existia um cérebro etéreo destinado a preservar todas as faculdades inerentes ao intelecto humano.
Respondi declarando-me pronto a cumprir o meu dever, mas deixei bem claro que não sabia como fazê-lo. Ele sorriu e com um sinal pediu para alguns espíritos se aproximarem. Então, confiou-me aos cuidados deles, dizendo que iriam me orientar e ajudar na obra de redenção para a qual eu estava me dispondo.

Depois de tais premissas, o comunicante passa a descrever amplamente as modalidades do seu retorno à Terra, e as suas primeiras tentativas para entrar em relação psíquica com os médiuns, sempre guiado e aconselhado pelos espíritos auxiliares. Antes de encontrar o médium mais indicado para o cumprimento da sua missão de regeneração, ele passou por complicados estágios, com três mediunidades de naturezas diferentes, estágios teoricamente interessantes e instrutivos, superando gradativamente as dificuldades existentes nos métodos vigentes de comunicação entre os dois mundos. Por fim, encontrou em uma senhora a médium mais bem preparada para tal finalidade. Mesmo com ela as dificuldades foram grandes no princípio, mas chegou o momento em que pôde declarar:

> Toda vez que pego o lápis, sinto que a mão de que me valho se torna cada vez mais dócil ao meu querer, e já consigo escrever quase normalmente. Estou, portanto, pronto para começar a narração das vivências pelas quais passei depois da crise da morte, esperando que a minha auxiliar da Terra queira me conceder o tempo necessário para ditá-las, facilitando a conclusão da minha primeira tarefa destinada a alcançar a minha redenção... Não posso elevar-me espiritualmente enquanto não tiver neutralizado o mal que pratiquei na Terra, e só conseguirei isso alertando os seres vivos para o fato de que eu estava errado quando escrevia que, não existindo uma outra vida, não podia haver espíritos de desencarnados que voltavam à Terra para manifestar-se através dos médiuns...

Esses são os trechos substanciais contidos na longa mensagem do finado romancista, o popular Edgar Wallace, a qual se revela altamente interessante e instrutiva. Como se viu, apenas os detalhes fundamentais inerentes à crise da morte podem ser encontrados na própria mensagem, enquanto a entrada em atmosfera espiritual do nosso protagonista difere radicalmente daquelas até agora relatadas, que apresentam acontecimentos comuns à grande maioria dos desencarnados. E a razão para tal discrepância emerge clara para todos: desta vez, tratava-se de um desencarnado que tinha sido sim um escritor de talento, mas que levara uma vida sem escrúpulos. O seu temperamento ciumento e vingativo induzia-o a praticar más ações em prejuízo do próximo. No fundo, não era pior que muitos outros, mas os seus pensamentos, aspirações e obras se combinaram em vida para tornar mais pesada e contaminada a essência etérea com que o seu "corpo etéreo" estava lentamente se formando. Quando chegou a hora fatal do traspasse para outra vida, era inevitável que, pela "lei de afinidade", o seu espírito, agora mais pesado pela presença de um corpo etéreo impuro, gravitasse e se fixasse por algum tempo em uma "Esfera de provação intermediária" pouco inferior às baixas camadas do "mundo astral", até que ele conseguisse purificar o invólucro do próprio espírito, através de obras de redenção adequadas.

Caso XXVII — Outro caso do gênero é encontrado em uma obra chamada *The Progression of Marmaduke*,[30] inteiramente ditada por um desencarnado com esse nome, através de uma médium, Miss Florence Dismore (Flora More). Ele narra as suas experiências dolorosas depois da crise da morte e ela, por sua vez, as transmite aos seres vivos, a título de expiação e redenção. Trata-se de um nobre inglês, morto acidentalmente depois de uma curta existência de vícios, apesar de não ter sido uma pessoa congenitamente má. Ele se manifestou sucessivamente através das mediunidades de Miss Aimée Earle e de Miss Florence Dismore, e a história de tais manifestações merece ser resumida. Miss Aimée Earle é uma médium psicográfica clarividente. Certo dia em que estava ouvindo uma música tocada ao piano pela amiga Florence Dismore, teve a primeira visão do espírito de um jovem moreno. No dia seguinte, enquanto as amigas liam e comentavam uma mensagem espiritualista, Miss Earle viu aparecer a seu lado o mesmo "fantasma", que começou a conversar com ela. Miss Florence Dismore descreve nos seguintes termos aquele primeiro encontro:

> Ele começou a interrogá-la a respeito das afirmações contidas na mensagem que estava sendo lida, complementando: "Só que eu não estou morto, uma vez que me encontro aqui". O espírito-guia de Miss Earle, que a observava mantendo-se invisível para o espírito, alertou a médium para que não respondesse às provocações dele e prosseguisse na leitura. No final o jovem moreno foi levado embora pelos seus guias espirituais.

Rapidamente: os espíritos-guias o teriam levado à presença das duas médiuns para convencê-lo de que estava morto e se encontrava no mundo espiritual. Desta maneira, teria início a sua redenção, que, para ele, dotado de cultura e inteligência, tinha que se dar através da narração da sua própria história por um processo mediúnico, em benefício da sua edificação moral e espiritual, e a serviço dos seres vivos. De fato, ele não tardou a manifestar-se psicograficamente através de Miss Earle, anunciando-lhe que tinha a missão de lhe ditar a história da sua vida,

---
[30] *Writings given by him after his passing to the Spirit-World*, Stead's Publishing House, Londres, 1923, p. 222.

processo que logo iniciou. No entanto, Miss Earle, com intensos compromissos profissionais, percebeu que não dispunha do tempo necessário para uma elaboração metódica de todo um tratado e assim, após receber as primeiras três mensagens, combinou com o espírito comunicante que o trabalho continuaria a ser feito através da amiga Florence Dismore. O trabalho teve duzentos e vinte páginas.

Esse tratado tem como título *The Progression of Marmaduke* (A redenção de Marmaduke), e nele o espírito comunicante conta a sua história mundana, as vivências da própria morte, os remorsos que sentiu depois, a intervenção generosa de um amigo desencarnado que ele ofendera profundamente em vida, e as felizes consequências do seu sincero arrependimento, o qual lhe abriu as portas da redenção.

Por pouco que o espírito comunicante se detenha sobre o tema da "crise da morte", tomei a decisão de reproduzir o seu relato, por não ter à minha disposição outros casos do gênero. Ele começa da seguinte maneira a primeira mensagem, ditada a Miss Earle:

> Quantas coisas tenho para desaprender na nova existência! Oh, quantas! Quantas! Mas como fazer para me redimir? Tarde demais para mim. E, no entanto, alguns espíritos generosos me consolam, abrindo o meu coração para a esperança de que algum dia terei, como eles, a visão espiritual e a audição das harmonias celestes. De qualquer maneira, eu não mais me sinto um egoísta e experimento uma viva simpatia pelos outros. Foi-me aplicado o tratamento de que eu precisava: drástico mas necessário...
> Quando em vida, bastou um segundo para eu ser mandado para a morte. Estava deitado às margens de um despenhadeiro nas montanhas quando uma rocha soltou-se do alto, caiu e amassou a minha cabeça, tornando os meus traços irreconhecíveis. Só os papéis que eu trazia na carteira permitiram a minha identificação.
> Foi só um instante e eu me vi repentinamente mergulhado em trevas profundas. Tentava às apalpadelas abrir caminho em meio a uma densa escuridão. Nenhuma luz à vista e um silêncio mortal ao meu redor: era uma situação aterradora. Por vezes parecia-me vislumbrar uma claridade ao longe e perceber sons musicais. O que significava tudo isso? Sentia-me quase enlouquecer e em vão lutava contra o desconhecido, como um homem às voltas com o

vazio. Exausto, caí ao chão em uma crise de desespero moral assustadora e indescritível. Amaldiçoava a Deus e ao gênero humano. Queria morrer, mas não podia morrer...!
Então encontrei-me, não sei bem como, às margens do despenhadeiro onde jazia o meu corpo, e vi o meu corpo! Tentei levantá-lo, ressuscitá-lo, mas precisei me afastar devido ao mau cheiro que exalava dele. Encontrava-me em um estado de espírito estranho e incoerente: não chegava a compreender onde estava e o que tinha acontecido. Invadiu-me a suspeita de ter enlouquecido. Depois, julguei estar sendo vítima de um pesadelo horrível, do qual era preciso me desvencilhar o mais rápido possível. Mas a possibilidade de eu estar morto não passou pela minha cabeça um minuto sequer!
Não sei bem por quanto tempo fiquei perambulando por aqueles caminhos tortuosos, mas um dia a minha crise de loucura entrou em uma fase inesperada: encontrei-me em um ambiente familiar, do qual eu também fazia parte, ainda que sem conhecer as pessoas que via à minha volta. De qualquer maneira, lá estava eu, e não podia afastar-me dali. Na primeira vez ouvi música tocada ao piano. Na segunda, prestei atenção na leitura de um livro e nas conversas que se seguiram, e graças a elas fiquei sabendo que as duas mulheres que estavam ali não só tinham noção da minha presença, como também conheciam o meu caráter. (Trata-se da circunstância acima mencionada, na qual os guias do jovem, ainda que não fossem vistos por ele, haviam-no conduzido ao ambiente da médium.) Ouvi as duas com atenção e achei que elas acreditavam que existe no homem um espírito que sobrevive à morte do corpo. Pensei: "Que absurdo"! Mas, de repente, alguém iluminou a minha mente, transmitindo-me a verdade a meu respeito: Eu, então, estava morto! Mas, onde me encontrava? No que eu tinha me transformado? Assim que me convenci de que estava morto, as coisas mudaram e me vi rodeado de espíritos que pareciam desejosos de me assistir... Vocês não podem sequer imaginar o que tal mudança significava para mim. Disse: "Eu estou confuso e desorientado. Julgava-me louco, mas não morto"! E me responderam: "Morto apenas para o mundo da matéria, da visão física, da audição física, mas mais vivo que nunca para o mundo espiritual, com visão e audição espirituais. Você se encontra em uma outra Esfera de existência:

é só. Conosco também aconteceu isso: atravessamos a nossa crise antes de nos acomodarmos ao novo ambiente. Quanto mais cedo souber em que condições você existe, melhor será para o seu progresso rumo à redenção"... Para minha imensa surpresa fui informado de que aquele grupo de espíritos tinha se reunido para vir em minha ajuda, e que isso acontecera devido às solicitações de um antigo amigo meu. Como eu estava longe de supor quem era o amigo generoso! Disseram-me que eu deveria ter voltado ao lugar horrível do qual me haviam tirado temporariamente, mas que um raio de luz tinha penetrado nas trevas que me envolviam. E quando um raio de luz alcança uma alma, este jamais pode se extinguir; dessa maneira, aquela luz brilharia para mim como a estrela da esperança que me guiaria das trevas para a luminosidade radiante de um ambiente muito diferente.

Pouco depois, vi-me no lugar nebuloso de antes, mas uma pálida luz brilhava perto de mim, de modo que se tornou a minha "estrela polar"; e quando eu a contemplava ansiosamente, ela intensificava a sua luminosidade. Ora se mostrava à minha direita, ora à minha esquerda, mas jamais se apagava. Eu não saberia avaliar o tempo em que fiquei naquelas trevas atenuadas por um raio de esperança...

... Hesito a esta altura em prosseguir a narração das provas pelas quais passou a minha alma. A grandeza, a magnanimidade do próximo — dignas em tudo de Jesus Cristo — precipitam o meu espírito no abismo dos remorsos, e a minha iniquidade ergue-se diante de mim como um fantasma perseguidor que me proclama o mais desprezível dos pecadores. E no entanto tenho de continuar, pois a minha narração deve fornecer ao menos uma pálida ideia da potência do amor no mundo espiritual. Uma única lei existe: o Amor, que é Perdão. O Perdão, que é Amor. Basta: apresso-me em confessar-me diante do mundo... diante de vocês ... Perdoem-me, se puderem. Eu não posso. Sinto que estou perdendo as forças. Aquele que soube me perdoar é o mais sublime dos homens, mas a sua generosidade perturba-me a alma, e a iniquidade da minha culpa ergue-se monstruosa diante de mim. O amigo que eu havia traído em vida, que tinha abandonado ao seu destino e reduzido a um proscrito da sociedade, foi quem reuniu aquele grupo de espíritos com o objetivo de me assistir...! Eu os vi abrir alas para um outro espírito que avançava sorrindo na minha direção. Olhei para ele atentamente.

Era ele! Ambrósio! O amigo que eu havia traído! Estendeu-me os braços. Escondi o meu rosto, envergonhado, em seu ombro; apenas para me sentir repleto dos seus pensamentos de perdão e de piedade para comigo... Detenho-me... Detenho-me... Por hoje chega!...

E, a esta altura, nós também interromperemos as citações, a fim de não nos excedermos no caso aqui comentado.

Como se apreende dessa exposição, que está de acordo com outras do gênero, os sofrimentos expiatórios que afligiriam os "condenados" seriam, em sua grande maioria, de ordem moral. Em um primeiro momento consistiriam em todo tipo de nostalgias e de desejos não satisfeitos. Em um segundo momento, em todo tipo de remorsos aflitivos. Quando um espírito mau tem a crise dos remorsos, está dando o primeiro passo no caminho da redenção. Ninguém poderia poupar ao espírito tal crise, às vezes bastante longa e terrível, pois apenas através dela o "corpo etéreo" se purificaria dos "fluidos impuros" que o poluíam e o deixavam pesado, e que se acumularam por causa das vibrações do comportamento ignóbil ou indigno do próprio espírito, durante a existência terrena. Tais "fluidos impuros" haviam fatalmente — em virtude da lei de afinidade — obrigado o espírito a gravitar rumo a regiões infernais. Só com a ação depuradora provocada pela crise dos remorsos é que seu "corpo etéreo" se tornaria mais leve, se elevaria e gravitaria — também pela lei de afinidade — rumo à Esfera espiritual imediatamente superior.

Quanto aos espíritos endurecidos no mal, incapazes de remorsos, eles ficariam em região infernal, mergulhados em trevas gradativas, às vezes em solidão, outras em companhia dos seus pares, enquanto não chegasse para eles também o momento da tomada de consciência e dos remorsos. Isso às vezes se prolongaria por séculos, mas, uma vez que também os espíritos dos maus não seriam abandonados a si mesmos, passariam a ser vigiados e socorridos por espíritos-missionários destinados a essa função.

No caso aqui considerado, observa-se que o espírito afirma não saber por quanto tempo ficou vagando nas trevas e no isolamento. É bom lembrar que no mundo dos vivos revela-se a mesma dúvida nos sujeitos hipnotizados colocados em condições de "sonambulismo vigilante", para os quais o tempo não existe; dessa maneira, dizem ao pesquisador que os desperta, depois de muitas horas, que dormiram apenas um minuto. Em um trabalho anterior intitulado *Dos Fenômenos de Obsessão e Possessão*,[31] citei o caso de um "espírito obsessivo" a quem o doutor Wickland pergunta em que ano ele acredita estar, ao que responde: "Mas está na cara, estamos em 1902". No entanto, corria o ano de 1919; mas ele tinha morrido em 1902 e havia perambulado nas trevas durante dezessete anos, acreditando encontrar-se ali há poucos dias.

As concordâncias episódicas a serem observadas no exemplo em questão, se comparadas a outros casos citados anteriormente, mostram-se bastante circunscritas tratando-se de entidades de desencarnados existentes em ambientes espirituais os mais diversos. Ressalto ainda que estão de acordo os costumeiros *detalhes fundamentais* do ser que não se dá conta de ter morrido, e que não percebe a presença dos espíritos hierarquicamente a ele superiores, os quais vigiam-no e orientam-no sem que ele saiba.

Quanto ao aspecto relativo à potência criadora do pensamento em meio espiritual, observo que o desencarnado refere-se a esse fato repetidas vezes em suas mensagens, acrescentando informações elucidativas interessantes. Por isso, decido-me a transmitir mais este trecho do texto, em que o espírito observa:

> No mundo espiritual o pensamento é tudo, o que não acontece no mundo dos vivos. Comunicamo-nos com o pensamento, e a sua força unida à vontade nos permite criar todas as coisas de que precisamos. Para utilizar a força do pensamento nesse sentido não basta pensar naquilo que se deseja, mas é necessário manter o pensamento sobre o objeto do querer, imaginando-o em todos os seus detalhes. Por exemplo, se nós pensamos em uma túnica branca, podemos criá-la em sua forma mais simples; mas se quisermos produzi-la em um modelo especial, de uma certa cor com um desenho determinado, então devemos concentrar o pensamento sobre todos esses detalhes, da forma que pretendemos dispô-los na túnica. Da mesma forma, se queremos criar uma pintura com o pensamento — digamos a reprodução de uma paisagem —, devemos projetá-la na mente com a mesma clareza, ou teremos um esboço mais ou menos confuso e disforme. E é por isso que exercitar-se nas criações do pensamento ajuda os espíritos a pensar cada vez com mais clareza e a concentrar

---

[31] Uma monografia de 41 páginas publicada em *Luce e Ombra*, 1926, fascículos 7, 8, 9 e 10.

a sua vontade com eficácia cada vez maior. Também no mundo espiritual é necessário pensar com clareza...

Caso XXVIII — Este outro episódio é semelhante ao anterior pelas formas de penas morais infligidas ao espírito comunicante, com o agravante, porém, que a sua cegueira moral, por ser congênita e quase irredutível, levou-o a gravitar em um dos primeiros "escalões" das chamadas "Esferas de provação" por longos e longos anos. Quero destacar, além disso, que o desencarnado comunicante, como no caso acima, teria se manifestado com o objetivo de narrar sua própria história com o objetivo de fornecer ensinamento aos vivos e de alcançar a própria redenção. A reprodução desta última circunstância em numerosos casos do gênero é altamente sugestiva e instrutiva.

Retirei esse caso de um livro publicado em Londres sob o título *The History of Benjamin Kennicott (The Purgatory of a Parson)*.[32]

A sua autora — Mrs. Isabelle Major Evans — possui consideráveis faculdades mediúnicas, das quais sempre se valeu para comunicar-se unicamente com o pai desencarnado. Acometida por um problema no braço direito que a impedia de escrever, foi aconselhada a procurar uma médium com poder de cura, que conseguiu fazê-la em pouco tempo. Entretanto, durante uma das suas visitas à médium esta começou a exclamar: "Eu vejo um homem vestido de preto, com uma Bíblia entre as mãos, que mostra um pacote de papéis manuscritos. Diz chamar-se... Kenny... Kenn... Kenn-acott..., e ter vivido no século XVIII. Fez alguma coisa que diz respeito à Bíblia. Ele se dirige a mim dizendo: 'Trate de curar rapidamente a senhora, pois ela deverá escrever por mim' ". Depois de uma breve pausa, a médium chegou a colher o seu nome por inteiro: "Benjamin Kennicott, reitor de Culham". Isso feito, a aparição sumiu.

De volta à sua casa, a senhora Evans aconselhou-se com o pai morto, que lhe disse tratar-se de uma alma penada, há longo tempo no mundo espiritual, e que necessitava de seu auxílio para dar início ao processo de redenção. Aconselhava-a, portanto, a acolhê-lo através da sua mediunidade, em sessões quinzenais.

As pesquisas feitas inicialmente mostraram que no século XVIII, na desconhecida cidadezinha de Culham, vivera um pastor

[32] Rider, Londres, 1932, p. 143.

anglicano de nome Benjamin Kennicott, que publicara numerosos textos de exegese bíblica, confrontando a "versão inglesa" da Bíblia com o seu texto em hebraico, língua que ele conhecia a fundo.

Ao se manifestar através da senhora Evans, ele fez uma ampla narração a respeito dos acontecimentos da sua vida encarnada, durante a qual mostrara-se dominado pelos preconceitos religiosos. Era, além disso, orgulhoso e impiedoso. Mas da sua mensagem aos vivos, plena de ensinamentos, dependia o primeiro passo a caminho da redenção.

Ele explicou ter sido um pastor anglicano tão devotado à própria ortodoxia — que ele julgava soberbamente a única infalível — que mostrava intolerância e impiedade com quem não pensasse exatamente como ele. Além disso, as suas publicações de exegese bíblica e os seus conhecimentos da língua hebraica haviam-no tornado soberbo a ponto de se considerar o único sujeito no mundo digno de ascender, no devido tempo, às mais excelsas glórias do Paraíso. Soberba e culpas que seriam duramente reforçadas depois da crise da morte.

Um dos remorsos mais graves que o afligiam eram as impiedosas perseguições sobre aqueles que discordavam de alguma maneira da sua brutal ortodoxia.

Vivia naquele vilarejo um humilde artesão conhecido por "João, o marceneiro", um santo homem animado por grande fervor apostólico e em cuja oficina reuniam-se muitos devotos para ouvir dos seus lábios as verdades cristãs. O pastor Kennicott começou a persegui-lo impiedosamente. Proibiu-o de comungar, intimou os fiéis a não ouvirem as suas palavras e afastou os clientes da oficina, levando toda a família do marceneiro à miséria. O infeliz perseguido deixava de alimentar-se para que as suas crianças não sofressem privações e acabou morrendo de inanição e de problemas do coração. Essa é uma pequena amostra dos feitos cristãos do pastor Kennicott. Observo a respeito que se conseguiu verificar e documentar também as ações de perseguição por ele efetuadas em nome de Deus.

Na hora fatal de prestar contas, em consequência da inexorável "lei de afinidade", ele gravitou pela morada espiritual que lhe era destinada, e que pertencia já às assim chamadas "Esferas de provação". Por seu temperamento obstinado, ali ficou por um século e meio, até que conseguiu dar o primeiro passo rumo à redenção, através do *purgatório dos remorsos*, e graças à intercessão de "João, o marceneiro".

O comunicante iniciou a primeira mensagem narrando os acontecimentos da sua "crise da morte", para depois prosseguir descrevendo as extensas aflições morais sofridas no plano tenebroso em que precipitara. Fornecerei somente alguns trechos substanciais, pois trata-se de uma narração que ocupa quase por inteiro as 150 páginas do livro. Importante revelar que a autora publica no início do trabalho o seguinte atestado, juramentado diante de um escrivão público, no qual coloca a sua assinatura: "Eu, abaixo assinada, juro que o que escrevi na Introdução e tudo quanto está contido no presente volume é a Verdade, toda a Verdade, nada mais que a Verdade. Afirmo isso diante de Deus". (Assinado: Isabelle Major Evans.)

* * *

No caminho do arrependimento, o pastor começa por dirigir-se aos seres vivos nos seguintes termos:

> Irmãos e amigos meus, eu vos falo desta vez do limiar de onde se vislumbram os maravilhosos lugares em que moram os espíritos daqueles que durante a existência terrena observaram as Leis de Deus. A maioria das almas que se desencarnam só alcança este plano depois de uma longa e difícil peregrinação.
>
> Entre os vivos há muitos que costumam dizer: "Deus é Amor, e se Ele ama as próprias criaturas, certamente não irá puni-las por faltas leves. É verdade que os assassinos, os ladrões, os adúlteros, merecem as mais severas sanções; mas nós que vivemos respeitavelmente, incorrendo tão somente em pequenas culpas comuns a todos, por que deveríamos temer as consequências desses atos na vida futura"?
>
> Irmãos, é àqueles que assim raciocinam que eu me dirijo com as minhas confissões, e suplico que me ouçam com atenção.
>
> Eu que vos falo era em vida um eminente, respeitabilíssimo, pastor anglicano. Fui designado para um presbitério que contava com todo tipo de comodidade, tinha uma mulher muito amada e a mim devotada; contava com rendimentos suficientes para passar uma existência sem privações. Cumpria escrupulosamente todos os deveres relativos ao meu apostolado: catequizava os jovens, consagrava os matrimônios, batizava os recém-nascidos, se-

pultava os mortos. Apenas não tinha simpatia por aqueles que professavam credos cristãos diferentes do anglicano. Dedicava muito do meu tempo ao estudo, com o único objetivo de verificar rigorosamente a pureza dos textos ingleses da Bíblia Sagrada, comparando-os, palavra por palavra, com o texto original hebraico, o que eu podia fazer por conhecer muito bem o idioma de Jesus. Aos olhos do mundo eu era um modelo de eclesiástico servidor de Deus.

Ora, irmãos, ouçam o meu caso... Quando chegou para mim a hora suprema, os meus paroquianos não tinham dúvidas de que o seu pastor seria elevado às glórias supremas do Paraíso. E, entretanto, eis a minha história.

Eu jazia à beira da morte consciente do fato, mas plenamente satisfeito comigo mesmo e, portanto, muito tranquilo com relação ao Glorioso e ao iminente prêmio que estava à minha espera. Acorrera para me assistir a alma um velho pastor meu amigo, um verdadeiro santo. Ele formulava exortações simples, familiares, mas profundamente espirituais, sempre muito adequadas à situação; e eu, por mais que tivesse chegado à hora extrema, pensava com muito orgulho que iria patrocinar a causa pela qual sempre lutara de uma forma muito melhor. De repente, colheu-me uma sensação de extremo esgotamento vital de desintegração do meu ser: estava tudo acabado. Esperava ser recebido por um coro de anjos cantando hosanas, que depositariam em minha cabeça a simbólica coroa de louros que os romanos colocavam sobre a cabeça dos seus heróis, para depois vestir-me com roupas celestiais e chegar diretamente à frente do Trono de Deus.

Tomem nota, então, do que aconteceu de fato. Assim que o espírito deixou o corpo, tive a sensação de afundar em um abismo sem fim. Então, encontrei-me envolvido em um espesso nevoeiro, impenetrável e cinzento. Tais sensações e impressões me deixaram desconcertado e assustado, mas quando consegui vislumbrar alguma coisa do ambiente que me rodeava, dei-me conta de que ainda estava no meu quarto de dormir. Ouvia a minha querida mulher chorar baixinho, pois ela sempre foi maravilhosamente reservada em suas dores, e teve muitas em sua missão de mulher e de mãe.

Então, a minha visão se fez mais clara e percebi na cama o meu corpo, ainda que num primeiro momento não julgasse que aquele era o meu corpo. Pensava: "Como pode?

Colocaram um outro sujeito na minha cama"? Mas não demorei para entender que o rosto daquele que ali estava era o meu. Estaria eu morto, então? Impossível. Nenhum coro de anjos acorrera para me dar as boas-vindas. Ao contrário: via-me envolvido em um ambiente denso e gélido.

Não saberia dizer durante quanto tempo fiquei vagando ao redor da minha morada terrena; talvez durante muitos dias, no decorrer dos quais assisti ao cortejo fúnebre que acompanhava o meu corpo da igreja até o cemitério. Aquilo tudo me deixou estupefato, pois aí tive a certeza de estar morto. Entretanto, eu não conseguia compreender onde estava nem por que me encontrava constantemente envolvido por uma espessa e impenetrável névoa.

Perambulava sem nenhum objetivo, um pouco por toda parte nas redondezas. A minha mente estava totalmente surpresa e bloqueada, e nem uma vez me passou pela cabeça dirigir uma oração a Deus. Que nada! Ao contrário, não cessava de me perguntar: "Por que estou sendo tratado desta maneira? Por que estou sendo ignorado"? Eram questões que surgiam e ressurgiam em minha mente destituída de todo discernimento, e deve ter-se passado muito tempo antes que eu estivesse em condições de refletir racionalmente.

Em um determinado momento, acabei apalpando perto de mim uma saliência de rocha. Aquela era a primeira vez que me ocorria perceber algo de sólido em todo o meu perambular pela névoa que me envolvia. Sentei-me sobre aquela rocha e naquele momento tentei reorganizar meus pensamentos: com isso, fui tomado por um ímpeto de revolta. Rebelava-me contra Deus, pois com base na grande opinião que tinha de mim mesmo, Ele estava me tratando de uma maneira indigna. A esses sentimentos de rebelião seguiu-se imediatamente uma crise de sono incontrolável que me obrigou a me deitar sobre a rocha. Mas aquele sono — se é que se tratava de sono — era perturbado por sonhos horríveis, por tremendas situações de pesadelo. Eram visões tão aterradoras que me arrancaram uma invocação de ajuda: "Meu Deus, tire-me deste estado de horríveis visões! Mergulhe-me em um total estado de esquecimento"! Invocação que foi logo atendida, pois caí em absoluta inconsciência.

Ao despertar, tive a sensação de não mais estar sozinho. Em meio à espessa névoa que me envolvia, faiscavam faixas de luminosidade sanguínea, nas quais eu conseguia perceber formas humanas terrificantes. Elas me dirigiam palavras gritando, com alegria maligna, dizendo que eu tinha sido mandado para o ambiente que merecia e no qual me davam as boas-vindas. Assim dizendo, dois dentre eles me agarraram sem mais nem menos, transportando-me para um tipo de sala de justiça na qual estava uma multidão deles, tomados por uma festiva e diabólica alegria. Perguntei assustado para qual edifício eles me haviam conduzido e, em meio a gracejos e zombarias, responderam-me que aquela era a morada da vaidade humana, do ser orgulhoso que considerava a si mesmo como modelo de todas as virtudes, e que todos aqueles ali reunidos tinham chegado, como eu, julgando ser as melhores e as mais perfeitas amostras da humanidade. Estes, porém, a esta altura haviam acabado por se adaptar ao ambiente e passavam o tempo divertindo-se às custas dos recém-chegados.

O meu horror não teve limites; no entanto, de repente, surgiu-me ao longe uma branda luz azulada de natureza bem diferente, e uma voz surgiu dali e falou comigo. Observei que assim que aquela voz se fez ouvir, os demônios — eu os havia tomado por demônios — fugiram, deixando-me completamente só. Mais uma vez a voz recomeçou a falar, dizendo-me que eu poderia deixar aquele lugar de sofrimento, se assim o desejasse. Ou seja, se eu reconhecesse ter levado uma existência de orgulho, de vaidade e de dureza de coração, e me arrependesse sinceramente dela, então eu poderia me encaminhar para condições espirituais melhores. Ao ouvir isso, o meu ressentimento não teve mais limites. Fiquei furioso, amaldiçoei o dia em que havia nascido e revoltei-me contra os decretos de Deus. Respondi com enorme arrogância àquela voz, dizendo que eu tinha levado uma vida de retidão imaculada em todas as relações, que nada tinha do que me arrepender e nada tinha feito para merecer um tratamento tão indigno. Percebi, vindo da faixa iluminada, um profundo suspiro e a voz voltou a falar comigo nos seguintes termos: "A sua resposta significa que você escolheu percorrer voluntariamente o caminho do abismo; entretanto, quando chegar o momento em que precisar de ajuda, poderá sempre me chamar, e eu correrei prontamente. Basta-lhe proferir a seguinte invocação: Lucis, acorra para me ensinar como devo me comportar". Depois de dizer isso, a "luz azulada"

> se desfez no ar. Assim que fiquei só naquele horrível lugar, caí mais uma vez no chão sem sentidos...

A esta altura, o comunicante passa a contar as cenas de horror que esperavam por ele no momento de despertar e as ridicularizações atrozes que lhe eram feitas pelos habitantes mais antigos daquela Esfera infernal, em que a sua vaidosa impenitência o manteve durante um século e meio. Até que não mais resistindo a tamanho sofrimento, ele lembrou-se do que a voz amiga da "luz azulada" lhe dissera e gritou desesperadamente: "Lucis, bom Lucis, ajude-me! Ensina-me o caminho da redenção"! Imediatamente apareceu ao longe uma luminosidade azulada, mas antes que dela saísse a voz de Lucis, os demônios que o rodeavam fugiram tresloucados, se arrastando, pisoteando, sibilando como serpentes...

Afinal, surgira nele a primeira manifestação de sincero arrependimento e de remorsos doloridos, iniciando-se assim a sua redenção. E finalmente, depois de um século e meio, período durante o qual o pastor desejou reunir-se à adorada esposa, foi-lhe possível revê-la. Esta a primeira consequência dos seus atos e das suas sinceras confissões, transmitidas aos seres vivos através de uma médium. A esposa do espírito prestes a se redimir manifestou-se à médium para agradecer-lhe por tudo o que tinha feito pelo marido, expressando-se da seguinte maneira:

> O meu pobre marido, que jamais deixei de amar, aguardando longamente que a hora do arrependimento me desse a possibilidade de me tornar visível para ele, contou-me com quanta bondade, com quanta paciência você o acolheu, apressando deste modo a sua redenção... Ainda assim, os meus filhos terão de esperar mais algum tempo antes de se encontrar com o pai, mas a espera não será longa. Por enquanto ele deve contentar-se com a companhia da própria esposa, enquanto o seu posterior progresso espiritual não o tornar merecedor de reunir-se a todos os seus entes queridos.
> Querida senhora, cedo agora a caneta ao meu marido, que deseja ardentemente retomar e completar a sua confissão destinada a auxiliar os seres vivos, confissão que ele impôs a si mesmo espontaneamente, iniciando assim a própria redenção.

Essa foi a mensagem de uma mulher carinhosa que durante

tantos anos esperou o momento de reunir-se ao companheiro de toda a sua vida e que retornou à sua companhia arrependido e regenerado. Nota-se na mensagem a referência ao caminho que o espírito, mesmo em vias de se redimir, ainda tinha de percorrer antes de tornar-se merecedor também do consolo de juntar-se aos próprios filhos. Com essas palavras, a mulher se referia à circunstância de que o seu arrependimento e a sua regeneração eram ainda parciais, uma vez que ele havia chegado a reconhecer apenas que todos os atos da sua vida estiveram voltados a sentimentos reprováveis de desmedido orgulho. Havia ainda nele um considerável resíduo de cegueira moral que o impedia de ver os erros cometidos em sua missão de pastor da Igreja Anglicana.

Para iluminar a sua obstinada inconsciência, o espírito Lucis enviou-lhe uma "ancila espiritual", que induziu nele as condições favoráveis para que tivesse a "visão panorâmica" do seu passado. Sobre isto, o desencarnado comunicante explica à médium:

> Não desejo afligi-la com a descrição daquilo que se passou diante do meu olhar. O importante é que eu revi os acontecimentos de toda a minha vida, a começar da infância, e de vez em quando eu tinha consciência de emitir gritos doloridos de remorso, pronunciando nomes de vítimas, ou breves exclamações de horror por alguma coisa má, executada em nome de Deus. A ancila que Lucis me enviou registrava tudo o que eu dizia. Por quanto tempo essa tremenda prova se prolongou eu não sei; sei, porém, que em um determinado momento, atormentado pelos remorsos mais lacerantes que nunca, enojado de mim mesmo, exclamei: "João marceneiro, poderei algum dia esperar o seu perdão? Conseguirei expiar o meu crime? O que posso fazer para expiá-lo"?

Com base na prova da "visão panorâmica", o espírito-guia Lucis concluiu que o pastor estava finalmente pronto para a redenção total e recorreu à intervenção de uma pessoa para apressá-la: "João, o marceneiro".

Nas confissões transmitidas à médium, ele descreve o seu encontro com o espírito daquele que impiedosamente perseguira em sua existência:

> Vi-me diante de uma figura angelical de grande beleza pela majestade das formas e do semblante. Da toga que

ele vestia emanava uma luminosidade radiante. Eu o contemplava, admirando aquela visão de beleza e de potência... Perguntava-me, ansioso, quem poderia ser, mas não ousava dirigir-lhe a palavra, pois via nele um enviado de Deus. "Lucis", o espírito-guia, dirigiu-se ao espírito angelical dizendo o seguinte: "Amigo, acredito que você terá de retomar a forma terrena, uma vez que esta alma não o reconhece; e esta é também a melhor maneira de reaproximá-los". Ouvi com interesse essas palavras enigmáticas, mas logo depois, e para minha imensa surpresa, vi aquele espírito radiante murchar, perder todo o esplendor e tornar-se em tudo humano. Em um instante havia se transformado em "João, o marceneiro", um ser doente, faminto, com as mãos calejadas pelo duro trabalho. Ele falou comigo com a voz que me era familiar: "Meu amigo, não se desespere. Eu venho para uma missão de amor. Você cumpriu na Terra aquilo que acreditava ser o seu dever, e apesar de eu ter sofrido cruelmente, as minhas provas foram um nada comparadas com as que o Nosso Senhor Jesus Cristo padeceu, ele que eu tanto me esforçava por servir da melhor maneira possível". Enquanto eu olhava surpreso para aquele corpo enfermo e acabado, que tão bem conhecia, como que por encanto ele voltou a transformar-se no radiante espírito de pouco antes, que, falando comigo com o tom de voz de "João, o marceneiro", disse: "Meu irmão, você desejou a minha presença e eu vim até você. Vamos nos tornar bons amigos"? Expressando-se assim, ele me estendeu as mãos, mas eu não ousava apertá-las entre as minhas. Então ele abaixou-se na minha direção, atirou-me os braços ao pescoço e me beijou na testa: "Lucis", sorrindo satisfeito, voltou-se para mim e observou: "Você e João certamente devem ter muitas coisas para dizer um ao outro. Vou deixá-los sozinhos e ele será durante algum tempo o seu guia. Você progredirá à medida que fizer proveito dos ensinamentos que ele está prestes a lhe transmitir" (p. 73-74).

Termino aqui as citações do volume de Mrs. Evans, uma vez que não é possível resumir as vivências passadas por uma alma sofredora no curso de um século e meio de permanência em uma "Esfera de provação" equivalente ao "Purgatório" da Igreja Católica.

Naturalmente, todos os desencarnados comunicantes são unânimes quando afirmam que a noção do tempo, da forma como nós a conhecemos, nada tem em comum com a "indefinida duração" que eles conhecem. No sentido de que para eles o tempo transcorre muito rapidamente (como acontece mais ou menos nos sonhos de um ser vivo), gerando nos espíritos recémchegados a estranha ilusão de existir em um "eterno presente".

O caso em questão não difere em muito do anterior, no qual se tratava de desencarnados que por suas culpas alternaram, durante algum tempo, a sua existência vagando perdidos no plano terreno, ou mergulhados nas espessas névoas do "mundo astral".

Com o terceiro episódio aqui narrado, já fomos introduzidos no primeiro "círculo" das "Esferas de provação" propriamente ditas, ou seja, no ambiente que propicia a regeneração através do arrependimento.

Caso XXIX — Faltaria ainda citar alguma mensagem de "réprobos", atirados aos mais profundos abismos das "Esferas de provação". Mas seria preciso que nos contentássemos com episódios de difícil verificação, e além disso teríamos de renunciar ao controle indireto das provas de identificação pessoal dos desencarnados comunicantes. É preciso observar que até agora eu me mantive rigorosamente preso ao método científico de citar apenas casos em que os desencarnados oferecem provas suficientes — às vezes abundantes — e finais, acerca da sua presença espiritual na sessão ou outro local. Ora, não é possível obter tais provas nos casos desse tipo, uma vez que, não se podendo estabelecer contato direto com os habitantes das "Esferas infernais", os poucos desencarnados que narram as provações sofridas nas "jornadas infernais" representam os espíritos já encaminhados para a trilha da redenção e, consequentemente, mortos há muitos anos, ou mesmo séculos. Esses fatos tornam quase impossível a identificação deles.

Transcrevo, a título de exemplo, um único caso do gênero: o de uma prostituta que viveu há um século e que, estando no caminho da regeneração, manifestou-se nas experiências de William Gates. Este registrou e publicou uma longa sequência de casos em que os desencarnados contavam as suas vicissitudes durante a crise da morte; e como todos os desencarnados eram ministros da Igreja Anglicana, isso tornou mais fácil a sua identificação, pois suas identidades puderam ser averiguadas graças aos registros paroquiais.

O mesmo não se pode dizer do caso que vou narrar a seguir, extraído da revista *Psychic News* (1932, n.° 19).

O relator desse caso suprime toda a parte em que a desencarnada comunicante narra a longa sequência de torturas morais às quais esteve submetida durante quase um século, limitando-se a publicar a parte substancial da sua elevação espiritual desde os "círculos infernais", até ascender ao "plano astral", de onde ela chegou a se comunicar com os seres vivos.

Ele escreve: "Durante as minhas longas experiências com a mediunidade de 'Stella' obtive as impressionantes confissões de uma 'Madalena arrependida', que me contou a história das horríveis torturas morais sofridas nas Esferas infernais". Tal mensagem é por demais longa para poder ser publicada na íntegra, e terei de me limitar a alguns trechos nos quais ela descreve a natureza das suas culpas e o tipo de sanções expiatórias que daí resultaram. Ela conta:

> Toda a minha vida fui má. Foram-me apresentadas diversas oportunidades para me arrepender, mas sempre as evitei: eu estava corrompida até a medula dos ossos.
> Nasci em uma família abastada e feliz. Tive bons pais e ótimas amizades. No entanto, todas essas bênçãos do céu de nada valeram: tomei o caminho do vício e me vangloriava disso.
> Com a idade de 17 anos fui mãe, ainda que não tivesse marido, e descuidei a tal ponto da inocente criatura que eu tinha trazido ao mundo que ela enfraqueceu rapidamente e morreu. A culpada da sua morte fui eu: tanto quanto se a tivesse estrangulado com as minhas mãos.
> Depois disso, cheguei a roubar o marido de uma jovem amiga minha, à qual eu dava grandes demonstrações de afeto. O marido a abandonou para viver comigo e a infeliz traída morreu de infelicidade.
> Sempre ignorei o que era vergonha e nunca soube o que significava arrependimento. Jamais deplorei nenhuma das minhas más ações. Onde quer que eu fosse brotavam dores, discórdias e dramas. Em meio a orgias inenarráveis combinadas com todo tipo de baixarias, a minha juventude se extinguiu rapidamente e acabei morrendo na flor da idade.
> Depois da crise da morte, despertei e me vi mergulhada em densas trevas, que, no entanto, não me impediam de perceber que eu havia me transformado em uma megera de

uma feiura repulsiva. Em vida eu tinha orgulho da minha beleza irresistível, e agora o meu aspecto tornara-se de tal maneira monstruoso que os próprios espíritos que vinham ao meu encontro, ainda que idênticos em maldade, sofriam arrepios de repulsa quando em minha presença...

... E passo agora aos primeiros movimentos do meu tardio arrependimento... À medida que as décadas transcorriam naquele ambiente tenebroso, fétido, assustador, começou a nascer em mim o desejo de verificar se eu tinha sido na realidade tão má a ponto de merecer essas trágicas penas. Logo desfilaram diante dos meus olhos todas as coisas más ou desavergonhadas que eu fizera. Fiquei horrorizada e aniquilada.

Oh! Peço a todos vocês que ainda estão entre os vivos a não duvidar mais da existência do inferno, uma vez que sou eu que lhes afirmo: sofri as suas torturas e horrores. Foram tormentos provocados por remorsos implacáveis pelo conhecimento de todas as minhas culpas. Atordoavam a minha alma as lembranças de todos aqueles que eu fizera sofrer, ou corrompera, ou conduzira à morte. Pela primeira vez eu media todos os revoltantes caminhos da minha maldade desavergonhada, na qual persisti por toda a minha vida!

E esta mistura implacável de remorsos atormentou-me durante uma longuíssima e eterna sequência de anos; até que chegou o dia em que não resistindo mais a tanta provação, invadida pelo desespero, dirigi pela primeira vez o pensamento a Deus, invocando a minha libertação ou a extinção...

E vi chegar em minha ajuda um espírito-missionário que, mesmo mantendo-se em austero silêncio, guiou-me rumo a uma região de beleza jamais vista; e, ali chegando, ele me induziu ao sono restaurador, no qual permaneci durante longo tempo.

Quando afinal despertei, senti pela primeira vez uma grande vontade de aprender a melhor maneira de desempenhar a árdua tarefa de me redimir, e logo surgiram espíritos prontos a me mostrar qual era o caminho.

Há muito tempo eu já estou sendo ensinada por eles e aproxima-se o dia em que terei de voltar para a Terra. Para nascer ali onde renascerão aqueles que mais ofendi na minha vida anterior, de modo que, mesmo não sabendo disso, me será dada a oportunidade de expiar as minhas culpas.

A essa altura, o relator acrescenta:
Por ocasião de uma segunda manifestação da mesma personalidade desencarnada a caminho da redenção, eu lhe dirigi numerosas perguntas. Das respostas que obtive, selecionei os seguintes trechos:

> O inferno não é propriamente uma região, mas uma condição em que se fica mergulhado nas trevas, torturado por remorsos lacerantes e por crises de desespero impotente. Da minha parte, ouvia o meu menino, que eu tinha deixado morrer de inanição, chorar implacavelmente. Eram aqueles mesmos choros que eu ouvia em Terra e me haviam deixado impiedosamente indiferente. Agora, ao contrário, me sufocavam a alma, deixavam-me profundamente angustiada.
>
> Eu tinha também diante de mim a visão dos meus pobres pais envergonhados, arcados sob o peso de uma humilhação tremenda que levou os dois a morrer do coração. Eu os via como se estivessem vivos, e não podia fugir dessa cena dolorosa.
>
> Eu estava constantemente obcecada com a presença de todas as minhas vítimas, de todos aqueles que eu havia arruinado — no espírito, no corpo, nas posses — sem a sombra de um remorso.
>
> Após um século de penas e de arrependimento, o meu espírito foi se purificando e me senti pela primeira vez capaz de afetos. Foi então que se manifestaram o meu filho e os meus pais, que me acolheram festivamente, convidando-me a esquecer um passado já duramente expiado. Com eles, por enquanto, convivo feliz, mas há períodos em que ainda sou vencida pelas lembranças do meu passado abominável e, consequentemente, pelo pensamento oprimente daquilo que terei de suportar quando reencarnar. Poderia adiar esta volta para outro momento; mas, como aqueles que mais ofendi estão prestes a retornar à vida terrena, seria um grave dano para o meu futuro espiritual se eu tentasse retardar a hora da reencarnação. De qualquer maneira, preciso reparar o mal feito pagando pessoalmente e é isso o que deve acontecer.

O episódio exposto parece um exemplo bastante eficaz e instrutivo a respeito da natureza das sanções pelas quais deveriam passar os maus, confinados nos "círculos" profundos das "Esferas infernais"; "círculos" que diferem entre si pela natureza específica das torturas morais às quais sucumbem os condenados de acordo com os múltiplos aspectos das suas ações. Entretanto, as próprias torturas teriam em comum um princípio único, segundo o qual não poderia ocorrer a redenção espiritual sem o merecido suplício moral do "purgatório do remorso". Observe-se ainda que esse suplício representaria unicamente o saldo do débito redimível em meio espiritual. A ele se sucederia o outro saldo complementar a ser pago com a reencarnação. Ora, no caso em questão é de se destacar a interessante e precisa referência a este último acerto de contas mais do que nunca doloroso. Apreende-se, de fato, que a "Madalena arrependida" estaria agora à espera da sua vez para encarnar-se na mesma época em que as criaturas que ela mais ofendeu na vida estariam encarnadas, partilhando do mesmo ambiente dessas pessoas, e tudo isso com o objetivo de se redimir entrando em contato direto com as suas vítimas de outros tempos, pagando assim as suas culpas.

Essa lei suprema da reencarnação humana seria inexorável para qualquer tipo de culpa humana. Vale dizer que o delinquente, o ladrão, o alcoólatra, o avaro, o corrupto, o indolente, o egoísta, o luxurioso, o orgulhoso, e assim por diante, deveriam por sua vez pagar suas culpas renascendo em condições de vida diametralmente opostas às precedentes, e em situações que os obrigassem a enfrentar as consequências de atos radicalmente contrários aos da existência anterior.

Com certeza não se pode negar que nesse sistema de reencarnação evolutiva estejam contidos os elementos de uma admirável justiça classificatória, que representaria também a única forma de se dar razão às desigualdades humanas perpetradas pela natureza, que distribui segundo seus próprios caprichos os dons inestimáveis da inteligência, da saúde, do conforto, bem como os estigmas da ignorância, das deformidades físicas, das enfermidades congênitas, da miséria e assim por diante. Enfim, caso se admitisse a tese das "vidas sucessivas" — a crença mais difundida em todos os tempos entre os povos da Terra, civilizados ou bárbaros — as aparentes desigualdades humanas representariam consequências matemáticas das existências vividas anteriormente.

Se for assim, então os admiráveis ensinamentos espirituais de "Telika Ventiù", a famosa esposa morganática de um faraó, que se manifesta há muitos anos na Inglaterra, *falando a linguagem egípcia de 35 séculos atrás*, assumiriam um significado bem claro e racional em seu aparente fatalismo. Essa elevadíssima entidade exprime-se desta maneira:

> As circunstâncias em que se nasce não influem de forma alguma sobre os destinos individuais porque os nascimentos jamais são acidentais, nem a época em que se nasce, nem as condições sociais em que aquele que está para nascer se encontra. Ao contrário: todas são circunstâncias que se combinam harmoniosamente a fim de predispor condições de ambiente especiais para cada indivíduo, condições que, se forem vividas segundo as leis da natureza, conferirão a este a experiência e a disciplina de que ele necessita... (Doctor Wood: *A Challenge to Scepitcs*, p. 39).

Como se pode ver, tais ensinamentos de aparência claramente fatalista, considerados do ponto de vista das "vidas sucessivas", se tornariam o resultado justo e merecido da repercussão dos eventos vividos durante uma existência encarnada sobre a outra vida que a ela sucede. Portanto, não se trata de nenhum fatalismo impiedosamente cego, o qual reduziria o homem a um robô irresponsável, mas sim do desenvolvimento inevitável da lei universal de "causa e efeito" que, do domínio físico, se estenderia ao psíquico das inteligências identificadas. Desse desenvolvimento, o agente representaria a vontade humana livre para se comportar de acordo com as próprias tendências inatas, gerando, porém, com os próprios atos, repercussões correspondentes indeléveis, quer na existência vivida, quer naquela a ser revivida. Repito, portanto, que não há sombra do fatalismo em tudo isso, uma vez que se trataria do fato de que o indivíduo mesmo cria voluntariamente, ainda que de forma inconsciente, as suas futuras condições de existência.

Caso XXX — E aqui, antes de concluir, julgo oportuno mencionar em poucas palavras também os estados de "perfeição angelical" da existência espiritual; ou seja, as condições de ambiente em que viriam a se encontrar os espíritos dos desencarnados que chegaram ao fim do longo ciclo de purificação efetuado através das "Esferas de transição", que sucedem as de "provação".

Isso sai dos limites que me impus no presente trabalho, mas acredito que provavelmente essa questão deva ter surgido com insistência para muitos leitores, os quais, a respeito da análise comparada aplicada às revelações transcendentais, devem ter se perguntado: muito bem, agora sabemos, com base nos fatos, que os espíritos dos desencarnados entram em uma primeira fase de existência espiritual que significa uma reprodução espiritualizada do ambiente e da existência terrena; fase transitória, ainda que de longa duração, que teria a finalidade de predispor gradativamente os recém-chegados para a vida espiritual propriamente dita. Tudo isso já aparece como uma soma importante de conhecimentos adquiridos; mas o que pensar da existência espiritual propriamente dita? Como concebê-la? O que significa passar para o estado de "puros espíritos"?

Antes de tudo é bom lembrar que as mensagens transcendentais provenientes de inteligências espirituais no estado de "puros espíritos", ou seja, em condições de seres não mais limitados pela "forma", deveriam ser teoricamente muito raras. E, de fato, é isso o que ocorre na prática. De qualquer maneira, conhecem-se "revelações transcendentais" provenientes de "Inteligências" que teriam chegado a tais excelsas alturas da existência espiritual. Assim, por exemplo, deve-se considerar a personalidade mediúnica de "Imperator", que ditava ao Reverendo Stainton Moses os seus famosos *Spirit Teachings*[33] (Ensinamentos espíritas), assim como "Celphra", que ditou a Frederick Haines o excelente livro de "revelações transcendentais" intitulado *Thus saith Celphra*.[34] Ora, nas mensagens destas seletas "Inteligências" observam-se discretas referências elucidativas a respeito daquilo que deveria se entender por uma existência espiritual "não mais limitada pela forma". É bom deixar claro que as inteligências às quais nos referimos explicam antes de mais nada que um espírito encarnado jamais chegará a entender um mistério tão grande, mas dispõem-se de qualquer forma a esclarecê-lo, recorrendo a imagens e símbolos acessíveis às mentes humanas.

Vou me limitar aos esclarecimentos dados a esse respeito pela personalidade mediúnica de "Celphra", entidade que se afirma espírito de um monge de Nicodemia, que viveu no século III da Era Cristã.

Começarei por dois trechos em que a entidade comunicante confirma a existência de "Esferas espirituais de transição" em que os espíritos conservam a forma humana e se encontram em

---

[33] Londres, 1883. Sob o título de *Ensinamentos Espíritas* foi publicado na Itália, em Città della Pieve, em dois volumes. Vol. I, 1920, p. 323, tradução de C. Bruno, vol. II, 1921, p. 283, tradução e prefácio de E. Bozzano.
[34] Londres, s.d., p. 159.

ambiente análogo ao terreno.

> Este peso — se é lícito servir-me de tal vocábulo — do espírito recém-chegado ao mundo espiritual deriva das condições de "pecado" em que todos ali chegam. E essa condição é concomitante com a natureza ainda terrena do conteúdo da alma. Esta se mantém ainda substancial, e em certo sentido quase sólida, de modo que continua escrava da "forma". Vale dizer que é limitada ainda pelas condições da existência terrena, daí a razão pela qual nas sessões mediúnicas que vocês fazem os espíritos se manifestam em forma humana... (p. 40).
> Enquanto a alma (a ser diferenciada do espírito) do recémchegado está vinculada ao mundo dos vivos em uma graduação qualquer, o espírito do recém-chegado não pode deixar de existir em uma condição quase terrena, e isso pelo fato dele se encontrar em ambiente onde a realização do próprio ser se determina em virtude do conjunto de concepções a respeito de si mesmo. Acontece, então, que ele ainda tem necessidade de saborear alegrias quase terrenas, de encontrar-se em meio a familiares e amigos, de procurar suas ocupações favoritas, tudo isso com uma transformação para melhor, correspondente às condições espirituais em que se encontra. Repito: essa é a causa pela qual nas Esferas espirituais próximas do mundo dos vivos os espíritos existem em condições análogas às terrenas. E tudo isso vale para explicar a vocês a razão pela qual tantos espíritos pouco circunspectos se comunicam mediunicamente para revelar aos seres vivos sedentos de coisas maravilhosas a sua existência em meio espiritual semelhante ao terreno... (p. 97).

Nestes trechos das mensagens de "Celphra" tenta-se ministrar gradativamente algumas noções elucidativas a respeito do que seja um "espírito não mais limitado pela forma".

> Dito isso, observo que a dificuldade de vocês em entender o alcance efetivo da atividade do espírito origina-se da sua concepção física sobre as limitações espaciais. Saibam, portanto, que o "conteúdo" da alma não é de maneira alguma contido dentro dos limites do "corpo etéreo". Durante a existência terrena, e por um longo período de tempo depois da morte do corpo, a alma é sim revestida de forma, mas isso não impede que a sua atividade resulte ainda sempre "radiante" e que este seu estado de

irradiação incessante se estenda desmesuradamente na existência espiritual. Esse conceito deveria ser acessível às mediunidades de vocês, e isso em virtude das experiências sonambúlico-mediúnicas, nas quais a "aura" visível aos videntes indica a realidade das irradiações da alma. Esta última circunstância, um dado concreto para vocês também, deveria induzi-los a abandonar a errada concepção de um espírito limitado pelo corpo... (p. 83-84).
Reconheço, todavia, que em ambiente terreno a sensação do ser depende exclusivamente da existência do pensamento consciente; entretanto, depois da morte do corpo, nas altas Esferas espirituais, a faculdade de pensar sofre uma transformação e uma expansão prodigiosas, de acordo com a identidade conferida ao espírito em virtude de um atributo que vocês não podem conceber. E não podem concebê-lo, uma vez que a organização sensorial que domina a capacidade mental faz com que "vejam" todas as coisas em termos de matéria. Deveriam compreender que a "forma" é uma "limitação espacial", não mais concebível onde não existem mais a "matéria" e a "relatividade do espaço". No entanto, se as condições de vida no "plano etéreo", que é a verdadeira morada espiritual, são inconcebíveis para um ser encarnado, pelo menos isso deveria ser compreensível para vocês: "Um puro espírito, não mais limitado pela forma, manifesta a própria personalidade através do conteúdo da alma, que se revela integral e instantaneamente a todos os espíritos afins, sem a possibilidade de ocultar ou atenuar em parte as vibrações que irradiam sem cessar daquele centro de existência espiritual" (p. 36-37).
Vocês compreenderão isso se eu lhes disser que além da limitadíssima periferia do círculo em que se mantém a consciência humana há um "estado radiante do ser" que abraça o passado, o presente e o futuro, e onde "conhecer" equivale a "ser" e "ser" equivale a "conhecer" (p. 36).

Esses os trechos principais em que se faz referência ao estado de existência de "puros espíritos" no livro de "Celphra". E parece-me que analisando-os de forma adequada, fornecem uma noção aproximada bastante acessível para uma mente terrena sobre aquilo que deveria significar uma condição de existência espiritual.

Parece-me notável esta outra definição acerca da existência de "puros espíritos", fornecida por uma elevada entidade comunicante, à qual alude a revista *Light* (1928, p. 417). Esta entidade define as suas condições de vida espiritual nos seguintes termos: "*Nós somos um 'centro de irradiação' que possui identidade*".

Essa me parece uma definição lúcida e sintética da existência transcendental de "puros espíritos", definição certamente inconcebível para a nossa mente humana — e até mesmo impensável. Isso é o que basta para levá-la em consideração do ponto de vista filosófico.

Resumindo: com base no que expusemos, poderíamos concluir que nas condições de "puros espíritos" cada entidade se despojaria totalmente da "forma", tornando-se um "centro consciente de irradiação psíquica", em que a identidade ainda existiria, mas sob uma forma para nós inconcebível e qualitativamente diferente da identidade pessoal terrena, embora cada individualidade terrena vá se *reencontrar* nessa elevadíssima condição de existência, porque o "estado radiante do ser abraça o passado, o presente e o futuro", como afirma "Celphra".

Em outros termos: sendo libertadas da *matéria*, da *forma* e da *relatividade do espaço*, as "vibrações psíquicas" que irradiam incessantemente de todo "centro espiritual identificado" invadiriam instantaneamente todo o universo, conferindo a onipresença e a onisciência à nascente — consciente e inesgotável — da qual emanam. Ora, é óbvio que o atributo da onisciência pressupõe necessariamente que cada "entidade encarnada" em sua individualidade, tendo chegado ao estado de perfeição angelical, tenha o conhecimento de todas as experiências vividas em um remotíssimo passado por aquela única personalidade encarnada que foi a semente do próprio espírito.

Conclusão

No vasto e importantíssimo ramo da metapsíquica em que se considera o tema das "revelações transcendentais", tudo ainda está por ser feito, do ponto de vista da investigação científica do imenso material. As prevenções contra o assunto — tanto de opositores como de espiritualistas — originadas por um conhecimento superficial sobre o tema, extremamente amplo, impediam que se fizesse um trabalho proveitoso nesse sentido, e a presente monografia é o primeiro ensaio analítico que demonstra o valor intrínseco, positivamente científico, deste ramo injustamente negligenciado da metapsíquica.

Para se alcançar esse objetivo era necessário demonstrar de forma adequada que as "revelações transcendentais", longe de se contradizerem, concordavam e comprovavam-se reciprocamente. E não é só isso: era preciso demonstrar também que tais concordâncias não poderiam ser atribuídas a coincidências fortuitas, nem a lembranças inconscientes de conhecimentos adquiridos pelos médiuns e depois esquecidos (criptomnésia).

Estando as coisas nesses termos, é oportuno resumir brevemente o conteúdo do presente trabalho, tendo em mente fazer emergir até que ponto tal objetivo foi alcançado.

Antes de qualquer coisa, chegou-se a demonstrar inapelavelmente, com base nos fatos, que as mensagens mediúnicas em que os espíritos dos desencarnados descrevem as fases pelas quais passaram, na crise da morte, e as vicissitudes da sua entrada em ambiente espiritual concordam entre si de uma forma tão admirável, que não se verifica uma única discordância irreconciliável com as de outros espíritos comunicantes.

Observo a esse respeito que se no presente trabalho as investigações foram circunscritas ao período inicial da existência espiritual, não foi apenas porque se tratava de uma introdução ao vastíssimo tema, mas porque tencionou-se traçar também para os leitores um primeiro ensaio analítico sobre os quesitos a serem esclarecidos, reduzindo-os à sua mais simples expressão, chegando-se assim a verificar prontamente se valia ou não a pena prosseguir na tarefa assumida. Viu-se que tal plano analítico converteu-se em um triunfo da tese aqui defendida.

Eis os *detalhes fundamentais* sobre os quais estão de acordo os espíritos comunicantes (salvo as inevitáveis exceções, que confirmam a regra, e que intervêm às vezes modificando, abreviando, eliminando algumas das habituais experiências inerentes à crise da morte, ou então determinam a manifestação de outras experiências incomuns no período inicial da existência espiritual). Todos afirmam que:

1°) Reencontraram-se em forma humana no mundo espiritual.

2°) Ignoraram, durante algum tempo, ou mesmo por um longo tempo, que estavam mortos.

3°) Passaram, durante a crise anterior à agonia, ou pouco depois, pela prova de rememoração sintética de todos os acontecimentos da sua existência ("visão panorâmica" ou "epílogo da morte").

4°) Foram acolhidos no mundo espiritual pelos espíritos dos seus familiares ou amigos.

5°) Passaram, quase todos, por uma fase mais ou menos longa de sono restaurador.

6°) Estiveram em um ambiente espiritual radiante e maravilhoso (no caso de desencarnados moralmente normais), e em um ambiente tenebroso e oprimente (no caso de desencarnados moralmente depravados).

7°) Consideraram o meio espiritual um novo mundo: objetivo, substancial, real, análogo ao ambiente terreno espiritualizado.

8°) Aprenderam que isso se deve ao fato de que no mundo espiritual o pensamento é uma força criadora, com a qual um espírito existente no "plano astral" pode reproduzir em torno de si o ambiente das suas recordações.

9°) Demoraram para aprender que a transmissão do pensamento é a linguagem espiritual, por mais que os espíritos recém-chegados se iludam acreditando conversar com palavras.

10°) Observaram que a faculdade da visão espiritual coloca-os em condições de perceber simultaneamente os objetos de todos os lados, assim como em seu interior e através deles.

11°) Descobriram que os espíritos podem transportar-se instantaneamente de um lugar a outro — mesmo muito distante — devido a um ato de vontade; isso não impede que eles possam igualmente passear em ambiente espiritual, ou sobrevoar a curta distância do solo.

12°) Aprenderam que os espíritos dos desencarnados gravitam fatal e automaticamente rumo à Esfera espiritual que lhes compete, devido à "lei de afinidade".

São esses os doze *detalhes fundamentais* com relação aos quais todos os espíritos concordam. Observo que basta analisá-los um a um para considerá-los cumulativamente, a fim de se convencer de que eles fornecem aos seres vivos um quadro esquemático completo sobre os acontecimentos comuns a todos durante a crise da morte, e a respeito das impressões também comuns a todos com referência à primeira entrada em atmosfera espiritual; enquanto não existe nas narrações em questão um único elemento importante sobre o qual os espíritos comunicantes difiram entre si de maneira a ter de se considerar o próprio elemento como contraditório. É evidente que uma constatação desse tipo assume um valor teórico imenso em favor da origem genuinamente espírita das "revelações transcendentais" consideradas como grupo.

Acrescente-se que nos casos aqui comentados, além das concordâncias sobre os *detalhes fundamentais*, notam-se outras, de natureza *secundária*, as quais, como no devido tempo se pode observar, revelam-se teoricamente mais importantes do que as concordâncias primárias, uma vez que se torna cada vez mais árduo explicá-las como hipóteses das "coincidências fortuitas" e da criptomnésia, à medida que dizem respeito a incidentes cada vez mais insignificantes, inesperados ou estranhos.

Entre os detalhes secundários observados nos casos citados, enfatizo os seguintes:

1°) Os desencarnados comunicantes mostram concordância ao afirmar que os espíritos dos familiares intervêm para acolher e orientar os recém-chegados, antes que se inicie para eles a fase do sono restaurador.

2°) Quando narram ter visto o próprio cadáver no leito de morte, na maioria das vezes mencionam unanimemente o fenômeno do "corpo etéreo", que se condensa acima do "corpo somático": detalhe que, além do mais, concorda com o que sempre afirmaram os "videntes" aos quais foi dado encontrar-se à cabeceira dos moribundos.

3°) Todos são unânimes ao informar que enquanto podem existir individualidades de seres vivos absolutamente idênticas na Terra, o mesmo não acontece no Além, onde não há individualidades desencarnadas tão idênticas a ponto de terem de percorrer a mesma trajetória para a sua elevação espiritual; desta maneira, mesmo para as assim chamadas "almas gêmeas" da existência terrena chega o momento em que devem separar-se no mundo espiritual, embora possam sempre se rever quando o desejarem.

4°) Eles estão de acordo ao afirmar que mesmo que os espíritos tenham condições de criar mais ou menos bem, com a força do pensamento, tudo de que necessitam, ainda assim quando se tratar de criações muito complexas ou mais importantes, a tarefa é confiada a grupos de espíritos que se especializaram nesse sentido.

5°) Eles também concordam quando afirmam que os espíritos desencarnados dominados pelas paixões humanas permanecem vinculados ao ambiente terreno em que viveram, e isso por um período de tempo mais ou menos longo, com a consequência de que, não tendo o benefício do sono restaurador, continuam na ilusão de se julgar ainda vivos, embora se sintam tomados por um sonho curioso ou por um pesadelo oprimente; neste caso, é muito frequente eles se tornarem "espíritos infestadores".

6°) Outra consonância: eles asseguram que no mundo espiritual os "espíritos hierarquicamente inferiores" não podem ver os espíritos superiores, em razão das vibrações diferentes dos seus "corpos etéreos".

7°) Eles estão de acordo quando afirmam que as crises torturantes de dor dos entes queridos, que muitas vezes acontecem no leito de morte, não só são penosas para os espíritos dos defuntos, como também os impedem de entrar em contato com as pessoas amadas, e os retêm em ambiente terreno, prejudicando sua entrada no mundo espiritual.

8°) Por fim, eles concordam ao afirmar que às vezes, quando se encontram sós e tomados por incerteza ou perplexidade de qualquer natureza, percebem uma voz que lhes chega de longe, e os aconselha sobre o que fazer; voz proveniente de espíritos amigos, os quais, tendo percebido o pensamento deles, apressam-se em orientar e ajudar.

É evidente que as concordâncias cumulativas a respeito de numerosos *detalhes secundários* desse tipo são inexplicáveis em qualquer teoria, exceto naquela em que se presume que as personalidades que se comunicam são efetivamente os espíritos dos desencarnados, os quais relatam acontecimentos verídicos comuns à experiência de todos. Neste caso, o fato em si das consonâncias nas revelações transcendentais não implicaria um mistério a ser resolvido, uma vez que tudo se explicaria da maneira mais simples e natural que se possa imaginar.

Tal conclusão delineia-se como já racionalmente evitável em um futuro longínquo. Todavia, falta ainda discutir a segunda questão que deve ser resolvida em relação às teses em análise, ou seja, aquela que aborda o fato de que tais concordâncias poderiam ser atribuídas a "coincidências fortuitas" ou a rememorações inconscientes de conhecimentos adquiridos pelos médiuns (criptomnésia).

Excluo sem sombra de dúvida a hipótese das "coincidências fortuitas", a qual não se sustenta diante da natureza das consonâncias observadas, sobretudo quando se considera que a sua eficácia demonstrativa apresenta caráter cumulativo.

Resta a hipótese da criptomnésia, segundo a qual os médiuns teriam conhecimento anterior das informações que eles fornecem sobre o mundo espiritual e em consequência, mesmo nos casos em que não se lembrassem mais delas, poderiam presumir que as próprias informações tenham emergido dos seus inconscientes como efeito das condições mediúnicas.

Contra tal hipótese podem-se formular numerosas objeções, e a primeira delas consiste em observar que seria absolutamente arbitrário, bem como contrário à lógica, deduzir que todos os médiuns com os quais se obtiveram as mensagens aqui consideradas encontravam-se em uma condição de erudição plena sobre a doutrina espírita, e o mesmo deve-se dizer de todos os médiuns que ditaram tratados de revelações transcendentais. Mesmo a *priori* bastaria o bom senso para alertar que uma tese deste tipo não pode ser aceita; além disso, de qualquer modo, há fatos que, *a posteriori*, demonstram que ela está errada.

E, por mais que o tema limitado da presente monografia me tenha impedido de fazer valer os fatos em toda a sua eficiência numérica, verificou-se que, entre os casos reportados, há cinco que contradizem tal afirmação: em três deles as médiuns dedicavam-se há pouco tempo às investigações mediúnicas, e nada, ou muito pouco, conheciam acerca da doutrina espírita; enquanto nos outros dois as médiuns jamais haviam se dedicado a pesquisas mediúnicas, tudo ignoravam acerca delas e, apenas em consequência da morte repentina de seus entes queridos, haviam sido induzidas a interessar-se pelo assunto, revelando-se repentinamente dotadas de capacidades mediúnicas. E é exatamente com essas cinco médiuns que foram obtidas as mais eloquentes e completas revelações sobre a crise da morte e da primeira entrada dos desencarnados em ambiente espiritual (*Casos V, VIII, IX, XII, XVI*).

Tudo isso já parece suficiente para confirmar a minha afirmativa de que seria absurdo conferir a tal objeção um alcance de ordem geral. Direi, aliás, que tudo concorre para demonstrar que mesmo nos casos em que o médium tem conhecimento da doutrina espírita, esta objeção não basta para justificar o conjunto das revelações fornecidas, nas quais notam-se sempre detalhes que escapam, por múltiplas razões, à própria objeção. Tampouco devem ser esquecidas algumas circunstâncias paralelas, altamente sugestivas no sentido da origem extrínseca das revelações em questão, como, por exemplo, quando a entidade comunicante dá provas admiráveis de identificação pessoal: no caso, deve-se concluir desse fato logicamente que se a própria entidade se mostrou verdadeira nas informações controláveis fornecidas na própria mensagem, então deve-se considerá-la verdadeira mesmo nas informações não verificáveis contidas na mesma mensagem. Acrescente-se que muito frequentemente, em meio às narrações de episódios de convivência espiritual, encontram-se intercaladas informações passíveis de controle, as quais se provam admiravelmente verdadeiras. Reporto um exemplo do gênero, a fim de esclarecer o meu pensamento.

Em um interessante livro de "revelações transcendentais", chamado *The Morrow of Death*, por "Amicus", o episódio mais desagradável para a mente dos não iniciados consiste na narração de uma reunião espiritual feita em homenagem ao romancista Charles Dickens. A personalidade mediúnica que estava informando observou em um dado momento que, entre a multidão dos espíritos que tinham vindo participar da reunião, ela notara a figura de um ente solitário, chegado há pouco tempo no mundo espiritual, o qual tinha sido um grande admirador de Charles Dickens. Acrescentou que em vida aquele efetuava todos os anos uma devota peregrinação ao túmulo de Charles Dickens, em Westminster, sobre o qual depunha uma coroa de flores. Disse, enfim, que o nome daquele solitário era Edwin Drew.

Ora, aconteceu que a muito conhecida cultora de pesquisas metapsíquicas, Miss Felicita Scatcherd, a qual assumira o encargo de editar aquele livro, ficou um tanto embaraçada diante do nome de Edwin Drew — nome que, de um lado, não parecia normal e, de outro, era a pronúncia fonética do nome que constituía o título do último romance de Dickens: Edwin Drood. Tais considerações persuadiram Miss Scatcherd de que devia se tratar de um erro de transcrição mediúnica. Pediu, portanto, elucidações a respeito ao espírito que ditara as mensagens, mas este respondeu afirmando categoricamente que o nome do espírito solitário era mesmo "Edwin Drew". E então Miss Scatcherd, embora não muito convencida, deixou que no livro fosse impresso aquele nome.

Algum tempo depois, aconteceu-lhe mencionar este incidente durante uma conversa com Mr. David Grow, o diretor da revista espiritualista *Light*, e este lhe contou que tinha conhecido pessoalmente aquele Edwin Drew de que falava o espírito comunicante. Disse que ele tinha sido um jornalista apaixonado pelos romances de Charles Dickens e que se dirigia ao túmulo do escritor em peregrinação a cada aniversário de sua morte. Acrescentou que ele era conhecido e apreciado em ambiente jornalístico, mas era por demais pobre e obscuro para que a sua morte, ocorrida há pouco tempo, conforme afirmara o espírito comunicante, tivesse sido publicada pelos jornais.

Esse exemplo induziu-me a citar, a título de esclarecimento da minha observação, que às vezes, nas narrações de episódios relativos às formas de existência espiritual, encontram-se elementos de verdade que são fáceis de constatar, e acabam sendo comprovados como verídicos, o que assume um valor teórico considerável, uma vez que um fato desse tipo nos leva a concluir que se tais elementos são verídicos, então o conteúdo das narrações transcendentais, em que os próprios elementos se encontram encaixados, também deve ser substancialmente verídico.

Observo, por fim, que se as "revelações transcendentais" fossem todas "romances subliminais", então não apenas deveriam contradizer-se reciprocamente, como também não deveriam manifestar-se junto com provas de identificação espiritual, nem conter elementos verídicos incluídos nas descrições de ambiente, mas deveriam refletir em grande parte as crenças da ortodoxia cristã a respeito das formas de vida espiritual — crenças assimiladas pelos médiuns com o leite materno. E, no entanto, não é nada disso. Desde os primórdios do movimento espiritualista as personalidades dos desencarnados comunicantes forneceram, sobre a existência espiritual, as mesmas informações que fornecem hoje, e que estão em contraste absoluto com as professadas por alguns médiuns e pelos que os observam. Verifico que tal circunstância foi causa de grandes desilusões para os primeiros espíritas, pois o aparente absurdo de tais narrações levou-os a concluir que eram continuamente motivo de zombaria de "espíritos mistificadores". E até os nossos dias as próprias narrações têm parecido aos intelectuais — sem distinção de escolas — tão absurdas, inverossímeis, antropomorfas, pueris e ridículas, a ponto de levá-los a negar todo valor às revelações transcendentais em massa. E, no entanto, as atuais e recentíssimas descobertas no campo das forças físicas e psíquicas desconhecidas preparam inesperadamente o terreno para compreendê-las e apreciá-las. Isso porque essas presumidas inverossimilhanças dos fenômenos encontraram a sua resposta em experiências análogas realizadas no mundo dos seres vivos, o que valeu para expor, diante do critério da razão, a questão das "revelações transcendentais" sob um aspecto totalmente mudado, deixando entrever a verossimilhança e até mesmo a necessidade psicológica de uma primeira fase de existência espiritual, a qual deveria desenvolver-se em um ambiente como o descrito unanimemente pelas personalidades dos desencarnados comunicantes.

O valor teórico implícito na circunstância dos primeiríssimos médiuns, os quais já desde 1853 tinham fornecido informações sobre a existência espiritual contrárias às opiniões gerais, não escapara à mente indagadora do doutor Gustavo Geley, que fala sobre isso nos seguintes termos:

> Deve-se, portanto, concluir que não eram racionais as

objeções dirigidas com tanta leviandade ao espiritismo a respeito do conteúdo intelectual das comunicações transcendentais, dos assuntos obscuros, das banalidades, das mentiras e das contradições nelas contidas. Acrescente-se além disso que o próprio teor das comunicações, tão diferente daquilo que *a priori* se deveria esperar, sobretudo no início do movimento espírita (uma vez que se tratava de um conteúdo contrário ao conceito que os povos cristãos haviam formado sobre a existência espiritual), constitui uma ótima prova em favor da veracidade da doutrina que soube ordenar e explicar todas as coisas de uma maneira satisfatória. (Doutor Gustavo Geley: *Essay de Revue Générale du Spiritisme*)

Exatamente assim: fica entendido, portanto, que a circunstância das personalidades dos desencarnados, as quais, já desde os primórdios do movimento espiritualista, descreveram modalidades de existência espiritual diametralmente contrárias às opiniões dos médiuns e do ambiente cristão em geral, poderia valer sozinha para excluir as hipóteses da sugestão, da autossugestão e dos "romances subliminais".

Mas, como se viu, essa circunstância, em vez de uma só, nada mais é do que uma das múltiplas provas em favor da origem positivamente extrínseca das "revelações transcendentais" consideradas em seu conjunto.

Já se compreende que me refiro ao conjunto das "revelações transcendentais" genuínas, ou seja, que antes de acolher em uma classificação científica as coletâneas de revelações do gênero, é preciso proceder a uma diligente e seveníssima análise do seu conteúdo, submetendo-o aos processos da análise comparada e da convergência das provas. E, como disse, entre as provas que convergem para assinalar a origem extrínseca, devem ser destacados os episódios de identificação pessoal do desencarnado comunicante e sobretudo os detalhes verificáveis que, muito frequentemente, se encontram inseridos nas descrições de incidentes de convivência espiritual, detalhes que resultam excepcionalmente eloquentes nesse sentido.

Todos sabemos por experiência o quanto se mostra indispensável este trabalho preliminar de seleção, em termos de "revelações transcendentais", pois nas sessões espíritas familiares ocorrem com muita frequência manifestações de pseudomédiuns, que gratificam automaticamente aqueles que os procuram, com prolixas, verbosas e vazias elucubrações, cuja origem inconsciente não pode ser colocada em dúvida, e nas quais as contradições são flagrantes. São essas as malfadadas experiências, realizadas sem critério e sem preparo científico, que espalham o descrédito sobre todo o importante conjunto das "revelações transcendentais". Isso não impede de sermos surpreendidos igualmente quando se observa que também pesquisadores experientes da metapsíquica — os quais deveriam conhecer bem o assunto — persistem em fundamentar-se sobre os resultados inconcludentes da atividade inconsciente para condenar ao ostracismo as revelações genuinamente transcendentais. Esses pesquisadores não deveriam fazer confusões de tal natureza. A ninguém jamais ocorreu negar a existência de uma atividade inconsciente, que se manifesta com o auxílio da "escrita automática"; ninguém jamais imaginou negar que a grande maioria das mensagens obtidas nas reuniões familiares, com auxílio de pseudomediunidades de natureza sonambúlica, pertençam a essa categoria; ninguém jamais imaginou contestar o fato de que tais elucubrações verbosas e vazias se contradizem reciprocamente. É inevitável que seja assim, uma vez que se trata de elucubrações inconscientes de natureza onírica; mas poderia bastar o senso comum para separá-las das mensagens genuinamente supernormais, uma vez que entre estas últimas e as primeiras interpõe-se um abismo. De qualquer maneira, mesmo do ponto de vista científico, chega-se facilmente a separá-las submetendo-as aos quatro critérios de experimentação já enumerados.

Ora, como tais critérios de pesquisa científica foram aplicados — nos limites do possível — ao material metapsíquico aqui comentado, pode-se convir que o presente trabalho servirá para demonstrar que o valor científico das "revelações transcendentais" não deve mais ser posto em dúvida; e, consequentemente, quem se propuser a investigá-las posteriormente, estará fazendo uma obra altamente útil e profícua, uma vez que se trata de um ramo da metapsíquica destinado a tornar-se o mais importante entre todos, capaz de influir enormemente sobre a futura orientação da ciência, da filosofia, da sociologia e da moral.

E agora vamos refletir um momento: por que irritar-se e insurgir-se diante da ideia de um ambiente espiritual que em seus primeiros níveis hierárquicos seria análogo ao plano terreno, e isso por causas psíquicas já detectáveis e por agentes na existência encarnada? Para mim, e para os que têm um senso filosófico, a questão transcendental que permanecerá eternamente o máximo entre os máximos, o inconcebível por excelência entre os múltiplos mistérios inconcebíveis que confundem o critério do pensador, é aquela que versa sobre a existência de um universo de mundos e de sóis condicionados por um Espaço e um Tempo infinitos; universo fervilhante de vida vegetal, animal e humana. Ora, é indubitável que, se assim é, então tudo é possível, porque nada pode ser imaginado mais portentoso e incognoscível do que a existência de um universo infinito e *incriado*. Palavra esta última que produz vertigens, porque de um lado a razão humana não pode assimilar a ideia da existência de uma matéria *não-criada*, enquanto de outro se vê forçada a pensá-la *não-criada*; assim como não pode assimilar a ideia de um Espaço *incriado* que existe eternamente, enquanto de outro é forçada a pensá-lo *incriado*, uma vez que o *nada* do espaço é impensável.

Disso resulta que na presença de tão formidável abismo de questões insolúveis seria antifilosófico, anticientífico e absurdo contestar a possibilidade da existência de um mundo espiritual da forma que os desencarnados unanimemente descrevem, tanto quanto diante do espetáculo do milagre da existência de um universo infinito, condicionado por dois outros infinitos: o Espaço e o Tempo, desde que seja lícito arbitrar-se a designar os limites com os quais poderia manifestar-se a Vida no próprio universo. E é como se as formas de existência descritas pelos desencarnados se mostrassem mais verossímeis pelo fato de que nós estamos aqui, vivos, tendo emoções, conscientes de existir. Quando alguém entre os opositores souber me dizer o que é a Vida, então poderei concordar que teorize a respeito dos limites das formas com que a Vida se manifesta no universo.

De qualquer maneira, não é menos verdade que, dados os preconceitos encontrados em cada camada social contra a existência de um mundo espiritual correspondente ao que emerge do presente trabalho, é preciso ter uma boa dose de coragem moral para declarar publicamente a própria opinião sobre o assunto, pois corre-se o risco de comprometer o valor científico de toda uma obra realizada em meio século de pesquisas. Eu me consolarei meditando sobre as palavras com que o grande filósofo Egbert Spencer termina o capítulo sobre o "Incognoscível" nos *Primeiros Princípios*. Ele observa:

Quem quer que hesite em proclamar o que julga a mais alta Verdade, na dúvida de que ela seja por demais avançada em relação ao seu tempo, pode tranquilizar-se considerando os seus atos de um ponto de vista impessoal. Isto é, deve lembrar que a sua opinião pessoal a respeito é uma unidade de força que, com as outras unidades congêneres, constitui a potência cumulativa com a qual se determinam as mudanças sociais; e então compreenderá que pode, legitimamente, manifestar a sua íntima convicção, deixando que ela produza o efeito desejado. Não por acaso amadureceram nele simpatia por alguns princípios e repugnância por outros. Ele, com todas as suas capacidades e aspirações, e convicções, não é um acidente, mas um produto do seu tempo. Ao mesmo tempo que é um fruto do passado, é o pai do futuro e os seus pensamentos são como os seus filhos, que ele é chamado a não deixar fenecer negligentemente. Da mesma forma que qualquer outro pensador, ele pode justamente ser considerado uma unidade de força entre as miríades de outras forças existentes, através das quais opera a Causa Desconhecida, e quando a Causa Desconhecida faz brotar nele uma determinada crença, ele está com isso autorizado a professá-la e a divulgá-la...

Não como adventício, portanto, o homem sábio deverá considerar o germe de Fé que nele se concretiza. Disso resulta que, sem hesitações, deverá transmitir aos povos a Verdade mais alta que ele chegou a entrever, consciente de estar assim cumprindo o seu dever diante do mundo, o que quer que aconteça, consciente também de que se ele chegar a efetuar a mudança pela qual aspira, alcançará com isso o bem máximo; mas se assim não fosse, da mesma forma seria bom, apesar de não tão bom.

(Egbert Spencer, *First Principles*)

 Sinto-me, portanto, confortado pela concordância do grande filósofo.

 E aqui, voltando ao assunto, concluo declarando que o presente trabalho de análise comparada autoriza a preconizar o evento não longínquo do dia em que se chegará a apresentar à humanidade pensante e tateante nas trevas um quadro resumido, mais ou menos genérico, mais ou menos simbólico, mas intrinsecamente verdadeiro e cientificamente legítimo a respeito das modalidades de existência espiritual nas Esferas mais próximas do nosso mundo. Esferas para onde todos os seres vivos deverão ir depois da crise da morte, chegando com isso, seguramente, a orientar da mesma forma a humanidade com relação às grandes questões que contemplam a verdadeira natureza da existência encarnada, os objetivos da vida, as bases da moral e dos deveres do homem; deveres estes últimos que, na crise de desenvolvimento que atravessa atualmente a humanidade civilizada, deverão decidir entre dois destinos no futuro; vale dizer que, se os povos civilizados os reconhecerem e os praticarem, estarão encaminhados para uma meta cada vez mais radiante de progresso social e espiritual, mas se os recusarem e descuidarem deles, então fatalmente deverá ocorrer a decadência dos povos civilizados, em favor de outras raças intrinsecamente menos corrompidas da raça dominante.